JN098623

2024年版
株主総会の手引き
なるほど Q&A

三菱UFJ信託銀行
法人コンサルティング部 [編]

中央経済社

はじめに

　2023年の株主総会は，新型コロナウイルス感染症の５類感染症への移行を受け，お土産の配布や株主総会後の懇談会等を開催した会社も少数ながら増加した一方，お土産等を復活しないこととした企業もありました。また，事業報告にかける時間も増加傾向がみられるものの，報告の簡素化を継続する企業もあり，アフターコロナの会議体としての株主総会のあり方を模索する動きがみられました。

　本年株主総会の検討テーマについては，まず，電子提供制度適用２年目の対応があげられます。招集通知の送付形態についてフルセットデリバリーから，アクセス通知のみやサマリー版の送付に変更し，より法制度の趣旨に沿った対応とすることや，交付書面の記載事項の省略範囲を拡大し，ウェブでの閲覧を推進することが考えられます。また，電子提供措置事項について縦スクロールに適した資料構成とすること等，ウェブでのファイル閲覧に適した工夫を行うことも一考に値します。

　次に，本年株主総会の運営としては，新型コロナウイルス感染症の制約がないことから，改めて自社の株主総会のあり方を整理したうえで，自由な創意工夫を行うことが考えられます。例えば，来場株主数の増加に伴い，多数の株主が発言を希望する可能性があることを踏まえ，発言機会を設けるために事前質問を募集することや，バーチャル株主総会や事前の議決権行使へのインセンティブ付与等，来場しなくとも対話の充実や株主の権利行使促進に資する取組みを採用することが考えられます。さらに，東京証券取引所の要請による「資本コストや株価を意識した経営の実現に向けた対応」や「株主との対話の実施状況等に関する開示」について，招集通知等への記載要否の検討も必要となります。また，英訳を求める投資家も多いため，招集通知の英訳が検討課題となる企業もあるものと思われます。

　その他，機関投資家や議決権行使助言会社の議決権行使（助言）基準等の改訂動向にも注視する必要があります。議決権行使助言会社のISSは，新型コロ

ナウイルス禍で適用を停止していたROEポリシーを本年の株主総会から適用を再開する見込みです。海外投資家の議決権行使に一定の影響を与えるものと思われ，当該ポリシーに抵触する場合は，賛成率の票読み等の対策が必要になるかもしれません。

　本書「2024年版　株主総会の手引き　なるほどQ＆A」は，2023年株主総会の状況，2024年株主総会に向けた検討課題や株主総会に関する一連の手続における実務上の留意点等をQ＆A形式でまとめています。また，委任状等の各種書式は出版社のホームページからダウンロードしていただけます。

　本書が2024年定時株主総会の準備をご担当されている方々にとって，いささかなりともお役に立つことができましたら幸いです。

　なお，本書は，2024年2月7日時点で作成しておりますので，それ以降の動向にもご留意いただければと存じます。

2024年3月

　　　　三菱UFJ信託銀行　法人コンサルティング部
　　　　会社法務・コーポレートガバナンスコンサルティング室

目　　次

6

| コラム目次 |

参考資料

＊本文中，法令等の名称は以下の略称を用いています（法令等の内容は，2024年2月7日現在のものです）。

会施規	会社法施行規則
会計規	会社計算規則
上場規程	有価証券上場規程（東京証券取引所）
上場規程施行規則	有価証券上場規程施行規則（東京証券取引所）
開示府令	企業内容等の開示に関する内閣府令
勧誘府令	上場株式の議決権の代理行使の勧誘に関する内閣府令

■その他株主総会の参考資料について，以下，中央経済社ウェブサイトから参照できますので，ご活用ください。

https://www.biz-book.jp/collections/link_file/998

Q1 株主総会資料の電子提供制度

Q1-1 電子提供制度の概要

株主総会資料の電子提供制度とは何ですか。

A 株主総会資料の電子提供制度とは，定款の定めにもとづき，株主総会参考書類等の株主総会資料を自社のウェブサイト等に掲載し，株主に対し，当該ウェブサイトのアドレス等を書面により通知した場合には，株主総会資料を適法に株主に提供したものとする制度のことをいいます。

　なお，上場会社には2023年3月以後の株主総会から電子提供制度が適用されています。

　以下，制度の概要，導入のメリット等を記載します。

1．電子提供制度の概要

　電子提供制度は，令和元（2019）年12月の会社法改正により導入され，2022年9月から施行されました。電子提供制度が開始するまでは，株主総会資料は，株主に対し書面により提供することが原則とされてきました。株主の個別の承諾を得ることで書面に替えてインターネットにより提供することができる制度も用意されていますが，株主数の多い上場会社では個別の株主の承諾を得るのが難しいため，ほとんど採用されてこなかったのが実情です。

　そこで，令和元年改正会社法により，株主の議案検討期間の確保を主な目的として，個別の株主の同意なくインターネットを利用して株主総会資料の提供が可能となる株主総会資料の電子提供制度が新しく設けられました。

　なお，インターネットの利用が困難であることなどを理由として，書面による招集通知の受領を希望する株主については，会社に対し，電子提供措置の対象となる事項（電子提供措置事項）を記載した書面（電子提供措置事項記載書面。以下，交付書面といいます）の交付を請求することができる書面交付請求の制度も認められています。

【図表１】 電子提供制度の概要

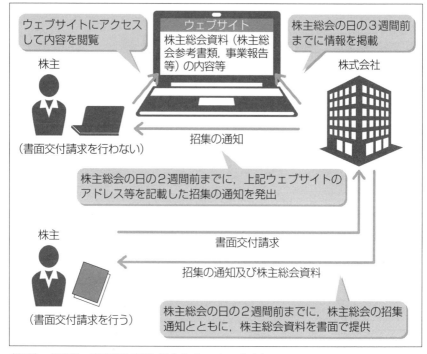

ウェブサイトにアクセスして内容を閲覧

ウェブサイト
株主総会資料（株主総会参考書類，事業報告等）の内容等

株主総会の日の３週間前までに情報を掲載

株主

株式会社

（書面交付請求を行わない）

招集の通知

株主総会の日の２週間前までに，上記ウェブサイトのアドレス等を記載した招集の通知を発出

株主

書面交付請求

招集の通知及び株主総会資料

（書面交付請求を行う）

株主総会の日の２週間前までに，株主総会の招集通知とともに，株主総会資料を書面で提供

（出所）　法務省　電子提供制度に関するパンフレットより
https://www.moj.go.jp/content/001370229.pdf

２．電子提供制度を導入するメリット

　電子提供制度を導入するメリットとしては【図表２】に記載のとおり，株主，会社，環境配慮の３つの観点から考えることができます。

　株主のメリットとしては，株主総会参考書類等を書面により郵送する場合に比べ，早期に株主総会参考書類等の情報を入手することが可能となり，株主は議案を検討する時間をより長く確保することができるようになります。

　電子提供制度が導入されるまでは，招集通知の発送は株主総会開催日の２週間前でよいことから，招集通知の発送から株主総会の日までの期間が短く，株主の議案検討期間が十分に確保されていないという問題が指摘されていました。コーポレートガバナンス・コードでも，招集通知の早期発送に努めること（補

充原則1―2②）が求められていますが，書面の招集通知には印刷・封入し，郵送する時間が必要なため一定の制約が存在していました。電子提供制度では，株主総会の日時や場所，目的事項等を記載した従来の狭義の招集通知に相当する招集通知（アクセス通知）は書面で送る必要がありますが，株主総会参考書類等は原則としてインターネットで提供するため，従前より株主の議案検討期間を長く確保することができるとされています。

　会社のメリットとしては，株主総会参考書類等の印刷や郵送にかかる費用の削減が挙げられます。

　また，株主と会社双方のメリットとして，ウェブサイトへの掲載であれば，紙幅の制約がなくなるため，より充実した情報の授受が可能となる点が挙げられます。グラフなどの図表等を用いた，より見やすい，わかりやすい株主総会参考書類等の作成，提供が期待できます。

　環境への配慮としては，紙資源を節約することで，温室効果ガスの吸収源である森林の維持や古紙から再生紙を作る過程で生じる温室効果ガスの抑制による環境負荷の低減につながることが挙げられます。

【図表2】電子提供制度導入のメリット

株主	・株主に対して，より早期に株主総会参考書類等が提供されるようになり，株主の議案検討期間をより長く確保することができる。 ・紙幅の制約がなく，より充実した株主総会参考書類等が提供される可能性がある。
会社	・株主総会参考書類等の印刷や郵送に要する諸費用を削減することが可能となる。 ・紙幅の制約なく，より充実した株主総会参考書類等を作成できるようになる。
環境配慮	・株主総会参考書類等の書面送付を大幅に減らすことによって，紙資源を節約し，環境負荷の低減につなげることができる。

3．電子提供制度に関する主な用語の定義・解説等

　電子提供制度においてよく用いられる用語の定義等については【図表3】のとおりです。

4

【図表3】 主な用語の定義・解説等

用　語	用語の定義・解説等
招集通知 （アクセス通知）	電子提供措置をとる場合の株主総会の招集通知（会社法325条の4第2項，299条1項）。いわゆる狭義の招集通知に相当する書面
一体型 アクセス通知	アクセス通知の記載事項と電子提供措置事項のうち会社法298条1項各号の記載事項を網羅した形態の招集通知
株主総会 参考書類等	株主総会参考書類，議決権行使書面，計算書類（監査報告および会計監査報告を含む）および事業報告（監査報告を含む），連結計算書類（会社法325条の2）
電子提供措置	電磁的方法により株主が情報の提供を受けることができる状態に置く措置であって，法務省令で定めるもの（＝ウェブサイトへの掲載）（会社法325条の2）
電子提供措置事項	会社法298条1項各号に掲げる事項，株主総会参考書類および議決権行使書面，株主提案について議案要領通知請求があったときは当該議案の要領，計算書類および事業報告，連結計算書類，修正したときはその旨および修正前の事項（会社法325条の3第1項）
書面交付請求	株主が会社に対し電子提供措置事項を記載した書面の交付を請求すること（会社法325条の5第1項）
交付書面	書面交付請求を行った株主に交付する電子提供措置事項を記載した書面
フルセット デリバリー	書面交付請求の有無にかかわらず，議決権を有する全株主に対して，アクセス通知の他，株主総会参考書類，事業報告，計算書類および連結計算書類を任意に書面により提供する形態
サマリー版	アクセス通知の他，任意の書類を同封して発送する形態。任意の書類は，株主総会参考書類，サマリー（電子提供措置事項のうち，要点をピックアップする形で別途作成したもの）などが考えられる

$\boxed{Q1-2}$ 電子提供制度開始 2 年目の検討事項

電子提供制度が開始されて 2 年目となる2024年総会を迎えるにあたっての検討事項を教えてください。

$\boxed{A}$ 　株主総会資料の電子提供制度は，施行日時点の上場会社には2023年 3 月以降の株主総会から適用されたことから，2024年の株主総会が本制度適用後 2 回目の総会となる会社が多いものと思われます。

　2023年の株主総会では株主への制度周知不足等の懸念から，特に招集通知の送付形態について制度適用前の従前の対応を継続する保守的な会社が多く見られましたが，2024年の株主総会ではより制度趣旨に沿った対応を進めていくことが期待されます。

1. 株主宛送付物の形態

⑴　2023年総会における送付物の状況

①　招集通知の送付形態

　電子提供制度では，株主に送付すべき招集通知（いわゆるアクセス通知）には，総会の日時や場所など会社法298条 1 項 1 号から 4 号に掲げる事項と電子提供措置をとっている旨など同法325条の 4 第 2 項に掲げる事項を記載することとされ，株主総会参考書類や事業報告等は自社ウェブサイト等に電子提供措置事項として掲載することとされています（会社法325条の 4 第 2 項，同325条の 3 第 1 項）。

　もっとも，各社の判断により任意に書面による情報提供を行うことは制限されていないため，サマリー版やフルセットデリバリーを選択することも可能です（サマリー版，フルセットデリバリーの定義はQ1-1を参照）。

　2023年株主総会における招集通知の送付形態の調査によると，アクセス通知のみを送付したと回答した会社は109社（6.1%），サマリー版を送付したと回

答した会社は480社（27.0%）[1]，フルセットデリバリーと回答した会社は1,153社（64.8%）となっています（【図表5】参照）。

② 株主数別の送付形態

当社が株主名簿管理人を務める会社のうち，2023年6月総会会社970社を対象とした株主数別の送付形態の調査では，株主数が多くなるほどサマリー版を採用する会社の割合が増える傾向が見られました（【図表4】）。株主数が50,000人までの会社ではフルセットデリバリーが6割以上を占めていましたが，50,000人を超えた規模の会社ではサマリー版が57.7%と逆転しました。

電子提供制度においては，印刷物が減ることにより印刷等に係るコストが削減されることが期待されていましたが，株主数や印刷部数によっては，その効果が芳しくない場合もあるとされています。株主数50,000人超の会社については，スケールメリットが働き，一定程度のコスト削減につながったのかもしれません。

【図表4】株主数別の招集通知の送付形態

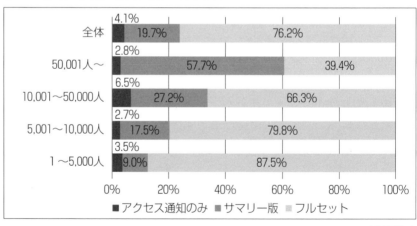

（当社調べ）

---

[1] アクセス通知に加えて提供する任意書類のうち，最も多かった株主総会参考書類を提供したと回答した社数。

(2) 2024年総会における対応

① 送付形態の採用予定

　電子提供制度開始2年目となる2024年の株主総会では，株主への本制度の周知も一定程度進んだものと考えられることから前年の対応を見直し，株主宛の書面の送付形態をフルセットデリバリーから，アクセス通知のみあるいはサマリー版に切り替える会社が少なくないと予想されます。

　2023年総会における招集通知の送付形態と，次回総会における送付形態の予定に関する調査によると，フルセットデリバリーを次回総会にて予定している会社は23年に比べ20ポイント以上減少している一方，サマリー版およびアクセス通知のみを送付予定としている会社はそれぞれ増加しています（【図表5】）。

【図表5】 2023年総会における送付形態と次回総会における予定送付形態

		2023年総会	次回総会（予定）	差分
フルセットデリバリー		1,153社（64.8%）	842社（42.5%）	▲22.3ポイント
サマリー版（複数回答）				
任意書類の内訳	株主総会参考書類	480社（27.0%）	692社（35.0%）	＋8.0ポイント
	事業報告	122社（6.9%）	229社（11.6%）	＋4.7ポイント
	連結計算書類・計算書類	64社（3.6%）	129社（6.5%）	＋2.9ポイント
	監査報告	37社（2.1%）	80社（4.0%）	＋1.9ポイント
	その他	103社（5.8%）	296社（15.0%）	＋9.2ポイント
アクセス通知のみ		109社（6.1%）	204社（10.3%）	＋4.2ポイント

（出所）　商事法務研究会編「株主総会白書［2023年版］・電子提供制度の施行を迎えて」旬刊商事法務2344号（以下「株主総会白書［2023年版］」といいます）

② 議決権行使比率への影響

　前述のとおり，2024年の株主総会ではアクセス通知のみまたはサマリー版を採用する会社が2023年より増加することが見込まれています。アクセス通知のみまたはサマリー版を採用するにあたっての懸念事項の1つとして，株主の手元に届く資料が削減されることによる事前の議決権行使への悪影響が懸念されていました。この点について，当社が株主名簿管理人を務める会社を対象に送

【図表6】 招集通知の送付形態別にみる事前の議決権行使比率

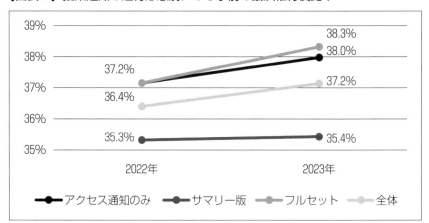

（出所）　当社調べ。当社が株主名簿管理人を務める会社のうち前年と比較可能な916社を母
　　　　数としている。

付形態別の事前の議決権行使比率を比較したところ，増加率の差はあれど，い
ずれの送付形態においても事前の議決権行使比率は前年比で増加し，送付形態
別で議決権行使比率への影響は確認できませんでした（【図表6】）。この点に
つきましては，今後も傾向を確認していく必要があると考えます。

　③　サマリー版を採用する際の留意点
　アクセス通知に加えて任意の書類を同封するサマリー版は，株主の関心が高
いと思われる情報を取捨選択して記載することができ，情報量不足という株主
の不満を一定程度は抑えることも期待されます。サマリー版として同封する任
意書類としては前掲【図表5】のとおり，株主総会参考書類を挙げている会社
が多くみられます。決議事項の承認可決は株主総会における主要な獲得目標で
あるところ，議決権行使比率の低下とそれに伴う賛成率低下を避けるべくサマ
リー版を同封する会社が多いものと思われます。「その他」の書類は，トピッ
クス，ガバナンス情報，株主へのご挨拶，経営理念，中期経営計画，（連結・
単体）計算書類（またはその要点），株主還元，政策保有株式の縮減，取締役
会の実効性評価，サステナビリティへの取組み，自社IRサイトや統合報告書

の紹介など，株主に対して会社が特に伝えたい情報が挙げられます。

　なお，株主総会での電子提供制度関連の質問はさほど多くはありませんが，2023年の総会ではサマリー版を送付した会社を中心に，「招集通知は議案の説明がメインで会社の業績等がわからない。」といった発言や「業績ハイライトは省略しすぎであり，貸借対照表（BS），損益計算書（PL）を見たい。」など，業績関連の情報の充実を望む声が聞かれました。サマリー版を採用する際にもBS，PL等の計算書類の添付，またはURLや二次元コードの記載によりウェブ上に掲載した計算書類に誘導することも考えられます。

2．より充実した株主総会資料の提供
⑴　電子提供措置事項をより見やすくするための工夫

　電子提供制度のメリットに，紙幅の制約なく，任意記載事項などの情報を充実させた株主総会資料の提供が可能であることが挙げられます。しかし，いかに情報を充実させたとしても，株主に読んでもらえなければその意義は乏しくなることから，電子提供措置事項の作成にあたっては，パソコンやスマートフォン等の閲覧端末での見やすさという観点も重要となります。

　この点について，2023年版の株主総会白書によると「見やすい・わかりやすい電子提供措置事項とするための工夫」として，「レイアウトの変更（縦スクロールへの対応）」を挙げた会社が103社（5.8％）ありました。特にスマートフォン等の場合は縦スクロールのほうが見やすいと思われるため，縦スクロールに則した資料構成としたものと思われます。その他，PDFファイルで目的のページに容易に遷移できるように，PDFファイルのしおりを付ける機能を活用した事例のほか，見開きページは見開きで表示させるなどの工夫が行われた事例もみられました。いずれも電子提供措置事項をより見やすくするための工夫であり，参考になるものと思われます[2]。

⑵　任意記載事項の検討

　電子提供措置事項には，任意記載事項としてIR情報やサステナビリティ情

---

[2]　「株主総会白書［2023年版］」74頁

報が掲載されているサイトへのリンクや，役員のメッセージ動画等のリンク先を二次元コード等で示して掲載することも考えられます。また，そのような情報を，株主に交付するアクセス通知やサマリー版にも掲載してウェブサイトへのアクセスを促すことも考えられます。

任意に掲載する情報としては，統合報告書等のサステナビリティ関連情報やコーポレート・ガバナンス関連情報，中期経営計画といった情報が見られますが，2024年の株主総会において，株主の関心が比較的高い情報としては，2023年3月に東証から要請がなされた「資本コストや株価を意識した経営の実現に向けた対応」および「株主との対話の実施状況等に関する開示」が挙げられます。

前者はプライム市場およびスタンダード市場の全上場会社に対しPBRの水準にかかわらず，自社の資本コストや資本収益性を把握し，その改善に向けた計画を策定・開示するというものです。後者はプライム市場の全上場会社を対象に，対話を行った株主の概要や対話のテーマなど経営陣等と株主との対話の実施状況等について開示を行うというものです。

開示すべき媒体等についてはいずれも特段定められていませんが，コーポレート・ガバナンス報告書にはそれらの情報を開示している旨や閲覧方法の記載が求められており，電子提供措置事項や株主宛送付物についてもこれらの開示内容や開示先のURLなどを記載することが考えられます。

Ｑ１−３ 電子提供制度の採用方法

電子提供制度の導入方法について教えてください。

Ａ 　電子提供制度は，株主総会参考書類等の情報について電子提供措置をとる旨を定款で定めることにより採用することが可能です（会社法325条の２）。

　なお，振替株式発行会社，すなわち上場会社等は電子提供措置をとる旨を定款で定めなければならないとされています（社債，株式等の振替に関する法律（以下，振替法といいます）159条の２第１項）。この点，電子提供制度の施行日における上場会社は，施行日を効力発生日とする電子提供制度をとる旨の定款変更決議をしたものとみなす措置（みなし定款変更）が適用されましたが，これから上場する会社は，株主総会で定款変更決議を行うことが必要となります。

　電子提供制度に関する定款の内容としては，「電子提供措置をとる旨」の定め（会社法325条の２）と，書面交付請求があった場合に交付すべき書面について，法務省令で定めるものの全部または一部を記載しないこととする場合の定め（会社法325条の５第３項）があり，定款規定の具体例は【図表７】のとおりです。

【図表７】電子提供制度に係る定款規定例

> （電子提供措置等）
> 第15条　当会社は，株主総会の招集に際し，株主総会参考書類等の内容である情報について，電子提供措置をとるものとする。
> 　2　当会社は，電子提供措置をとる事項のうち法務省令で定めるものの全部または一部について，議決権の基準日までに書面交付請求した株主に対して交付する書面に記載しないことができる。

（出所）　全株懇定款モデル

12

 ## コラム①　フルセットデリバリーの行く末

　株主総会資料の電子提供制度は，2023年3月以後開催の株主総会から適用されている。多くの会社が対応に苦慮した任意の書面での資料提供は，「株主総会白書」によると，フルセットデリバリーとした会社が最も多く64.8％を占め，サマリー版が27.0％，招集通知（アクセス通知）のみ（以下「アクセス通知」という）が6.1％であった（注1）。この結果自体は事前のアンケート調査等と大きく変わらないので，さほどの驚きもない。

　「株主総会白書」では，次回総会での対応も調査している。フルセットデリバリーが42.5％，サマリー版が35.0％，アクセス通知が10.3％である。調査時点が2023年7月〜8月であるため，「次回総会」で初めて電子提供制度が適用される会社も含まれる点に留意を要するが，2年目は，フルセットデリバリーが前年比22.3ポイント減，サマリー版が8.0ポイント増，アクセス通知が4.2ポイント増の予定である。帳尻が合わない約10％は，検討中で未定が多いと想像できる。この調査結果については，様々な見方が可能であろう。

　フルセットデリバリーを採用する主な理由に，株主の混乱防止と事前の議決権行使比率の低下の懸念が挙げられていた。2023年6月総会までの状況を見る限り，アクセス通知発送後に多くの株主から照会が寄せられたり，株主総会で電子提供制度に関する批判的な発言が多くなされたりということはなかったし，事前の議決権行使比率はフルセットデリバリー，サマリー版，アクセス通知のいずれの書面を送付した場合でも前年比増加しているので，懸念は杞憂であったといえそうである。そうであれば，フルセットデリバリーを採用する会社は，もっと減少すべきであり，2年目もフルセットデリバリーが全体の4割を占めるのは多すぎるという見方が自然かもしれない。電子提供制度は紙資源の節約に寄与する制度であるという点を重視すれば，上場会社の実務対応は物足りなく感じそうである。

　一方で，順調にあるべき姿に向かっていると見ることも可能である。「実務は慣性が働く」（注2）。前年まで送付義務があった大部な書面を，法改正に伴って今回から送付しなくてよくなったとしても，ドラスティックに切り替えるのは躊躇される。株主の混乱や事前の議決権行使比率の低下が懸念されるといわれるとなおさらである。ただし，一度動き出すと止まらないのも慣性であり，フルセットデリバリーからサマリー版，さらにアクセス通知へと移行する流れは，逆戻りすることはない。懸念されたような問題がないのなら，この流れは一層加速するはずで，フルセットデリバリーを採用する会社は，数年後になくなるかもしれな

い。例外があるとすれば，議案が1頁で収まる臨時株主総会くらいではないだろうか。

(注1)　「株主総会白書二〇二三年版」旬刊商事法務No.2344（2023年12月5日号）77頁。なお，サマリー版の比率は，株主総会参考書類の情報をサマリー版に含めたと回答した会社の比率で代用している。

(注2)　(注1) 田中亘・渡辺邦広・井上卓・猪越樹・中川雅博・松村真弓・太田洋「座談会　株主総会の現在・過去・未来─未来の株主総会へ変えるもの・変えないもの─第一部　二〇二〇年・二〇二一年総会を振り返る〔上〕」旬刊商事法務No.2283（2022年1月5・15合併号）23頁田中発言）

Q1-4 電子提供制度下における株主総会日程

電子提供制度下における株主総会日程の概要を教えてください。

A 　株主総会の日程の作成は，株主総会の事前準備として，最初に行われるべきものです。この日程表に株主総会の事前準備として行うべき事項が網羅されており，かつその日程が法的な要件を充足し，さらに万一の場合にも機動的な対応ができるような余裕のある日程を組むことができれば，あとはこの日程表に沿って粛々とすすめていくことで，総会の事前準備ならびに事後手続をつつがなく終えることが可能となります。このことは電子提供制度下においても変わることはありません。

　以下において，株主総会の日程の概要および日程作成上の主な留意点を記載します。

　具体的な日程例は，巻末の参考資料2（株主総会日程モデル）を参照してください。

1．総会日の決定

　総会日程作成にあたっては，まずは総会日をいつにするのかが重要なポイントです。総会日は，議決権に関する基準日から3か月以内とすることが必要です（会社法124条2項）が，決算手続や会場の手配状況等を踏まえて具体的な日程を決定することとなります。コーポレートガバナンス・コード補充原則1—2③では，株主との建設的な対話の充実等を考慮し，株主総会の適切な日程設定を行うべきとされています。

　なお，集中日に開催する場合，その日に開催することに「特段の理由」があるときはその日に開催する理由を総会招集の取締役会で決定することが必要となります（会社法298条1項5号，会施規63条1号ロ。集中日に開催する特段

の理由がなければこれらの手続は不要です）。

2．電子提供措置の開始日，招集通知（アクセス通知）の発信日

　電子提供制度下において，株主総会参考書類等の電子提供措置事項をウェブサイトへ掲載する期間（電子提供措置期間）は，株主総会の日の3週間前の日または招集通知（アクセス通知）発送日のいずれか早い日から，株主総会の日後3か月を経過する日までの間とされています（会社法325条の3第1項）。したがって，少なくとも株主総会の日の3週間前には電子提供措置事項をウェブサイトに掲載しなければなりません。

　ここでいう「3週間前の日」とは掲載日と総会日との間に，中3週間が必要という意味になります。なお掲載日の午前0時から電子提供措置を開始する場合には当該掲載日から起算して，総会日の前日までに3週間が必要となります（民法140条参照）。また，招集通知（アクセス通知）を3週間前よりも早期に発送する場合は，当該発送日の午前0時が電子提供措置開始の期限となります。

　なお，電子提供措置開始日（＝電子提供措置をとるべき法定期限）に先立って，電子提供措置をとることは特段問題なく，東証上場会社においては，上場規程により株主総会の日の3週間前の日よりも前に開始するよう努めることが求められています（上場規程446条，上場規程施行規則437条3号）。株主による議案の検討期間を確保する意味でも早期開示が望まれます。

　招集通知（アクセス通知）は，株主総会の日の2週間前までに発送しなければならないとされています（会社法299条1項，325条の4第1項）。なお，総会招集の取締役会で議決権行使期限として「特定の時」を定めた場合は，当該「特定の時」の属する日の2週間前までに発信する必要があることには変わりはありません（電磁的方法による議決権行使制度採用会社も同様。会施規63条3号ロ，ハ）。ここでいう「2週間前までに」という意味は，発信日と総会日（もしくは特定の時の属する日）との間に，中2週間必要という意味になります。

3．計算書類等の作成，監査，承認手続

　会社法の下では，（連結）計算書類（附属明細書含む）および事業報告（附属明細書含む）は，まず担当取締役が作成し，その後に監査手続に付し，監査

終了後の計算書類等を取締役会で承認する流れとなっています。

　計算書類等を作成後，監査手続に付す前に，取締役会（もしくは経営会議）での承認や報告を行うことは必要ありませんが，任意にこうした対応を行うことも考えられます。

　また，監査報告の提出期限は，単体の計算書類と連結計算書類で異なりますし，法定期限通りに監査報告の提出を受けるとすると，証券取引所が要請している期限までに計算書類承認取締役会（決算取締役会）を済ませて決算発表することができないおそれも生じます。したがって，法定の期限とは別に，実務上の提出予定日を会計監査人や監査役と協議しておくことも有益でしょう。

　なお，監査基準委員会報告書720「その他の記載内容に関連する監査人の責任」が改正され，2022年3月決算から，本来会計監査人の監査対象ではない事業報告及びその附属明細書についても，「その他の記載内容」として，会計監査人の作業の対象となり，その作業の結果を監査報告書に記載することが求められることになりました。

　会計監査人は，監査報告書提出日までに，監査対象となる計算書類等に対する監査手続のみならず，「その他の記載内容」に対する作業等を完了できるように，事業報告およびその附属明細書の入手時期および手続も考慮した上で監査等のスケジュールを検討することが必要となります。そのため，会社としても会計監査人と監査等のスケジュールについて十分にコミュニケーションをとり，事業報告等の会計監査人への提出日，会計監査人からの監査報告書の提出日を定めていく必要があります。

4．決算取締役会の日程

　取締役会設置会社は，監査を受けた計算書類等（連結計算書類含む）について取締役会の承認を受けなければなりません（会社法436条3項，444条5項）。

　会計監査人設置会社については，取締役会の承認を受けた計算書類が法令および定款に従い株式会社の財産および損益の状況を正しく表示しているものとして法務省令に定める要件に該当する場合には，定時株主総会の承認は不要とされています。この場合，取締役はその内容を定時株主総会に報告しなければなりません（会社法439条，会計規135条）。

　また，通常は，取締役会の承認後，直ちに決算発表が行われます。東京証券取引所は，決算発表の時期について，期末後45日以内が適当であり，30日以内がより望ましいとして，早期開示を要請していますので，この要請に応えて，早めの決算発表を心がけることになるでしょう（期末後50日以内に開示できない場合は，開示後遅滞なく，開示がその時期になった理由および翌年度以後の開示時期の見込み・計画についての開示を求められます）。

Q1-5 電子提供制度下における株主総会招集の取締役会決定事項

電子提供制度下において株主総会招集の取締役会で決定すべき事項を教えてください。

A 　電子提供制度下における株主総会を招集する場合に取締役会で決定すべき事項は、【図表8】のとおりです（会社法298条，会施規63条）。

1．株主総会招集の取締役会における決議事項（下線部は電子提供制度に伴い新たに追加された事項）

【図表8】

決議事項	根拠規程
(ア) 株主総会の日時および場所	会社法298条1項1号
(イ) 株主総会の目的事項（ないときは不要）	同2号
(ウ) 書面投票制度を採用するときはその旨	同3号
(エ) 電磁的方法による議決権行使（電子投票制度）を採用するときはその旨	同4号
(オ) 定時株主総会開催日が前事業年度の定時株主総会開催日に応当する日と著しく離れた日である場合は，その日時を決定した理由	会施規63条1号イ
(カ) 公開会社がいわゆる集中日の開催とする場合は，その日時を決定した理由（特に理由がある場合に限る）	同1号ロ
(キ) 株主総会の場所が過去に開催した株主総会のいずれの場所とも著しく離れた場所であるときは，その場所を決定した理由（定款で定めた場所である場合または株主総会に出席しない株主全員の同意がある場合を除く）	同2号
(ク) 書面または電子投票制度を採用した場合は，株主総会参考書類に記載すべき事項（一定の事項を除く）	同3号イ

(ケ)　書面または電子投票制度を採用した場合に，特定の時をもって議決権行使期限とするときは，その特定の時（それぞれ異なる時を定めることも可能）	同3号ロ，ハ
(コ)　書面または電子投票制度を採用した場合に，賛否の欄に記載がない場合の取扱いを定めるときは，その取扱いの内容	同3号ニ
(サ)　書面および電子投票制度を採用した場合に，電磁的方法での招集通知受領承諾株主の請求があった時に当該株主に対して議決権行使書面の交付をすることとするときは，その旨	同4号イ
(シ)　書面および電子投票制度を採用した場合に，双方の議決権行使が重複して行われ，その行使内容が異なるものであるときにおける議決権行使の取扱い（優先順位）に関する事項を定めるときは，その事項	同3号ヘ
(ス)　書面または電子投票制度を採用した場合に，同一の議案につき議決権行使が重複して行われ，その行使内容が異なるものであるときにおける議決権行使の取扱い（優先順位）に関する事項を定めるときは，その事項	同4号ロ
(セ)　株主総会参考書類に記載すべき事項のうち，会社法325条の5第3項の規定により交付書面に記載しない事項	同3号ト
(ソ)　電子提供措置をとる旨の定款の定めがある場合に，電磁的方法での招集通知受領承諾株主に対し，請求があった場合に議決権行使書面に記載すべき事項に係る情報について電子提供措置をとることとするときはその旨	同4号ハ
(タ)　代理人の議決権行使について代理権を証明する方法，代理人の数，その他議決権行使に関する事項を定めたときはその事項	同5号
(チ)　不統一行使の事前通知の方法を定めるときはその方法	同6号
(ツ)　書面または電子投票制度を採用しない場合において，一定の事項が株主総会の目的事項であるときは，当該事項に係る議案の概要（議案が確定していない場合にあっては，その旨）	同7号

2．取締役会決議の実務

　上記のうち，(ケ)，(コ)，(シ)については定款に定めがある場合または取締役に委任する旨を決定した場合は，取締役会の決議が不要となり，(サ)，(ス)，(タ)，(チ)に

ついては，定款に定めがあれば，取締役会の決議は不要となります。

　一般に取締役会で決議されることが多いものは，㋐〜㋒，㋗，㋙でしょう。電子投票制度を採用する場合には，㋓，㋛，㋜を決議することになります。

　なお，㋝については不統一行使の事前通知を行う主体である常任代理人または株主（いずれも銀行等の金融機関）からは，通常，書面または電磁的方法によりなされるところから，実務上，取締役会で決議していなくとも特段の支障はないはずです。

　また，以後の株主総会においても同様に取り扱うことになる事項は，特段の決議がない限り，以後も同様とする旨を包括的に決議しておけば，その都度，招集の取締役会で決議する必要はないと考えられます。

　この点，従前の取締役会決議により，以後の株主総会においても同様に取り扱う旨の包括的な決議がなされている事項のうち，電子提供制度下でも適用される事項については，引き続き効力を有していると考えられますので，改めて決議する必要はないと考えられます。

3．電子提供制度下において新しく追加された決議事項

　電子提供制度により新たに追加された項目は【図表8】のうち，㋞と㋟となります。

　㋞は，電子提供措置事項のうち株主総会参考書類に記載すべき事項を，定款規定に基づき書面交付請求株主に交付する交付書面から省略する場合には招集の取締役会において決議をする必要がある旨の規定です（会施規63条3号ト）。従前のいわゆるウェブ開示に際しても株主総会参考書類に記載しない事項について取締役会決議を要する（会施規63条3号ホ）こととされており，それと同趣旨の規定です。

　㋟は，電磁的方法（Eメール）による株主総会の招集通知の発信（会社法299条3項）を採用し，書面投票または電子投票による事前の議決権行使を認め，かつ電子提供措置をとる旨の定款の定めがある会社において，電磁的方法（Eメール）による招集通知の発出を承諾した株主に対して，当該株主から請求があった場合にのみ，議決権行使書面に記載すべき事項に係る情報について電子提供措置をとることとする場合には，その旨を招集の取締役会で決議をす

る必要があるというものです。もっとも，議決権行使書面を電子提供する会社
はまだ少数であることを勘案すると，本号の決議を要する会社は少ないものと
考えられます。

Q1-6 電子提供制度下における株主総会招集の取締役会議事録

株主総会を招集する場合の取締役会議事録の記載例を教えてください。

A 取締役会議事録の記載例は次のようなものになります。

本記載例では，以下を前提に作成しています。

① 取締役会が現に開催される取締役会であること（書面による取締役会でないこと）

② 監査役会設置会社であること

③ 総会開催場所は前年と著しく離れた場所でないこと

④ 総会開催日は前年応当日と著しく離れた日でないこと

⑤ 総会開催日が総会集中日でないこと（仮に総会集中日であったとしても，その日に決定したことにつき特に理由があるものではないこと）

⑥ 書面および電磁的方法による議決権行使を採用する会社であること

⑦ 議決権行使を重複行使した場合の取扱いについては「書面と電子」，「電子と電子」の場合のみ定め，「書面と書面」の場合は定めないこと

⑧ 電磁的方法により招集通知を送付しないこと

⑨ 電子提供措置をとるウェブサイトのURLは法定の取締役会決議事項ではないが，任意で株主総会を招集する取締役会にて定めること

【図表9】 株主総会招集の取締役会議事録記載例

取締役会議事録

1　開催日時　○年○月○日　午前○時○分
2　開催場所　当社役員会議室^(注1)
3　出席取締役　○名　（取締役総数　○名）
4　出席監査役　○名　（監査役総数　○名）

　上記のとおり出席があり，代表取締役社長○○○○は定刻に議長席に着き，開会を宣言して議事に入った。

　議案　第○回定時株主総会招集の件

　議長より，第○回定時株主総会を下記の要領により開催したい旨の説明があり，これを諮ったところ全員異議なく承認可決された。なお，株主総会参考書類は別紙のとおりとし，軽微な修正，補充は代表取締役社長に一任するものとした。

記

(1)　開催日時　○年○月○日（○曜日）　午前○○時
(2)　開催場所　当社本店会議室
(3)　株主総会の目的事項
　　　報告事項　・・・・・・・・・・・・・・・・・・・・・・・・・・
　　　決議事項　・・・・・・・・・・・・・・・・・・・・・・・・・・
(4)　電子提供措置をとるウェブサイト
　　　当社ウェブサイト
　　　　https://www.○○○.co.jp/
　　　東京証券取引所ウェブサイト（東証上場会社情報サービス）
　　　　https://www2.jpx.co.jp/tseHpFront/JJK010010Action.do?Show=Show
(5)　議決権行使に係る事項
　①　株主総会に出席しない株主が書面により議決権を行使できることとする。なお，書面による議決権行使の期限は総会日の前営業日の午後○○時となる。また，書面による議決権行使において各議案に賛否の表示がない場合は賛成の表示があったものとして取扱う。
　②　株主総会に出席しない株主が電磁的方法により議決権を行使できることとする。なお，電磁的方法による議決権行使の期限は総会日の前営業日の午後○○時となる。

24

③　同一の株主が書面および電磁的方法による双方の議決権行使をした場合で同一の議案に対する議決権行使の内容が異なる場合には，電磁的方法による議決権行使を有効なものとして取扱うこととし，電磁的方法による議決権行使が複数回行われた場合で同一の議案に対する議決権行使の内容が異なる場合には最後の電磁的方法による議決権行使を有効なものとする。

④　法令ならびに当社定款第○条第○項の規定に基づき，電子提供措置事項のうち，次の事項については，書面交付請求株主に交付する電子提供措置事項を記載した書面には記載しないものとする。^(注2)

　　(ア)　株主総会参考書類の以下の事項
　　　・・・
　　(イ)　事業報告の以下の事項
　　　・・・
　　(ウ)　計算書類の以下の事項
　　　・・・

　　なお，以上①から③までについては，今後別段の決議がない限り，本総会後に開催される株主総会においても同様とする。^(注3)

以上

以上をもって議事を終了したので，議長は午前○時○分閉会を宣言した。

上記の議事の経過およびその結果を明確とするため，本議事録を作成し，出席取締役および監査役が次に記名押印する。

○年○月○日
東京都○○区○○町○丁目○番○号
○○○○株式会社　取締役会
　　議長　代表取締役社長　　○○○○　　印
　　　　　専務取締役　　　　○○○○　　印
　　　　　取締役　　　　　　○○○○　　印
　　　　　・・・・・・・・・・・・
　　　　　常勤監査役　　　　○○○○　　印
　　　　　監査役　　　　　　○○○○　　印
　　　　　・・・・・・・・・・・・

(注1)　取締役会が開催された場所に存在しない取締役等がテレビ会議等で取締役会に出席した場合には当該出席の方法を記載（会施規101条3項1号）。

(注2)　交付書面から記載を省略する場合，会社法上，株主総会参考書類以外は招集の取締役会において決議をする必要はないが，監査役等の異議の有無の確認のため，事業報告等に記載すべき事項についても取締役会の決議により交付書面から省略する形式と

している。

(注3) すでに以前の取締役会決議で定めていれば①から③までの内容を含めて不要。また，交付書面に記載しないとする事項について，翌年以降も同様とする場合は④の事項についても本なお書き部分に含めて記載する。

Q1-7 総会招集の取締役会決議事項と招集通知（アクセス通知），電子提供措置事項の関係性

株主総会招集の取締役会決議事項と招集通知（アクセス通知），電子提供措置事項および交付書面の関係性について教えてください。

A 総会招集の取締役会で決議すべき事項は，Q1-5【図表8】に記載のとおり会社法298条1項各号および会施規63条各号に定められている事項となります。他方，電子提供制度において作成すべき株主総会資料は【図表10】のとおりであり，取締役会決議事項とは必ずしも一致しないことに留意する必要があります。

【図表10】電子提供制度において作成すべき株主総会資料

書類名	電子提供措置事項	招集通知 （アクセス通知）	交付書面
会社法298条1項各号に定める事項（狭義の招集通知部分）	○	○ ※【図表8】参照	○
株主総会参考書類	○	×	△[1]
事業報告	○	×	△[1]
計算書類	○	×	△[1]
連結計算書類	○	×	△[1]
株主提案に係る議案の要領	○	×	○
議決権行使書面	△[2]	×	△[3]
修正があった場合の記載事項	○[4]	×	△[5]

(注)

1. 書面の範囲を一部省略できる旨の定款の定めがある場合は，一部を省略可。

2．電子提供措置が可能であるが，引き続き書面を交付することが考えられる。
3．議決権行使書面を電子提供している場合，書面交付請求があれば，議決権行使書面を交付しなくてはならない。
4．電子提供後に修正があった場合は電子提供が必要。
5．招集通知発送までに修正があり，印刷に間に合うものについては記載すべきと考えられる（正誤表等の同封による修正を含む）。

　以下，取締役会決議事項と作成すべき株主総会資料の関係性について概説します。

1．招集通知（アクセス通知）

　従前，招集の取締役会で決議した事項については原則として狭義の招集通知部分に記載をする必要がありました。

　電子提供制度では，議決権を有するすべての株主に書面で送付する「招集通知（アクセス通知）」には，会社法298条1項1号から4号に係る事項の記載は必要とされていますが，会施規63条各号に定める事項については記載事項とされていません。一方で，総会招集の取締役会決議事項ではない「電子提供措置をとっている旨」や「電子提供措置に係るウェブサイトのURL」などを記載しなければならないとされています（会社法325条の4第2項，【図表11】参照）。アクセス通知の記載事項は，株主がウェブサイトにアクセスすることを促すために重要である事項に限定されているためです[3]。

2．取締役会決議事項と電子提供措置事項

　自社ウェブサイト等に掲載される電子提供措置事項（狭義の招集通知部分）には，会社法298条1項各号に掲げる事項のほか，会施規63条各号に掲げる事項，すなわち総会招集の取締役会で決議した事項を原則として記載することが必要とされています（ウェブサイトに掲載されていることが前提となる書類であるため，電子提供措置に係るウェブサイトのURL等は記載対象とはされていません）。

---

[3]　竹林俊憲編著『一問一答　令和元年改正会社法』（商事法務，2020年）26頁。

28

3．一体型アクセス通知

【図表11】に記載のとおり，招集通知（アクセス通知）と電子提供措置事項（狭義の招集通知部分）とは記載事項が共通する部分と異なる部分があります。これらの書類を別個に作成するとそれぞれに抜け漏れ等が生じるおそれがあること，任意の記載を行うことは妨げられないことから，それぞれの法定記載事項を網羅した「一体型アクセス通知」と呼ばれる招集通知を作成することが一般的です。「一体型アクセス通知」を作成する場合，招集通知（アクセス通知）として議決権を有する全株主に送付するとともに，電子提供措置事項の一部としてウェブサイトにも掲載することになります。

4．交付書面

電子提供措置事項には，総会招集の取締役会における決議事項のほか，株主総会参考書類や事業報告等が含まれます（会社法325条の3第1項）。

株主は会社に対し，電子提供措置事項を書面で交付するように請求することができ（書面交付請求），会社は書面交付請求を行った株主に対して招集通知（アクセス通知）の発送に際して交付書面を送付する必要があります。したがって電子提供措置事項と交付書面は原則として同内容となりますが，定款の定めを置くことにより，交付書面に記載する事項を一部省略することが可能です（会社法325条の5第3項）。なお，法定の電子提供措置事項以外の任意記載事項については，交付書面への記載も任意となり，省略することも可能です。

5．各株主総会資料の掲載・発送期限

電子提供措置事項のウェブサイトへの掲載は，株主総会の日の3週間前の日または招集通知（アクセス通知）の発送日のいずれか早い日までに行う必要があります。他方，招集通知（アクセス通知）および交付書面の法定発送期限は株主総会の日の2週間前までとされています。

【図表11】 招集通知（アクセス通知）と電子提供措置事項（狭義の招集通知部分）
　　　　　との記載事項の差異

記載事項	根拠規定	招集通知（アクセス通知）	電子提供措置事項
1．株主総会の日時・場所	会社法298条1項1号	○	○
2．株主総会の目的事項	同2号	○	○
3．書面投票制度採用の旨	同3号	○	○
4．電子投票制度採用の旨	同4号	○	○
5．その他法務省令で定める事項	同5号	×	○
(1)　定時総会開催日が前年応当日と著しく離れた場合の開催日時の決定理由	会施規63条1号イ	×	○
(2)　公開会社で開催日を集中日に決定したことにつき特に理由がある場合の開催日時の決定理由	同1号ロ	×	○
(3)　開催場所が過去に開催したいずれの場所とも著しく離れた場合の開催場所の決定理由	同2号	×	○
(4)　株主総会参考書類	同3号イ	×	○
(5)　（取締役会で定める）書面投票期限	同3号ロ	×	○
(6)　（取締役会で定める）IT行使期限	同3号ハ	×	○
(7)　議決権行使書面に賛否の記載がない場合の取扱い	同3号ニ	×	○
(8)　議決権重複行使の場合の取扱い（書面一書面，IT—IT）	同3号ヘ，4号ロ	×	○
(9)　参考書類に記載すべき事項のうち，会社法325条の5第3項の規定により交付書面に記載しない事項	同3号ト	×	○
(10)　電磁的方法での招集通知受領承諾株主に対し，請求があった場合に議決権行使書面を送付するときはその旨	同4号イ	×	○
(11)　電子提供措置をとる旨の定款の定めがある場合に，電磁的方法での招集通知受領承諾株主に対し，請求があった場合に議決権行使書面に記載すべき事項に係る情報について電子提供措置をとることとするときはその旨	同4号ハ	×	○

⑿　代理人の議決権行使について代利権を証明する方法，代理人の数，その他議決権行使に関する事項を定めたときはその事項	同5号	×	○
⒀　不統一行使の事前通知の方法を定めたときはその方法	同6号	×	○
6．電子提供措置をとっているときはその旨	会社法325条の4第2項1号	○	×
7．EDINETの特例を利用するときはその旨	同項2号	○	×
8．その他省令で定める事項	同項3号	○	×
⑴　電子提供措置をとっているときは，電子提供措置に係るウェブサイトのアドレスその他の株主が電子提供措置をとっているページに到達するために必要な事項	会施規95条の3第1項1号	○	×
⑵　EDINETの特例を利用したときは，当該EDINETに係るウェブサイトのアドレスその他の株主が内容を閲覧するために必要な事項	同項2号	○	×

Q1-8　招集通知（一体型アクセス通知）記載例

一体型アクセス通知の記載例を教えてください。

A　前述のとおり，招集通知（アクセス通知）と電子提供措置事項（狭義の招集通知部分）には，重複項目等があることからこれらをあわせた「一体型アクセス通知」を作成することが一般的です。一体型アクセス通知の記載例とチェックポイントは以下のとおりです。

【図表12】招集通知記載例
　　　　　　＜電子提供措置事項の一部を含む一体型アクセス通知＞

（電子投票制度・書面投票制度採用会社用）　①

（証券コード○○○○）　②
○年○月○日　　③

株　主　各　位　④

○○市○○町○丁目○番○号　⑤
○　○　○　○　株式会社
⑥　取締役社長　○○　○○

第○回　定時株主総会招集ご通知

　拝啓　平素は格別のご高配を賜り，厚くお礼申しあげます。

　さて，当社第○回定時株主総会を下記により開催いたしますので，ご通知申しあげます。

　本定時株主総会の株主総会参考書類等（議決権行使書用紙を除く）の内容である情報（電子提供措置事項）は，電子提供措置をとっておりますので，以下の当社ウェブサイトにアクセスのうえ，［「IR情報」，「株主総会」の順に選択して，］ご確認くださいますようお願い申しあげます。

　当社ウェブサイト　https://www.○○○.co.jp/　　　二次元コード　⑦

　電子提供措置事項は，東京証券取引所（東証）のウェブサイトでも電子提供措

置をとっております。以下の東証ウェブサイト（東証上場会社情報サービス）にアクセスのうえ，「銘柄名（会社名）」に「●●●●」または証券「コード」に「●●●●」（半角）を入力・検索し，「基本情報」，「縦覧書類/PR情報」の順に選択して，ご確認いただけます。

　東証ウェブサイト（東証上場会社情報サービス）
https://www2.jpx.co.jp/tseHpFront/JJK010010Action.do?Show=Show　二次元コード　⑧

　また，インターネットまたは書面によって議決権を行使することができますので，お手数ながら株主総会参考書類をご検討のうえ，当社の指定する議決権行使サイト（https://○○○）において賛否を入力されるか，同封の議決権行使書用紙に賛否をご表示のうえご返送いただくか，いずれかの方法により，○年○月○日（○曜日）午後○時までに到着するよう議決権を行使していただきますようお願い申しあげます。　⑨，⑩，⑪

敬　具

記

１．日　　時　○年○月○日（○曜日）午前10時　⑫
２．場　　所　○○市○○町○丁目○番○号　当社本店　○階○○会議室　⑬
　　　　　　　（末尾の会場ご案内図をご参照ください　⑭
３．株主総会の目的事項
　報告事項　　１．第○期（○年○月○日から○年○月○○日まで）事業報告，連結計算書類の内容ならびに会計監査人および監査役会の連結計算書類監査結果報告の件　⑮，⑯，⑰
　　　　　　　２．第○期（○年○月○日から○年○月○○日まで）計算書類の内容報告の件
　決議事項
　　第１号議案　剰余金の処分の件
　　第２号議案　定款一部変更の件　⑮
　　第３号議案　取締役○名選任の件
　　　　　・・・　　　・・・
４．招集にあたっての決定事項　⑱
　　次頁【議決権の行使等についてのご案内】をご参照ください。

以　上⑲

◎　当日ご出席の際は，お手数ながら同封の議決権行使書用紙を会場受付にご提出ください。
◎　電子提供措置事項に修正が生じた場合は，上記インターネット上の当社ウェ

ブサイトおよび東証ウェブサイトにその旨，修正前の事項および修正後の事項を掲載させていただきます。　⑳

◎　その他，株主様へのご案内事項につきましては，インターネット上の当社ウェブサイト（https://www.○○○.co.jp/）に掲載させていただきます。当社ウェブサイトより適宜最新情報をご確認くださいますようお願い申しあげます。　㉑

【議決権の行使等についてのご案内】　⑱

(1)　交付書面から一部記載を省略している事項

　　次の事項につきましては，法令および当社定款の規定に基づき，書面交付請求をいただいた株主様に対して交付する書面には記載しておりません。なお，監査役および会計監査人は次の事項を含む監査対象書類を監査しております。　㉒

①　連結計算書類の連結株主資本等変動計算書および連結注記表

②　計算書類の株主資本等変動計算書および個別注記表

③　事業報告の以下の事項

・・・

(2)　議決権行使書に賛否の意思表示がない場合の取扱い

　　各議案につき賛否の表示のない場合は，賛成の意思表示があったものとしてお取扱いいたします。

(3)　書面ならびにインターネットによる議決権行使が重複してなされた場合の取扱い

　　書面とインターネットにより重複して議決権を行使された場合は，インターネットによる議決権行使の内容を有効としてお取扱いいたします。

(4)　インターネットによる議決権行使が重複してなされた場合の取扱い

　　インターネットにより複数回数にわたり議決権を行使された場合は，最後に行使された内容を有効としてお取扱いいたします。

(5)　インターネットによる議決権行使のご案内　⑩

＜　本　文　省　略　＞

チェックポイント（電子投票制度・書面投票制度採用会社）

項　目	チェックポイント等
① 一体型アクセス通知	□ 招集通知（アクセス通知）と電子提供措置事項の会社法298条1項各号に掲げる事項は，一部重複する項目がある（【図表11】参照）。これらを別々に作成すると作成の手間に加え，記載内容に齟齬や漏れが生じたり，作成途上で修正漏れが生じるリスクがあるため，招集通知（アクセス通知）と会社法298条1項各号に掲げる事項を網羅した「一体型アクセス通知」を用いることが考えられる
② 証券コード	□ 任意的記載事項であるが，記載するのが一般的
③ 発信日付	□ 総会日との間に中2週間の余裕があるか。その日までに発送できる日程が組まれているか。また，特定の議決権行使期限を定めた場合の招集通知（アクセス通知）発送期限に注意（「特定の時」の属する日と「発送日」の間に中2週間） □ 日付表記は，西暦，元号のいずれでも差し支えない □ 自社等のウェブサイトに掲載した日を明示するため，招集通知（アクセス通知）発信日とあわせて，ウェブサイトへの掲載日を「（電子提供措置の開始日　○年○月○日）」のように記載することも考えられる
④ 宛名	□ 「株主各位」が多いが，「株主のみなさまへ」等ソフトな表現も
⑤ 住所	□ 会社の登記上の本店所在地と一致しているかを確認。登記と実質上の本社事務所所在地が異なる場合，登記を優先（一般には併記）
⑥ 招集権者の肩書	□ 変更がないか。招集権者に関する定款の規定と齟齬がないか
⑦ 自社等のウェブサイト	□ 電子提供措置をとっているときはその旨およびウェブサイトのアドレスを記載する（会社法325条の4第2項，会施規95条の3第1項1号） □ 会社法上，株主が電子提供措置をとっているウェブページに到達するために必要な情報を招集通知（アクセス通知）に記載することが求められている。会社のウェブサイトのトップページ等のアドレスを記載し，当該トップページから目的のウェブページに到達するための方法を併記することもできる（法務省民事局参事官室「会社法の改正に伴う法務省関係政令及び会社法施行規則等の改正に関する意見募集の結果について」54頁）
⑧ 東証等の補助的なウェブサイト	□ 電子提供措置をとっているときはその旨およびウェブサイトのアドレスを記載する（会社法325条の4第2項，会施規95条の3第1項1号）

		□　自社等のウェブサイトへのアクセスに障害等が発生する可能性を考慮し，自社等のウェブサイトに加え，東京証券取引所の投資者向け公衆縦覧サイトである東証上場会社情報サービスを補助的に利用することも可能である □　証券取引所等のウェブサイトを補助的に利用する場合は，当該電子提供措置に係るウェブサイトで電子提供措置をとっている旨および電子提供措置に係るウェブサイトのアドレスを記載する
⑨	定足数	□　定足数を必要とする議題がある場合，事前の議決権行使の必要性を強調するか
⑩	議決権のインターネット行使	□　電磁的方法（インターネット）により議決権行使できる旨を記載しているか確認。議決権行使期限が，書面投票の期限と異なる場合は期限の記載に注意 □　取締役会で別途行使期限を定めた場合，その内容と齟齬がないか等を確認 □　詳細な事項は別途記載（「インターネットによる議決権行使のご案内」等）するのが一般的であるが，記載漏れはないかも確認（代行機関からひな型の提示を受ける）
⑪	書面投票制度	□　書面で議決権行使できる旨を記載しているか確認。議決権行使書用紙（もしくは議決権行使書面）となっているか，議決権行使期限は記載しているか，取締役会で別途行使期限を定めた場合，その内容と齟齬がないか等を確認
⑫	日時	□　受付開始時間の記載も検討 □　過去の総会と著しく離れた日時で開催する場合，開催日時の決定理由を総会招集の取締役会で決議し招集通知に記載することが必要
⑬	開催場所	□　変更がないか，定款で招集地を定めている場合，齟齬がないか確認 □　過去の総会と著しく離れた場所で開催する場合（当該場所が定款所定の招集地である場合を除く），当該場所で開催する理由を総会招集の取締役会で決議し招集通知に記載することが必要 □　開催場所を変更した場合，その旨付記する例が多い
⑭	開催場所案内図	□　開催場所案内図は招集通知（アクセス通知）とあわせて案内する □　付近のビル等に変更がないか，実地調査で確認
⑮	議題，議案等の記載順序	□　報告事項については，会社法にもとづく計算書類が記載されているか，連結計算書類の監査結果報告の件の記載漏れがないか確認 □　決議事項については，総会招集の取締役会での決議事項と齟齬がないか確認（「剰余金の処分の件」等）

		☐　シナリオ上，無理はないか
		☐　議案が１つなら単に「議案」と表記
⑯　定時株主総会の期数（回数）		☐　期数，回数に間違いがないかを，前回の招集通知，P/Lの記載等との関連で確認
⑰　計算書類等の期間表示		☐　去年のままになっていないか確認（特に決算期変更等を行った場合には要注意）
⑱　招集にあたっての決定事項		☐　総会招集の取締役会で決定した事項（【図表８】参照）を漏れなく記載する。記載事項が多岐にわたる場合は，別途【議決権の行使等についてのご案内】に記載し，その内容を参照する引用方式を検討
		☐　招集通知（アクセス通知）の記載事項は議決権行使書用紙に記載すれば省略可能であるが（会施規66条４項），電子提供措置事項である「会社法298条１項各号に掲げる事項」は議決権行使書用紙に記載しても一体型アクセス通知への記載は省略できない。本招集通知記載例は，招集通知（アクセス通知）と会社法298条１項各号に掲げる事項を網羅した「一体型アクセス通知」であるため，会施規63条各号に掲げる「議決権行使書面に賛否の記載がない場合の取扱い」等の招集の決定事項は記載する必要があることに留意
⑲　以上の記載		☐　狭義の招集通知（アクセス通知）の範囲を明確にするため，株主総会の目的事項もしくは招集にあたっての決定事項の次に「以上」と記載しているか確認
⑳　WEB修正文言		☐　株主総会参考書類，事業報告等に記載すべき事項について修正すべき事情が生じた場合における修正後の事項を株主に周知させる方法を招集通知（アクセス通知）とあわせて通知することができる（いわゆるWEB修正。施行規則65条３項，同133条６項，計算規則133条７項，同134条８項）。当該方法をウェブサイトに掲載する方法と定め，招集通知（アクセス通知）とあわせて通知したときは，招集通知（アクセス通知）発送日から株主総会の日の前日までに交付書面の記載内容に修正が生じた場合であっても，修正事項をウェブサイトで周知すれば足り，書面で周知する必要はない。当該記載は書面交付請求をした株主向けに案内すれば足りるが，一体型アクセス通知は全株主に送付されることから，モデル記載例は，電子提供措置事項の修正方法（会社法325条の３第１項第７号）の案内を兼ねるものとしている
		☐　狭義の招集通知（アクセス通知）に記載することまでは義務付けられておらず，欄外に記載すれば足りる
㉑　株主に対するその他のご案内		☐　お土産の配付を取りやめることなど，来場株主に伝えておくべき事項がある場合は，それらを記載することが考えられる

事項	□　その他，株主に伝えるべき事項が生じた場合には会社のウェブサイトでお知らせする旨を包括的に記載しておくことが考えられる
㉒　交付書面の一部記載省略	□　株主総会参考書類に記載すべき事項について交付書面への記載を省略する場合，招集取締役会において交付書面に記載しないものとする事項を決定し，「4．招集にあたっての決定事項」に記載する（引用方式で可） □　監査役等が異議を述べている場合，株主総会参考書類および事業報告（監査報告を含む）に記載すべき事項については，交付書面への記載を省略することができない □　監査役等または会計監査人から，交付書面に記載された事項が監査対象書類の一部である旨を株主に通知するよう請求があれば，その旨を記載しなくてはならない。文言は，あらかじめ調整することが望ましい。監査対象書類の一部である旨の記載について，モデル記載例は株主にわかりやすい表現としているが，「従いまして，書面交付請求をいただいた株主様に対して交付する書面は，監査報告を作成するに際し，監査役および会計監査人が監査をした対象書類の一部であります」とすることも考えられる □　根拠規定の条数を記載し，「法令および当社定款第○条第○項の規定に基づき…」とすることも考えられる
㉓　その他	□　誤字脱字や表記の統一性（「上げます」か「あげます」かなど）確認 □　敬具の位置（なお書き，おって書きとの関係），表現の正確性（議決権行使書用紙，議決権行使書面），敬語の使い方は正確か

Q1-9 一体型ではない招集通知（アクセス通知）記載例

一体型ではない招集通知（アクセス通知）の記載例を教えてください。

A 　一体型ではない招集通知（アクセス通知）の記載例は【図表13】のとおりです。

　従来の招集通知と比べると，会社法298条1項5号，会施規63条各号に掲げる事項を記載する必要がないとされる一方で，電子提供措置事項を掲載するウェブサイトのアドレス等が記載事項とされています。

【図表13】招集通知記載例＜アクセス通知（一体型アクセス通知ではないもの）＞
（電子投票制度・書面投票制度採用会社用）

　　　　　　　　　　　　　　　　　　　　　　（証券コード○○○○）
　　　　　　　　　　　　　　　　　　　　　　　　　　　○年○月○日
　株　主　各　位

　　　　　　　　　　　　　　　　　　　○○市○○町○丁目○番○号
　　　　　　　　　　　　　　　　　　　○　○　○　○　株式会社
　　　　　　　　　　　　　　　　　　　取締役社長　○○　○○

　　　　　　　　　　第○回　定時株主総会招集ご通知

　拝啓　平素は格別のご高配を賜り，厚くお礼申しあげます。
　さて，当社第○回定時株主総会を下記により開催いたしますので，ご通知申しあげます。
　本定時株主総会の株主総会参考書類等（議決権行使書用紙を除く）の内容である情報（電子提供措置事項）は，電子提供措置をとっておりますので，以下の当社ウェブサイトにアクセスのうえ，[「IR情報」，「株主総会」の順に選択して，]ご確認くださいますようお願い申しあげます。
　当社ウェブサイト　https://www.○○○.co.jp/　　二次元コード

　電子提供措置事項は，東京証券取引所（東証）のウェブサイトでも電子提供措置をとっております。以下の東証ウェブサイト（東証上場会社情報サービス）にアクセスのうえ，「銘柄名（会社名）」に「●●●●」または証券「コード」に「●●●●」（半角）を入力・検索し，「基本情報」，「縦覧書類/PR情報」の順に選択して，ご確認いただけます。

　東証ウェブサイト（東証上場会社情報サービス）

https://www2.jpx.co.jp/tseHpFront/JJK010010Action.do?Show＝Show

二次元コード

　また，インターネットまたは書面によって議決権を行使することができますので，お手数ながら株主総会参考書類をご検討のうえ，当社の指定する議決権行使サイト（https://○○○）において賛否を入力されるか，同封の議決権行使書用紙に賛否をご表示のうえご返送いただくか，いずれかの方法により，○年○月○日（○曜日）午後○時までに到着するよう議決権を行使していただきますようお願い申しあげます。

敬　具

記

1．日　時　○年○月○日（○曜日）午前10時
2．場　所　○○市○○町○丁目○番○号　当社本店　○階○○会議室
　　　　　　（末尾の会場ご案内図をご参照ください）
3．株主総会の目的事項
　報告事項　1．第○期（○年○月○日から○年○月○○日まで）事業報告，連
　　　　　　　　結計算書類の内容ならびに会計監査人および監査役会の連結計算
　　　　　　　　書類監査結果報告の件
　　　　　　2．第○期（○年○月○日から○年○月○○日まで）計算書類の内
　　　　　　　　容報告の件
　決議事項
　　第1号議案　剰余金の処分の件
　　第2号議案　定款一部変更の件
　　第3号議案　取締役○名選任の件
　　……　　　　……

以　上

◎　当日ご出席の際は，お手数ながら同封の議決権行使書用紙を会場受付にご提
　　出ください。
◎　電子提供措置事項に修正が生じた場合は，上記インターネット上の当社ウェ
　　ブサイトおよび東証ウェブサイトにその旨，修正前の事項および修正後の事

項を掲載させていただきます。

◎ その他，株主様へのご案内事項につきましては，インターネット上の当社
ウェブサイト（https://www.○○○.co.jp/）に掲載させていただきます。当
社ウェブサイトより適宜最新情報をご確認くださいますようお願い申しあげ
ます。

$\boxed{\text{Q1-10}}$ 招集通知の発送期限

招集通知（アクセス通知）はいつまでに発送する必要が
ありますか。

$\boxed{\text{A}}$ 　招集通知（アクセス通知）は，株主総会の日の2週間前までに発送しなければなりません（会社法299条1項，325条の4第1項）。

電子提供措置の開始と招集通知（アクセス通知）の発送がともに法定期限に行われたとすると，一般に，株主は，招集通知（アクセス通知）が手元に届くまで電子提供措置が開始されていることを認識することができないので，株主総会の3週間前の日に電子提供措置を開始していても，議案等の検討期間の確保につながらない可能性があります。したがって，可能な限り招集通知（アクセス通知）の早期発送に取り組むことが考えられますが，普通郵便の送達日数の繰り下げ等を勘案すると，より早期に株主に伝達が可能なメール配信サービスやSNS等を用いた株主宛の通知サービスを利用することが考えられます。

なお，東京証券取引所は，招集通知（アクセス通知）の早期発送を努力義務（上場規程446条，上場規程施行規則437条2号）とし，コーポレートガバナンス・コードでも早期発送を要請しています（補充原則1－2②）。

2023年の株主総会における招集通知（アクセス通知）の発送日の状況は【図表14】のとおりです。

【図表14】招集通知（アクセス通知）の発送日（上位5日）

21日前	422社（21.3%）
22日前	291社（14.7%）
14日前（法定期限）	236社（11.9%）
15日前	199社（10.1%）
16日前	182社（ 9.2%）

（出所）　株主総会白書［2023年版］

Q1−11 招集通知の送付形態

株主に送付する招集通知にはどのような形態が考えられますか。

A 株主宛（書面交付請求株主を除く）の招集通知の送付形態は，①アクセス通知のみ送付，②サマリー版の送付，③フルセットデリバリーの大きく3パターンが考えられます。電子提供制度の趣旨，郵送費用・印刷関連費用，株主への情報提供のあり方等を勘案し，送付形態を選択することが必要です（【図表15】参照）。

なお，議決権行使書面は，主に以下のような理由から，電子提供措置をとらず，引き続き招集通知（アクセス通知）に書面を同封する取扱いが一般的です。

・議決権行使書面を書面で交付する場合，記載内容は従前と同じ内容で特段変更はない。

・議決権行使書面を電子提供する場合，他の株主が閲覧できないような措置（ID・パスワードの設定等）をとる必要がある。

・書面投票するには，株主が議決権行使書面をダウンロードして印刷し，必要事項を記入して返送する手間・郵送料の負担が増え，議決権行使比率の低下が懸念される。

【図表15】招集通知の送付パターン

送付パターン例		メリット・留意事項

①アクセス通知のみ送付

アクセス通知（非一体型）/一体型アクセス通知 ＋ 議決権行使書面

メリット	✓制度趣旨に合致した送付形態であり，郵送費用（重量による）・印刷関連費用，紙資源を削減可能
留意事項	✓株主への制度周知が十分でない場合，招集通知発送後に交付書面の送付を求める問合せが寄せられるリスクがある

②サマリー版

一体型アクセス通知　株主総会参考書類　事業報告（一部）　連結計算書類（一部）　計算書類（一部）　＋　議決権行使書面

メリット	✓郵送費用（重量による）・印刷関連費用は，現行比で低減 ✓招集通知発送後の株主からの問合せが殺到するリスクを一定程度抑制できる
留意事項	✓電子提供措置事項や交付書面に記載する情報と重複する情報につき，書類作成の工数が増加する可能性がある

③フルセットデリバリー

一体型アクセス通知　株主総会参考書類　事業報告　連結計算書類　計算書類　監査報告　＋　議決権行使書面

メリット	✓作業フローに変更なく，郵送費用，印刷関連費用も従来どおり ✓株主への制度周知が十分でない場合，書面交付請求を失念した株主の不満を未然に解消できる
留意事項	✓制度趣旨に鑑み，施行後当面の激変緩和措置として実施することが望ましい

Q1-12　電子提供措置事項の作成

電子提供措置事項の概要について教えてください。

A　電子提供措置事項の内容は【図表16】のとおりです。このうち②下線部の「議決権行使書面に記載すべき事項」につき電子提供措置をとる場合，議決権を行使すべき株主の氏名等を記載する関係上（会施規66条1項5号等），他の株主が閲覧できないような措置（ID・パスワードの設定等）をとる必要があることや，株主が事前に書面投票する際は自ら印刷作業をする手間が生じ，議決権行使比率の低下も懸念されることから，引き続き書面で交付することが考えられます。議決権行使書面を書面で交付した場合，当該事項につき電子提供措置をとることは不要となります（会社法325条の3第2項）。

【図表16】電子提供措置事項の内容（会社法325条の3第1項）

記載事項	根拠規定
①　会社法298条1項各号に掲げる事項 　㋐　株主総会の日時および場所 　㋑　株主総会の目的である事項があるときは，当該事項 　㋒　書面投票制度を採用するときは，その旨 　㋓　電子投票制度を採用するときは，その旨 　㋔　会施規63条各号に掲げる事項	会社法325条の3第1項1号
②　書面投票制度を採用する場合，株主総会参考書類および議決権行使書面に記載すべき事項	同2号
③　電子投票制度を採用する場合，株主総会参考書類に記載すべき事項	同3号
④　会社法305条1項の規定による株主提案議案の要領通知請求があった場合の，当該議案の要領	同4号
⑤　計算書類および事業報告（監査報告，会計監査報告を含む）	同5号
⑥　連結計算書類	同6号
⑦　上記の事項を修正したときは，その旨および修正前の事項	同7号

Q1-13 ウェブサイトへの掲載

電子提供措置事項をウェブサイトに掲載する場合の注意点について教えてください。

 A 　電子提供措置事項をウェブサイトに掲載する場合の注意点は以下のとおりです。

1．掲載するウェブサイト

　電子提供措置事項を掲載するウェブサイトに特に指定はありませんが，自社のウェブサイトに掲載することが一般的です。また，何らかの理由により自社ウェブサイトにおいて電子提供措置事項の閲覧ができなくなった場合（電子提供措置の中断）に備えて，複数のウェブサイトに掲載することも可能です。

　複数のウェブサイトに掲載した場合，一方のウェブサイトに掲載された電子提供措置事項がサーバダウン等で閲覧できない状況であっても，他方のウェブサイトに掲載された電子提供措置事項が問題なく閲覧できるのであれば，電子提供措置事項の中断（会社法325条の6）には該当しないとされています。

　2023年の株主総会におけるウェブサイトへの掲載状況は【図表17】のとおりです。

【図表17】 電子提供措置事項を掲載したウェブサイト

自社HP＋取引所ウェブサイト	1,092社（61.3%）
自社HP＋取引所ウェブサイト＋その他	491社（27.6%）
自社HP	101社（ 5.7%）
自社HP＋その他	41社（ 2.3%）

（出所）　株主総会白書［2023年版］

２．招集通知（アクセス通知）に記載するURL

　電子提供措置をとる場合における招集通知（アクセス通知）には，電子提供措置に係るウェブサイトのURL等の情報を記載しなければなりません（会社法325条の４第２項３号。会施規95条の３第１項１号）。

　記載すべきウェブサイトのURLは，電子提供措置事項が掲載されているページのURLである必要はなく，リンクによって電子提供措置事項が掲載されているページまでたどり着くことができる場合には，自社ウェブサイトのフロントページ等のURLであっても構わないと解されています。また，招集通知（アクセス通知）に記載したURLから電子提供措置事項が掲載されているページまでリンクによってたどり着くことができない場合であっても，株主が当該ページにたどり着くために必要な情報を招集通知（アクセス通知）に記載することでも足りると解されています。

　なお，電子提供措置をとるウェブサイトのURLは，アクセス通知の記載事項となっていますが，取締役会の決議により決定することが必須のものではないため，代表取締役等にその決定を委任することが可能と解されています[4]。また当該ウェブサイトのURLは，電子提供措置事項には含まれていませんので，当該URLを電子提供措置事項に記載する必要はありません（任意に記載することは許容されます）。

３．ウェブサイトへの掲載方法

　電子提供措置事項のウェブサイトへの掲載にあたっては，株主が掲載されたファイルをプリントアウトすることができるようにしておく必要があります（会施規95条の2,222条１項１号ロ・２項）。電子提供措置事項にハイパーリンクを張っている場合や動画等，プリントアウトすることが困難な情報を掲載していたとしても，それらは電子提供措置としてではなく任意の情報提供として行われたものであると整理できると解されているため，プリントアウトの措置は不要です[5]。

---

[4]　渡辺邦広ほか「株主総会資料電子提供制度の実務対応Q&A⑸―各論４―」旬刊商事法務2307号（2022年）96頁。

4．東証ウェブサイト利用時の留意点

東証の上場会社宛通知，東証上場第8号「株主総会資料の電子提供措置における東証ウェブサイトの利用について」（2022年8月8日）では，東証のウェブサイトを電子提供措置をとる媒体として利用できること，ならびに電子提供措置事項を掲載するウェブサイトとして東証のウェブサイトを利用する場合の留意点について案内がなされています（【図表18】参照）[6]。

本通知によると，東証ウェブサイトは上場会社各社の自社ウェブサイト等のバックアップとして補助的に利用いただくことを前提とするものであるため，システム上の制約や障害，メンテナンスその他の理由により東証ウェブサイト上の情報にアクセスできない状況等が発生した場合でも責任は負いかねる旨が説明されています。

また，自社ウェブサイト等の電子提供措置をとるメインのウェブサイトでアクセスの中断が発生した（またはその可能性が生じた）ときなど，東証ウェブサイトの稼働状況等の確認が必要となった場合には，稼働状況や掲載日時，掲載ファイルの状況について，無料で，東証が報告書を作成・提供するとされています。

---

[5]　渡辺邦広ほか「株主総会資料電子提供制度の実務対応Q&A(3)─各論2─」旬刊商事法務2304号（2022年）43頁注39。

[6]　東証ウェブサイトの利用に際しての留意点は，上場会社向けナビゲーションシステムにも掲載されています。
https://faq.jpx.co.jp/disclo/tse/web/knowledge8459.html

【図表18】 ウェブサイト利用時の留意点

・東証ウェブサイトを電子提供措置をとる媒体として利用する場合，東証ウェブサイトのアドレスとして指定可能なのは，東証ウェブサイトトップページのアドレス※のみであり，個社の縦覧書類掲載ページのアドレスを直接指定することはできません。 ※東証上場会社情報サービストップページ https://www2.jpx.co.jp/tseHpFront/JJK010010Action.do?Show=Show
・東証ウェブサイトにおいて，株主総会資料は，個社別の「上場会社詳細（縦覧書類/PR情報）」ページの「縦覧書類」「株主総会招集通知」欄に掲載されます。電子提供措置をとる媒体の１つとして東証ウェブサイトを利用する場合においてもTDnetへの登録に関して従前の手続から，特段の追加手続等は必要ありません。
・上記欄に掲載できるファイルは，１ファイル当たり５MB(ICJ参加会社) または10MB(ICJ非参加会社) までのサイズのPDF形式のデータのみとなります。なお，分割して複数のファイルを掲載することができます。
・TDnetへの登録作業を行った株主総会資料が東証ウェブサイトに掲載されるタイミングは，登録作業において上場会社が指定する公表日の午前１時頃となり，登録作業から掲載までに一定のタイムラグが生じます。なお，登録作業は，公表日前日の午後11時29分までに完了することが必要です。
・東証ウェブサイトは，定期メンテナンスにより，月に１回，数時間程度のアクセスの中断が発生し，また，臨時メンテナンス等により，年に１～２回，１日程度のアクセスの中断が発生します。メンテナンスを実施する場合は，原則実施１週間前に，日本取引所グループウェブサイトトップページにてお知らせしています。

Q1-14 電子提供措置事項の掲載期間

電子提供措置事項を掲載する期間について教えてください。

A 　電子提供措置（＝ウェブサイトへの掲載）は，株主総会の日の3週間前の日または招集通知（アクセス通知）を発した日のいずれか早い日（電子提供措置開始日）から，株主総会の日後3か月を経過する日までの間（電子提供措置期間），継続して行わなければなりません（会社法325条の3第1項）。例えば，株主総会の日を6月27日（木）とした場合，株主総会の3週間前の日である6月6日（木）午前0時から電子提供措置をとる（ウェブサイトに掲載をする）必要があります。

　招集通知（アクセス通知）を株主総会の日の3週間前の日よりも早く発送する場合には，電子提供措置は招集通知発送日の午前0時からとなります。

　なお，電子提供措置開始日に先立って，電子提供措置をとることは問題ありません。東証上場会社においては，電子提供措置事項についても東証の上場規程により，株主総会の日の3週間前の日よりも前に開始するよう努めることが求められています（上場規程446条，上場規程施行規則437条3号）。

　電子提供措置の開始日が総会日の何日前であったかを調査した結果は【図表19】のとおりです。

【図表19】電子提供措置の開始日（上位5日）

22日前	390社（21.9%）
21日前（法定期限）	274社（15.4%）
23日前	202社（11.3%）
28日前	197社（11.1%）
27日前	134社（ 7.5%）

（出所）　株主総会白書［2023年版］

　一方，電子提供措置期間の期限は，「株主総会の日後3か月を経過する日までの間」とされています。株主総会の日が6月27日（木）とすると，6月28日（金）から起算した3か月を経過する日である9月27日（金）まで掲載をしておく必要があります。

$\boxed{Q1-15}$ 電子提供措置の中断

電子提供措置の中断と，中断が生じた場合の対処方法について教えてください。

$\boxed{A}$　電子提供措置の中断とは，電子提供措置期間中に，①株主が提供を受けることができる状態に置かれた情報がその状態に置かれなくなったこと，または②当該電子提供措置事項に係る情報が改変されたことをいいます（会社法325条の6柱書カッコ書）。

電子提供措置期間中に電子提供措置の中断が生じた場合でも，会社法325条の6に基づく救済要件（【図表20】参照）をいずれも満たした場合には，当該中断は電子提供制度の効力に影響を及ぼさないとされています。一方，救済要件を満たさない場合には電子提供措置の効力に影響が及び，株主総会の招集手続に瑕疵があるとして決議取消事由に該当しうるとされています。

なお，株主総会の日後に電子提供措置の中断が生じた場合には，招集手続に瑕疵がないことから決議取消事由に該当しないと解されています。もっとも，会社法の規定に違反して電子提供措置をとらなかったときに該当するとして，過料に処される可能性がありますので注意が必要です[7]（会社法976条19号参照）。

【図表20】 会社法325条の6による救済要件

① 会社が善意でかつ重大な過失がないこと，または正当な事由があること
② 中断が生じた時間の合計が電子提供措置期間の10分の1を超えないこと
③ 電子提供措置開始日から株主総会の日までに中断が生じた時間の合計が，電子提供措置開始日から株主総会の日までの期間の10分の1を超えないこと
④ 中断が生じたことを知った後速やかにその旨，中断が生じた時間および中断の内容について当該電子提供措置事項に付して電子提供措置をとったこと

---

[7]　竹林・前掲注3）42頁。

〈ご参考〉上記②, ③の要件のイメージ

【図表20】④に記載の対応は,「追加電子提供措置」と呼ばれ, その記載例は【図表21】のとおりです。

【図表21】中断が生じた場合の追加電子提供措置の記載例

○年○月○日

株主各位

○○○○株式会社
代表取締役　○○○○

追加電子提供措置に関するお知らせ

　インターネット上の当社ウェブサイトに掲載しております弊社「第○回定時株主総会」に係る電子提供措置事項につきまして, 下記のとおり中断が生じましたことが判明しました。お詫び申し上げますとともに, 当該電子提供措置事項に付して追加電子提供措置をとりましたことをお知らせします。

記

中断が生じた時間	中断の内容
○年○月○日午前○時○分から ○年○月○日午後○時○分まで	データセンターの電源設備障害により, 電子提供措置の中断が発生

以上

(出所)　東京株式懇話会編「第77回全株懇定時会員総会第1分科会審議事項『電子提供制度の実務対応』」(2022年) 95頁

Q1-16 電子提供措置事項の修正

電子提供措置事項に修正すべき事項があった場合どうすればよいですか。

A 電子提供措置の開始後に電子提供措置事項を修正したときは，その旨および修正前の事項について電子提供措置をとることとされています（会社法325条の3第1項7号）。

実務的には，ウェブサイトに掲載した電子ファイル（PDFファイル）を修正後の電子ファイルに差し替えるとともに，修正前後の事項を正誤表の形で表示している電子ファイルをウェブサイトに掲載することが考えられます（【図表22】参照）。

修正することができる範囲については明文の規定がないため解釈に委ねられます。この点につき，本規定はいわゆるウェブ修正を参考に定められているため，修正可能な範囲についてもウェブ修正に準ずる範囲と解されています[8]。

ウェブ修正は，株主総会参考書類，事業報告，計算書類，連結計算書類の記載に印刷ミスその他の事情で誤りがあった場合や，招集通知発送後の事情変更等があった場合に内容の実質的な変更にならない範囲で修正することが認められています。電子提供措置事項の修正も同様に，内容の実質的な変更にならない範囲で修正することができると解されています。

[8] 竹林・前掲注3）30頁。

54

【図表22】 電子提供措置事項に修正が生じた場合の記載例

○年○月○日

株主各位

○○○○株式会社

代表者名　代表取締役　○○○○

「第○期定時株主総会招集ご通知」の一部修正に関するお知らせ

「第○期定時株主総会招集ご通知」の記載内容の一部に修正すべき事項がありましたので，記載内容を修正いたしました。修正の内容は下記のとおりです。

記

【修正内容】
事業報告の１．株式会社の現況に関する事項　(1)事業の経過及びその成果
（PDFファイル○頁，書面交付請求株主への交付書面○頁）
（訂正前）・・・・・・・・・・
（訂正後）・・・・・・・・・・

以上

（出所）　東京株式懇話会編「第77回全株懇定時会員総会第１分科会審議事項『電子提供制度の実務対応』」（2022年）90頁

Q1−17 EDINET特例の利用

EDINET特例を利用する場合にはどうすればよいですか。

A 　上場会社など有価証券報告書の提出義務を負う会社は，電子提供措置事項を記載した有価証券報告書等をEDINETを使用して提出すれば，自社ウェブサイト等において電子提供措置をとる必要はないとされています（会社法325条の3第3項）。この制度は「EDINET特例」などと呼ばれ，定時株主総会についてのみ利用することが可能とされています。

　EDINET特例を利用する場合，電子提供措置事項を記載した有価証券報告書を，電子提供措置開始日，すなわち株主総会の日の3週間前の日または招集通知（アクセス通知）を発した日のいずれか早い日までに提出する必要があります。またEDINET特例を利用する場合には，招集通知（アクセス通知）にその旨などを記載しなければなりません（会社法325条の4第2項2号）。

　EDINET特例を用いる場合には，電子提供措置の中断に関する規定（会社法325条の6）は適用がないと解されているため，法定期限までに電子提供措置事項を記載した有価証券報告書の提出ができるのであれば，その後は中断リスクを考慮する必要がなくなるという点にメリットがあります。

　もっとも，総会日の3週間前までに有価証券報告書を提出することが前提となることから，2023年の株主総会における利用会社はなかったものと思われます。

Q1 - 18　書面交付請求制度

書面交付請求の概要について教えてください。

A　電子提供制度は株主総会資料を自社ウェブサイト等に掲載し，株主に対し当該ウェブサイトのアドレス等を記載した招集通知（アクセス通知）を送付すれば，株主総会参考書類等を書面で交付することを要しないとする制度ですが，インターネットを利用することが困難な株主にとっては，株主総会資料の入手に支障を来すことから，そのような株主の利益に配慮するため電子提供措置事項を記載した書面（交付書面）の交付を請求することができる書面交付請求制度が創設されました。

1．書面交付請求の方法

　書面交付請求を行う場合，株主は会社（株主名簿管理人）宛に請求を行うことになります。

　また，新規に株式を購入した場合など株主名簿に記録のない者は，会社（株主名簿管理人）に対して書面交付請求を行うことができませんが，振替法上，振替口座を開設している証券会社等を経由して書面交付請求をすることができるとされています。株主名簿に記録のある株主も証券会社等を経由した書面交付請求が可能です。

　なお，書面交付請求は，議決権と密接に関連する権利であり，少数株主権等（振替法147条4項）には該当せず，権利行使に際しては個別株主通知を要しないとされています。

【図表23】 書面交付請求の請求ルート

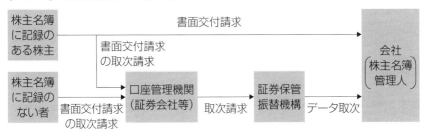

（出所）　東京株式懇話会編「第77回全株懇定時会員総会第1分科会審議事項『電子提供制度の実務対応』」（2022年）34頁

　なお，株主名簿管理人に対して請求した場合は，書面交付請求書が株主名簿管理人に到達した日を書面交付請求の受付日とするとされています。

　一方，証券会社等に対して取次請求した場合は，各証券会社等における取次請求の受付日を書面交付請求の受付日とされます。取次請求を受けた証券会社等が間接口座管理機関である場合など，当該取次請求が機構を経由して株主名簿管理人に到達するまでに時間を要することがあるため，株主名簿管理人に到達した日ではなく，証券会社等における取次請求の受付日とされています。

　株主から会社に対して，書面交付請求を行いたい旨の申出があった場合には，①株主名簿管理人に対して申し出るよう案内する，②株主の住所・氏名を確認し，株主名簿管理人に対して，当該株主に書面交付請求書を送付するよう指示する，いずれかの対応が考えられます。

　また，株主名簿管理人が株主宛に送付した書面交付請求書が，会社宛に返送された場合等には，株主名簿管理人に転送する対応が考えられます。

2．書面交付請求の期限

　書面交付請求は，株主総会の議決権行使に係る基準日までに行う必要があるとされています（会社法325条の5第2項）[9]。

　株主総会の議決権の基準日経過後に行われた書面交付請求は，当該株主総会との関係では効力を有さないため，会社は次回以降の株主総会における書面交付請求として取り扱えば足ります。

58

　基準日経過後の書面交付請求について，会社が任意に交付書面を送付することは許容されますが，同じ時期に複数の株主から基準日経過後の書面交付請求を受けた場合には，株主平等の原則から，複数の株主の全員について一律の対応をすることが適切とされています。

3．単元未満株主からの書面交付請求
⑴　定款に単元未満株主の権利制限規定がある場合
　定款で単元未満株主の権利制限（【図表24】参照）を定めている会社においては，単元未満株主は，書面交付請求権も制限されており，請求できないことが原則です。

　もっとも，請求株主の所有株式数は，請求時点では確認できないことから，請求後最初に到来する議決権基準日時点での所有株式数が単元株式数以上となることを停止条件として，請求を受け付けることになります。

　当該議決権基準日において，単元以上の株式保有が確認された場合には，単元株主からの書面交付請求として交付書面を送付することになります。

　他方，当該議決権基準日において，単元未満株主のままであった場合には定款の権利制限規定の効力により当該書面交付請求は無効となります。この場合その後の基準日において単元株主となったとしても，改めて書面交付請求を行わなければなりません。

9　非公開会社など株主の変動がほとんどないことから議決権の基準日を定めない場合には，書面交付請求の期限は，当該株主総会の招集通知（アクセス通知）の発送時点となると解されています（渡辺邦広ほか「株主総会資料電子提供制度の実務対応Q&A⑶—各論2—」旬刊商事法務2304号（2022年）41頁）。

【図表24】 単元未満株主の権利制限に係る定款モデル

> （単元未満株式についての権利）
> 第8条　当会社の株主は，その有する単元未満株式について，次に掲げる権利以外の権利を行使することができない。
> (1)　会社法第189条第2項各号に掲げる権利
> (2)　会社法第166条第1項の規定による請求をする権利
> (3)　株主の有する株式数に応じて募集株式の割当ておよび募集新株予約権の割当てを受ける権利

（出所）　全株懇定款モデル

(2)　定款に単元未満株主の権利制限規定がない場合

　定款に単元未満株主の権利制限を定めていない会社における書面交付請求については，単元未満株主からの請求であっても受理されます。当該議決権基準日において単元未満株主の場合は，そもそも議決権を有さないため交付書面は送付されません。もっとも，書面交付請求は受理されているため，その後に到来する議決権基準日において単元株主になった場合には，受理された書面交付請求の効力により，交付書面が送付されます。

4．組織再編が行われた場合の効力

　合併等の組織再編が行われた場合，消滅会社等に対して行われた書面交付請求の効力は，存続会社等に引き継がれないと解されています。書面交付請求は，会社毎に請求されるものであるため，組織再編が生じれば消滅会社等に対して行われていた書面交付請求の効力はなくなり，新たに株主となった存続会社等との関係での書面交付請求は，別途行うというのが株主の通常の意思に沿う取扱いであると考えられるためです。存続会社等に対して行われた書面交付請求の効力は，組織再編後も当然に効力を有するとされています。

Q 1 - 19　交付書面

書面交付請求株主に送付する書類（交付書面）について教えてください。

A　書面交付請求を行った株主に対しては，招集通知（アクセス通知）に際して，電子提供措置事項を記載した書面（交付書面）を送付しなければなりません（会社法325条の5第2項）。

以下，交付書面の概要について記載します。

1．交付書面の記載事項

交付書面には法定の電子提供措置事項が記載される必要があります（会社法325条の5第2項）。

ウェブサイトに掲載された電子提供措置事項と交付書面の内容や形式等が同一である必要はなく，法定の電子提供措置事項以外の任意に記載した内容（例えば，役員選任議案に記載した候補者一覧表，スキル・マトリックス等，事業報告に記載した政策保有株式の保有方針，経営理念，社会・環境問題への取組み，各種図表・写真等）については，交付書面への記載を省略することができます。

2．交付書面の送付形態

書面交付請求をした株主に送付する交付書面の形態には特段の定めはなく，電子提供措置事項の内容が記載をされていれば，ウェブサイトに掲載された電子提供措置事項を単純にプリントアウトしたもの（A4ホチキス止め等）でも差し支えなく，サイズ設定を変更してプリントアウトすることや，カラーで掲載していたものをモノクロでプリントアウトすることでもよいと解されています[10]。

3．電子提供措置事項に修正が生じた場合の交付書面

　電子提供措置事項を修正した場合，修正後の内容だけでなく，修正をした旨および修正前の電子提供措置事項の内容も電子提供措置事項となるため（会社法325条の３第１項７号），書面交付請求を行った株主に送付する交付書面には，それらの事項も記載をする必要があります（会社法325条の５第１項）。

　交付書面は招集通知（アクセス通知）に際して送付することが求められるため（会社法325条の５第２項），招集通知（アクセス通知）の発送に間に合うようであれば当該修正に係る新旧対照表を同封することが考えられます。

　また，電子提供制度下においてもいわゆるウェブ修正が可能とされています。すなわち，株主総会の招集通知を発出した日から株主総会の日の前日までの間に修正をすべき事情が生じた場合，修正後の事項をウェブサイトに掲載することとし，その旨を招集通知に記載等することで，実際に修正事項が生じた際にウェブ修正を行った場合には，別途，書面交付請求をした株主に対し修正した旨等の書面を交付することは要しないと解されています。

10　渡辺邦広ほか「株主総会資料電子提供制度の実務対応Q&A(3)—各論２—」旬刊商事法務
2304号（2022年）42～43頁。

$\boxed{Q1-20}$ ## 交付書面の記載事項省略

交付書面に記載を省略することができる事項と手続を教えてください。

$\boxed{A}$ 定款の定めがある場合，電子提供措置事項の一部について，交付書面への記載を省略することができます（会社法325条の5第3項）。省略することができる事項と手続は以下のとおりです。

1．記載省略が可能な事項

交付書面への記載を省略できる事項は【図表25】のとおりです。

【図表25】交付書面から省略可能な事項

電子提供措置事項		交付書面への記載省略の可否
招集通知（アクセス通知）	法298条1項各号に掲げる事項（会社法325条の3第1項1号）	×
	議決権行使書面に記載すべき事項（会社法325条の3第1項2号）	×(注1)
株主総会参考書類	議案（会施規73条1項1号，95条の4第1項1号イ）	×
	提案の理由（会施規73条1項2号）	○
	監査役等が議案について報告をすべき場合における報告の内容の概要（会施規73条1項3号）	○
	株主の議決権行使について参考となる事項（会施規73条2項）	○
	交付書面に記載しないことについて監査役等が異議を述べている事項（会施規95条の4第1項1号ロ）	×
	上記以外の事項	○

事業報告		会社の現況に関する重要な事項（会施規118条1号）		○
		内部統制システムの整備についての取締役会の決議の内容の概要およびその運用状況の概要（会施規118条2号）		○
		会社の財務および事業の方針の決定を支配する者の在り方に関する基本方針に関する事項（会施規118条3号）		○
		特定完全子会社に関する事項（会施規118条4号）		○
		親会社等との間の取引に関する事項（会施規118条5号）		○
	会社の現況に関する事項（会施規199条1号）	主要な事業内容（会施規120条1項1号）		○
		主要な営業所・工場および使用人の状況（会施規120条1項2号）		○
		主要な借入先および借入額（会施規120条1項3号）		○
		事業の経過およびその成果（会施規120条1項4号）		○
		重要な資金調達，設備投資，事業の譲渡，吸収分割または新設分割，他の会社の事業の譲受け，合併等についての状況（会施規120条1項5号）		×
		直前三事業年度の財産および損益の状況（会施規120条1項6号）		○
		重要な親会社および子会社の状況（会施規120条1項7号）		×
		対処すべき課題（会施規120条1項8号）		○
		その他会社の現況に関する重要な事項（会施規120条1項9号）		○
	会社役員に関する事項（会施規119条2号）	氏名（会施規121条1号）		×
		地位および担当（会施規121条2号）		×
		責任限定契約の内容の概要（会施規121条3号）		○
		補償契約に関する事項（会施規121条3号の2〜3号の4）		○
		報酬等に関する事項（会施規121条4号〜6号の3）		×
		辞任または解任された会社役員に関する事項（会施規121条7号）		○
		重要な兼職の状況（会施規121条8号）		○
		財務および会計に関する相当程度の知見を有している監査役等についての事実（会施規121条9号）		○

64

計算書類		常勤の監査等委員または監査委員に関する事実（会施規121条10号）	○
		その他会社役員に関する事項（会施規121条11号）	○
	役員等賠償責任保険契約（D&O保険契約）に関する事項（会施規119条2号の2, 121条の2）		○
	株式に関する事項（会施規119条3号, 122条）		○
	新株予約権等に関する事項（会施規119条4号, 123条）		○
	社外役員等に関する事項（会施規119条2号, 124条）		○
	会計参与に関する事項（会施規125条）	責任限定契約の内容の概要（会施規125条1号）	○
		補償契約に関する事項（会施規125条2号～4号）	○
	会計監査人に関する事項（会施規126条）	氏名または名称（会施規126条1号）	○
		報酬等に関する事項（会施規126条2号）	○
		非監査業務の内容（会施規126条3号）	○
		解任または不再任の決定の方針（会施規126条4号）	○
		業務停止処分に関する事項（会施規126条5号, 6号）	○
		責任限定契約の内容の概要（会施規126条7号）	○
		補償契約に関する事項（会施規126条7号の2～7号の4）	○
		当該会社およびその子会社が支払うべき金銭その他の財産上の利益の合計額等（会施規126条8号）	○
		辞任または解任された会計監査人に関する事項（会施規126条9号）	○
		剰余金の配当等に関する方針（会施規126条10号）	○
	交付書面に記載しないことについて監査役等が異議を述べている事項（事業報告に係る監査報告を含む）（会施規95条の4第1項2号ロ）		×
計算書類	貸借対照表		○
	損益計算書		○
	株主資本等変動計算書		○
	個別注記表		○

連結計算書類	連結貸借対照表	○
	連結損益計算書	○
	連結株主資本等変動計算書	○
	連結注記表	○
監査報告	計算書類に係る会計監査人の監査報告	○
	連結計算書類に係る会計監査人の監査報告	○^(注2)
	計算書類および事業報告に係る監査役等の監査報告	○
	連結計算書類に係る監査役等の監査報告	○^(注2)
株主の議案要領通知請求があった場合における当該議案の要領（会社法325の3第1項4号）		×
電子提供措置事項を修正した旨および修正前の事項（会社法325条の3第1項7号）		×

(注1)　議決権行使書面に記載すべき事項について電子提供措置をとらず，議決権行使書面を株主に交付する場合を除く。

(注2)　連結計算書類に係る監査報告および会計監査報告については，その内容を株主に対して提供することを定めていない限り，会社法325条の5第1項に規定する「電子提供措置事項」に該当しないため，会社計算規則134条3項の規定に基づき電子提供措置をとる場合であっても，交付書面に記載することを要しない。

2．記載省略の手続

　交付書面への記載省略を行う場合，株主総会参考書類に記載すべき事項について記載を省略するときは，総会招集の取締役会において，交付書面に記載しない事項を決定しなければなりません（会社法299条1項5号，会施規63条3号ト）。一方，事業報告，計算書類，連結計算書類に記載すべき事項について記載を省略するときは，特段の決議は不要です。

3．監査役等の異議

　株主総会参考書類，事業報告に記載すべき事項について，監査役等が異議を述べている事項は交付書面への記載を省略できないとされている点に注意が必要です（会施規95条の4第1項1号ロ，2号ロ）。

　監査役等は，交付書面として送付した事業報告について，監査役等または会計監査人は，交付書面として送付した計算書類，連結計算書類について，監査対象書類の一部である旨を書面交付請求株主に通知すべきことを請求すること

ができます。当該請求があった場合，取締役は，交付書面として送付した事業報告，計算書類，連結計算書類は監査対象書類の一部である旨を書面交付請求株主に通知しなければなりません（会施規95条の4第2項）。書面交付請求株主に対する通知の方法は，交付書面の内容である狭義の招集通知部分（会社法298条1項各号に掲げる事項）に記載することが考えられます。

　一体型アクセス通知を用いる場合には，一体型アクセス通知に記載することで差し支えないと考えられます。

4．交付書面から記載を省略した事項

　2023年の株主総会において交付書面から記載を省略した事項の状況は【図表26】のとおりです。

【図表26】交付書面から記載を省略した事項（複数回答，上位10項目）

個別注記表	1,369社（76.9%）
連結注記表	1,354社（76.1%）
株主資本等変動計算書	940社（52.8%）
連結株主資本等変動計算書	916社（51.5%）
事業報告の一部	810社（45.5%）
貸借対照表	193社（10.8%）
損益計算書	173社（ 9.7%）
単体の会計監査人監査報告書	168社（ 9.4%）
連結の会計監査人監査報告書	165社（ 9.3%）
単体の監査役（監査等委員会・監査委員会）監査報告書	164社（ 9.2%）

（出所）　株主総会白書［2023年版］

Q1-21 異議申述手続

異議申述手続について教えてください。

A 　異議申述手続（会社法325条の5第4項）とは，株主が過去に行った書面交付請求について，引き続き書面の交付を希望するか否か，当該株主の意思を会社が確認し，引き続き書面の交付を希望していることの確認がとれない場合には書面交付請求の効力を失わせることができる一連の手続のことをいいます。

　書面交付請求の効力は，請求後すべての株主総会について効力を有し，株主が自ら書面交付請求を撤回しない限り書面交付請求の効力は失われません。その結果，請求株主数が年々累積的に増加し，電子提供制度の意義が減殺されかねないため，異議申述手続が用意されています。

　具体的には，書面交付請求の日（または異議申述の日）から1年を経過したときは，会社は，当該株主に対し，書面交付を終了する旨を通知し，かつ，これに異議のある場合は催告期間内に異議を述べるべき旨を催告することができます（会社法325条の5第4項）。

　当該通知・催告を受けた株主が催告期間内に異議を述べないときは，当該株主がした書面交付請求は，催告期間を経過した時に，その効力を失います（同条5項）。

　異議申述手続を行うかどうか，行う場合にどのような頻度・サイクルで実施するのか等は会社の裁量によることとされています。書面交付請求をした株主の数の推移や当該手続を実施するためのコスト，通知・催告により期待される効果を勘案し実施することが考えられます。また，対象株主の一部のみに通知・催告を送付することも問題はないと解されています。

Q1-22　株主総会当日の留意事項

株主総会当日の留意点について教えてください。

 電子提供制度下の株主総会当日運営についての留意事項は以下のとおりです。

1．シナリオ

電子提供制度の下では，招集通知の発送形態や書面交付請求の有無により，株主の手元に届く書類が異なります。従前，シナリオにおいて「お手許の招集ご通知○ページに記載のとおり…」としていた箇所については，招集通知の形態，総会当日の受付での配布物等によって自社のケースにあわせたシナリオの作成が必要となります。

なお，報告事項の報告や決議事項の説明の場面において，「事業報告の内容については，当社ウェブサイト上に掲載しているとおりです」や「第○号議案の内容については，当社ウェブサイトに掲載している株主総会参考書類に記載のとおりです」との言い回しにて，法的に必要最低限の報告または説明を行ったことと解されるのは従前と同様です。

2．総会受付での配布資料等

総会場の受付で配布，準備する資料についても検討が必要になります。従来通り受付に準備をする場合も，株主宛に発送した資料とするか，電子提供措置事項を記載した書面も印刷して準備するかなどを検討することになります。また，紙での準備は取りやめ，スマートフォンやタブレット端末を利用できる株主には当該端末にて総会資料を見ていただけるよう，資料を掲載しているURLの二次元コードを受付等に表示することや，入場票に二次元コードを印字しておくなどの対応が考えられます。その場合，開会前の事前アナウンスなどでスマートフォンの取扱いについて注意を行う際には矛盾しないような表現とする

ことが必要です。

　なお，2023年の株主総会における株主総会当日の配布資料の状況は【図表27】のとおりです。

【図表27】株主総会当日の資料の配布状況（複数回答）

完全版の招集通知を会場に備置（希望者に配布）	538社（37.4%）
交付書面を会場に備置（希望者に配布）	435社（30.2%）
交付書面を配布	247社（17.2%）
完全版の招集通知を配布	134社（ 9.3%）
配布せず	128社（ 8.9%）
その他	87社（ 6.0%）

（出所）　2023年度全株懇調査報告書

3．ビジュアル化スライド

　報告事項や議案の説明に際しスライドやナレーションを用いている会社は多数見られますが，その内容については，事業報告や株主総会参考書類が物理的に株主の手許にあることを前提として，当該書類の補助的なツールと位置づけている会社も少なくないものと思われます。

　総会当日における資料の配布方針にもよりますが，環境への配慮などから紙での資料配布を行わない場合は，株主の手元には何もない前提でのスライドの内容とすることが必要となります。すなわち，投影されるスライドを見れば，内容を理解できるよう数字・文字・写真等の大きさ等を再検討するとともに，投影するスライドの内容も充実させる必要があると考えます。

Q2 2024年株主総会における留意事項

Q2−1 2024年株主総会における検討事項

2024年株主総会を迎えるにあたってどのようなことを検討しておく必要がありますか。

Ⓐ 新型コロナウイルス感染症の感染症法上の位置づけが「5類感染症」に移行し，株主総会における感染症対策も基本的には不要となる中，2024年株主総会では，来場株主数の増加等を見越したコロナ後の平常な総会運営のあり方について検討する必要があります。また，電子提供制度対応とあわせてコロナ禍で進展した株主総会のデジタル化についても検討することが考えられます。

2024年株主総会では，新たに対応が必要となる法令等の改正はありませんが，「有価証券報告書におけるサステナビリティ情報，人的資本等の開示の充実」，「CGコードを踏まえた施策の実施や株主総会招集通知の充実」等が検討事項として考えられます。さらに，「機関投資家や個人株主の動向を踏まえた対応」も必要となるなど検討課題は少なからずあります。

以下，主な検討事項についてそのポイントを記載します。

1．コロナ後の総会運営

2023年5月8日から新型コロナウイルス感染症の感染症法上の位置づけが季節性インフルエンザと同じ「5類感染症」に移行しました。新型コロナウイルスの感染状況は落ち着いており，社会生活・経済活動は概ね平常に戻りました。株主総会における感染症対策についても，感染症拡大に留意しつつも基本的には不要と考えられます。

2023年総会では来場株主数，発言株主数等の増加がみられ，2024年総会も同

様の傾向が続くものと見込まれます。来場株主数の増加を見越した会場設営，受付体制および座席数の設定，お土産や株主懇親会の実施（復活）について検討することが考えられます。

２．デジタル化推進

新型コロナウイルス感染症対策下では，株主に来場自粛を要請するなど制約された状況において，株主との建設的な対話を促進するべく，Webの活用が進みました。コロナ禍で進展したデジタル化を引き続き推進することも検討事項となります。2023年３月総会から電子提供制度がスタートし，株主総会資料の提供が原則Web化されたこととあわせて，バーチャル株主総会や事前質問の募集，議決権行使のIT化，事前・事後の動画配信などデジタル技術を活用し，株主との建設的な対話を進展することが期待されています。

具体的には以下の方策が考えられます。

① 事前質問の募集

ウェブ等で事前に質問を受付け，事前もしくは総会当日，総会終了後に回答する（事前，総会終了後はウェブサイトに掲載）。

② 事前の動画配信等

総会当日使用予定のビジュアル映像や上程する議案の説明，役員候補者による抱負等を事前にウェブサイトに掲載する。

③ バーチャル株主総会（出席型，参加型）の実施

ハイブリッド型バーチャル株主総会を実施し，会場に来場しなくとも総会に出席（参加）できるようにする。

また，バーチャルオンリー株主総会の開催を可能とする定款変更の要否や定款変更済であれば実施するかも検討事項となる。

④　総会の事後配信（オンデマンド配信）

総会当日の模様を事後配信（オンデマンド配信）することで会場に来場しなくとも総会の模様を閲覧できるようにする。もしくは総会当日の質疑応答をテキスト形式でウェブサイトに掲載するなどの対応も考えられる。

⑤　招集通知における工夫

電子提供制度下においては，株主総会資料は原則ウェブサイト上での情報提供になる。招集通知に自社ウェブサイト等に掲載した他の情報開示へのリンク（URLや二次元コード）を掲載し，機関投資家や個人株主を意識した工夫をすることが考えられる。

スマートフォンで見やすい招集通知の概要をまとめたものをウェブに掲載するのも個人株主へのわかりやすさという観点で有益と思われる。

3．法令等改正への対応

2024年総会では，新たに対応が必要となる法令改正等はありませんが，検討すべき事項は以下のとおりです。

⑴　障害者差別解消法の改正

株主総会に直接関係する法令改正ではないものの，障害者差別解消法が改正され，2024年4月1日から事業者による障がいのある方への合理的配慮の提供が義務化されます（改正前は努力義務。なお，東京都および大阪府は条例によりすでに義務化されています）。これにより株主総会の運営において一定の措置をとることが義務付けられるものではないと考えられますが，法改正を契機として障がいのある方が総会に来場した場合の対応等を改めて検討することも考えられます。

⑵　サステナビリティ情報等の開示の充実

2023年1月31日にサステナビリティ情報等に係る企業内容等の開示に関する内閣府令（開示府令）が公布・施行され，2023年3月期の有価証券報告書等から適用されています。なお，開示府令のほかに，「企業内容等の開示に関する

留意事項について（企業内容等開示ガイドライン）」および「記述情報の開示に関する原則（別添）―サステナビリティ情報の開示について―」もあわせて公表されています。

　有価証券報告書等の開示に関する事項ではあるものの，株主の関心が高い事項については招集通知への記載や総会当日における説明の要否等を検討し，株主からの質問に備えた想定問答の準備が必要となります（有価証券報告書等における開示内容の概要を説明することが考えられます）。

【図表１】改正開示府令の概要

```
１．サステナビリティに関する企業の取組みの開示
(1)　サステナビリティ全般に関する開示
　➤有価証券報告書等に「サステナビリティに関する考え方及び取組」の記載欄
　　を新設し，「ガバナンス」および「リスク管理」は必須記載事項とし，「戦略」
　　および「指標および目標」については重要性に応じて記載を求める。
(2)　人的資本，多様性に関する開示
　➤人材の多様性の確保を含む人材育成の方針や社内環境整備の方針及び当該方
　　針に関する指標の内容等について，必須記載事項として，サステナビリティ
　　情報の「記載欄」の「戦略」と「指標及び目標」において記載を求めること
　　とする。
　➤また，女性活躍推進法等に基づき，「女性管理職比率」，「男性の育児休業取
　　得率」及び「男女間賃金格差」を公表している会社およびその連結子会社に
　　対して，これらの指標を有価証券報告書等においても記載を求めることとし
　　ます。
２．コーポレートガバナンスに関する開示
　➤取締役会や指名委員会・報酬委員会等の活動状況（開催頻度，具体的な検討
　　内容，出席状況），内部監査の実効性（デュアルレポーティングの有無等）
　　および政策保有株式の発行会社との業務提携等の概要
```

(3)　CGコード対応（Q3参照）

　コーポレートガバナンス・コード（CGコード）対応に関して，株主総会の事前準備における検討事項としては以下の事項などが考えられます。

①　株主総会資料（事業報告，株主総会参考書類等）への記載

　スキル・マトリックス（補充原則4―11①）やサステナビリティを巡る課題

への対応（補充原則3―1③）等，CGコードで開示が求められる事項につき招集通知に記載するかどうかや，記載内容の充実を検討することが考えられます。

② 株主総会に関するCGコードを踏まえた対応

株主総会に関するCGコードの規定は，原則1―2（株主総会における権利行使に係る適切な整備）で規定されているほか，補充原則1―2①～⑤で具体的な施策（招集通知の早期発送・早期開示，議決権電子行使の環境整備や英文開示等）が規定されています。補充原則1―2①では「必要に応じた適確な情報提供」をすべきとされており，事業報告や株主総会参考書類で例えば原則3―1（情報開示の充実）をはじめとする，いわゆる開示原則（コンプライでもCG報告書に実施状況の記載が必要となるもの）で開示が求められている事項等を記載することが考えられます。投資家への情報開示の充実という観点からも，どの事項をどこに記載するのか，他社の動向等も踏まえ検討することが考えられます。

特にプライム市場上場会社に求められる，議決権電子行使プラットフォームの利用（補充原則1―2④），開示書類のうち必要なものについての英文での開示・提供（補充原則3―1②）につき未実施の場合，2024年総会で実施するかが検討事項になります（実施しない場合，その理由につき定時株主総会終結後に更新されるCG報告書での開示が必要となります）。

③ 想定問答対応

CGコードへの対応状況については，プライム市場，スタンダード市場上場会社の場合，開示済のCG報告書でエクスプレインとされた事項についてのその後の対応状況（プライム市場上場会社であれば，プライム市場固有のコードへの対応状況も）等を中心に株主総会で質問されることも考えられます。

サステナビリティをめぐる課題への取組み（TCFD対応等含む）など株主の関心の高い事項等を中心に想定問答の準備が必要となります。

⑷ 東証「資本コストや株価を意識した経営の実現に向けた対応」

東証は，市場区分の見直しに関するフォローアップ会議における議論を踏ま

え，資本コストを意識した経営の推進など，中長期的な企業価値向上に向けた自律的な取組の動機付けとなる枠組みづくりを進めています。主な施策は以下のとおりです。

「資本コストや株価を意識した経営の実現に向けた対応」に関しては，要請に基づき開示している企業の一覧表が東証から公表されるなど（2024年1月15日公表開始），東証において取組みの検討・開示を促進する施策がとられる中，自社において要請を踏まえた対応を進めるとともに，その対応状況等につき想定問答として準備しておくことが考えられます。

【図表2】市場区分の見直しに関するフォローアップ会議の論点整理を踏まえた東証の主な施策

	対応	実施時期	対象
資本コストや株価への意識改革・リテラシー向上	経営陣や取締役会において，自社の資本コストや資本収益性を的確に把握し，その状況や株価・時価総額の評価を議論のうえ，必要に応じて改善に向けた方針や具体的な取組，その進捗状況などを開示することを要請（継続的にPBRが1倍を割れている会社には，開示を強く要請）	2023年春	プライム・スタンダード
コーポレート・ガバナンスの質の向上	コンプライ・オア・エクスプレインの趣旨を改めて周知するとともに，エクスプレインの好事例や不十分な事例等を明示	2023年春	プライム・スタンダード
	指名委員会・報酬委員会の役割・機能や活動状況等に関する実態調査，その状況や事例の取りまとめ・公表	2023年秋	プライム・スタンダード
英文開示の更なる拡充	プライム市場において，個別の働きかけや情報周知活動等の取組を継続的に実施しつつ，義務化する内容について決定・公表	2023年秋	プライム
	各市場区分における英文開示に関する取組事例の取りまとめ・公表を行ったうえで，スタンダード市場やグロース市場の上場会社にも事例を紹介するなどにより働きかけを実施	2023年秋	全市場

投資者との対話の実効性向上	プライム市場において，経営陣と投資家の対話の実施状況やその内容等のコーポレート・ガバナンス報告書への記載を要請	2023年春	プライム

（出所）「論点整理を踏まえた今後の東証の対応」（2023年1月30日　東京証券取引所）

3．その他のご検討事項

(1)　議案の賛成率向上に向けた施策

　2023年の総会における機関投資家の議決権行使については，コロナの影響を踏まえ引き続きROE等財務的な基準については柔軟な対応をとった機関投資家等も見られたものの，（独立）社外取締役の比率や女性役員の選任，政策保有株式圧縮の要請，政策保有先出身者等の独立性の判断などガバナンスに関してはより厳しい傾向が見られました。また，一部機関投資家はバーチャルオンリー総会の定款変更に対しても厳しいスタンスであったり，サステナビリティ対応について定量的・具体的な基準を定める動きも見られました。

　議決権行使助言会社ならびに主要な機関投資家においては，賛否推奨のポリシーや議決権行使基準について毎年見直しを行うところが少なからずあるため，改定状況について把握しておく必要があります（例えばISSは，新型コロナウイルスの影響を踏まえ適用を一時停止していたROE基準につき2024年2月から適用を再開します。その他機関投資家の動向はQ4を参照ください）。株主判明調査等で株主名簿の背後にいる実質株主を調査し，その行使基準・行使スタンスを踏まえ，付議予定の議案につき票読みを行い，自然体で臨んだ場合，賛成率が厳しい状況であれば賛成率向上に向けた施策を講ずることが必要となります。

(2)　アクティビストの動向等確認

　2023年の株主総会では，いわゆるアクティビストからの株主提案は相変わらず活発に行われました。アクティビストの活動として，まずは提案や要望を記載したレターの発信や面談要請に始まり，その後の会社の状況により，株主提案や委任状勧誘，臨時株主総会の招集請求等徐々にエスカレーションするケー

スが見られます。株主総会の準備と並行してアクティビスト対応を行うことは
大きな負荷となりますので，アクティビストから会社への働きかけが想定され
る場合，早めに体制や対応方針を決定することが必要です。

　アクティビストに狙われやすい会社には，財務的な面や株主構成等でいくつ
か特徴があると思われます。自社が狙われやすい会社なのかの検証，株主判明
調査等によるアクティビストの保有状況の確認を行うなど予兆管理も重要と考
えます。

　また，2023年総会では，2022年総会に続き，ESGアクティビズムの活発化の
兆しも見られました。メガバンクや商社，電力会社等に対し気候変動の影響に
関する情報開示等を求める定款変更議案等が株主提案として提出され，可決に
は至らないものの相応の賛成率となっています。

　業種等により気候変動対応が重要な課題となりうる会社においては，ESGア
クティビズムへの対応も必要になる可能性もありますので，予兆管理を行い，
必要に応じて体制の整備等を行うことも考えられます。

(3)　招集通知における工夫

　株主総会当日に出席する株主は，平均すると議決権あり株主の1％にも満た
ないという状況です。このような中，株主総会に出席しない大多数の株主が，
招集通知をみて会社への理解を深め，会社のファンになるよう，招集通知の内
容を工夫することもSR・IR活動の一環といえます。招集通知の作成スタンス
は各社の獲得目標により様々かと思いますが，以下においては3つの観点から
招集通知における検討事項を記載します。

①　機関投資家の関心の高い事項の記載

　機関投資家は，役員選任議案において，種々の任意の情報開示を求めていま
す。例えば，候補者の氏名のふりがな，新任・再任，顔写真，性別，独立役員
として届け出ている旨，在任年数，取締役会の出席状況等です。こうした情報
を個別の候補者の記載の前に一覧表で記載することは機関投資家からも歓迎さ
れているようです。さらに，企業のESG/SDGsの取組み，役員のスキル・マト
リックス，指名委員会・報酬委員会の構成や権限・役割，活動状況なども関心

が高いとされており，こうした事項を事業報告もしくは株主総会参考書類に記載することが考えられます。

　従前は紙面制約や印刷コストの関係で，任意の記載事項については取捨選択をしていた会社においても，株主総会資料の電子提供制度においては原則ウェブサイト上での情報提供となるため，より内容を充実したり，自社ウェブサイト等に掲載済の他の媒体（例えば，統合報告書やサステナビリティレポートなど）へのリンク（URLや二次元コード）を掲載することが考えられます。

　② 　見やすくわかりやすい招集通知の作成
　招集通知を見ていただき，会社を理解してもらうべく，工夫をするというものです。従前から，個人株主に関心をもってもらえたり，ご高齢の方でも見やすいように，費用対効果も勘案しつつ，字のポイントを大きくする，適切な行間をあける，写真や図表を掲載する，カラー化する，インデックスや表紙をつける，トピックスを記載するなどの検討をしてきたことと思われます。
　株主総会資料の電子提供制度においては原則ウェブサイト上での情報提供になります。従来からの見やすくわかりやすい招集通知の工夫は引き続きの検討事項になりますが，個人株主は必ずしも情報「量」を求めているとは限りません。個人株主の関心が高いポイントを押さえた内容としつつ，より詳細な情報へのアクセスニーズがある株主向けにリンクを掲載しておくことが考えられます（例えば，役員選任議案では役員候補者の紹介動画，報告事項や議案概要の説明動画，ESG関連であれば自社ウェブサイトに掲載する統合報告書のURLや二次元コードを掲載）。

　(4) 　想定問答の作成
　2023年版株主総会白書によると，発言のあった会社は74.6％となっています。また，株主からの質問事項は，経営戦略・経営企画に関係するものが多く，「配当政策・株主還元」（35.9％），「株価動向」（25.3％），「財務状況」（20.1％）が上位を占めたほか，ESG・サステナビリティ関係の質問では，「女性活躍等の人材の多様性向上」（19.4％）が多くみられました。
　コロナ後の総会運営の平常化に伴い，発言する株主の数も増加傾向がみられ

る中，想定問答の十分な準備が必要となります。気候変動，カーボンニュートラル，TCFD，生物多様性への対応，ESG/SDGsの取組み，女性活躍，バーチャル株主総会，DX対応など昨今の話題に関する質問，さらには国際情勢，経済情勢や政治情勢を踏まえた自社への影響（地政学的リスク，物価や資源価格上昇，金利上昇への備え，為替見通し），他社の不祥事等を踏まえた自社やグループ会社全体の防止体制なども想定問答で準備すべきと考えます。

　株主総会資料の電子提供制度関連では招集通知の送付形態に関する株主発言が予想されます。いずれの想定問答についても，フルセットを求める株主とエコの観点から紙の削減を求める株主の双方の視点での回答案の準備が必要になると考えられます（例えば，株主への配慮の観点からフルセットを送ってほしい/エコの観点から紙はなるべく削減したらどうか）。また，開示府令改正により有価証券報告書等での開示が求められるサステナビリティ情報，「人的資本可視化指針」をうけての人的資本に関する情報開示（例えば，人的資本への投資，人材戦略，経営戦略との関連性，人材戦略に係るKPI）や，「責任あるサプライチェーン等における人権尊重のためのガイドライン」をうけての取り組みなどが質問される可能性があります。

　マスコミでの報道をきっかけに質問するケースも少なからずあるため，株主総会直前まで想定問答を加除修正していただくことも必要です。

Q2-2 監査等委員会設置会社における株主総会運営の留意点

前事業年度に監査等委員会設置会社に移行した会社が2024年の株主総会を迎えるにあたって，どのようなことに留意する必要がありますか。

A 株主総会の運営に関し，監査等委員会設置会社固有の留意事項として以下の点が挙げられます（参考書類，事業報告の作成については，Q12（事業報告の作成），Q14（議案）もご参照ください）。

1．株主総会日程上の留意事項（意見陳述権への対応）

監査等委員会には監査等委員である取締役以外の取締役の選解任等や報酬等について株主総会における意見陳述権があり（会社法342条の2，361条5項・6項），監査等委員会の意見があるときは株主総会参考書類に意見の内容の概要を記載する必要があります（会施規74条1項3号，82条1項5号）。

したがって，監査等委員会では意見陳述に向けたスケジュールの確認が必要ですし，株主総会参考書類の内容が確定するまでに監査等委員会の意見の内容を確定し，取締役会や株主総会事務局に報告（連携）する必要があります。

2．株主総会関係書類作成上の留意点

(1) 招集通知（アクセス通知）

監査主体は監査等委員会ですので，報告事項のうち「連結計算書類に関する監査結果報告」の主体も監査役会（移行前が監査役会設置会社の場合）から監査等委員会に変更が必要です。また，定款の定めに基づく交付書面への記載省略を実施する会社においては，「株主に対して交付する書面が監査対象書類の一部である」旨を記載する場合に，例えば「書面交付請求をいただいた株主様に対して交付する書面は，監査報告を作成するに際し，<u>監査等委員会及び会計</u>

監査人が監査をした対象の一部であります」等の記載が必要です（下線部が変更箇所）。

(2)　事業報告

　移行後最初の事業年度に関する事業報告の作成にあたり，例えば役員報酬等の額は移行前の状況のもの（例：取締役，監査役，社外役員）と移行後の状況のもの（例：監査等委員である取締役，それ以外の取締役，社外取締役）の両方を記載する必要があります。また，株式に関する事項のうち当該事業年度中に職務執行の対価として交付した株式の状況についても，移行前の状況のもの〔例：取締役（社外取締役を除く），社外取締役，監査役〕と移行後の状況のもの〔例：取締役（監査等委員である取締役および社外取締役を除く），社外取締役（監査等委員である取締役を除く），監査等委員である取締役〕の両方を記載する必要があるものと考えられます。

　次に，会社役員関係の記載として「常勤の監査等委員である取締役の選定の有無および理由」，「地位および担当」，「責任限定契約や役員等賠償責任保険契約等の締結対象者」，「社外役員の活動状況（監査等委員会への出席状況）」等で従来の記載内容から変更を行う必要があります。会社役員関係の記載は求められる記載対象がいつ時点のものか（直前の定時株主総会終結の日の翌日以降に在任していた者に限られるのか否か，会施規121条1号等）を確認し，対象者を正しく把握して記載することが必要です。

　このほかにも，会計監査人の報酬についての同意の主体や内部統制システムの内容の概要と運用状況の概要の箇所も見直し（変更）が必要となります。その他，監査役・監査役会から監査等委員（である取締役）や監査等委員会に変更すべき事項が少なからずあります（新株予約権等に関する事項等）ので修正漏れがないよう注意が必要です。

(3)　株主総会参考書類

　前述のとおり，監査等委員である取締役以外の取締役の選解任等や報酬等について監査等委員会の意見があるときは，その意見の内容の概要を株主総会参考書類に記載しなくてはなりません。

82

　また，監査等委員である取締役の選任議案を提出する場合に監査等委員会の
同意が必要となり（会社法344条の2第1項），同意を得ている旨を記載するこ
とが考えられます。さらに，監査等委員である取締役の報酬等に関する議案を
提出する場合に監査等委員である取締役の意見があるときは意見の内容の概要
を記載する必要があります（会施規82条の2第1項5号）。

⑷　株主総会の運営

　定時株主総会における連結計算書類の監査結果報告は取締役が株主総会に報
告しなければならない（会社法444条7項）こととの関係で，監査役（会）設
置会社では，監査役が監査報告の際に述べた内容を議長が引用する運営を行う
ことが一般的です。これに対し，監査等委員会設置会社では監査報告を行う監
査等委員が取締役であり，監査等委員である取締役が直接監査結果報告を行う
こととなる結果，議長の引用は必要ないと考えられます。

　また，監査等委員である取締役以外の取締役の選解任や報酬等に係る意見を
陳述する場合，監査報告の際に行うか，議案説明時に行うか検討が必要です。

　実務的には，株主総会に上程されている議案について別途の意見がない旨の
意見を監査等委員が監査報告とあわせて述べることや，取締役選任議案や報酬
等に関する議案の説明の時に，議長から「監査等委員会より本議案については
妥当である旨の意見を得ております。」と説明することも考えられます（旬刊
商事法務2040号23頁）。なお，監査等委員会設置会社の意見陳述権行使に関す
る実務対応については，2017年12月1日付で公益社団法人日本監査役協会　監
査等委員会実務研究会により作成された「選任等・報酬等に対する監査等委員
会の関与の在り方」が参考になります。

Q3 コーポレートガバナンス・コードへの対応

株主総会の準備にあたり，コーポレートガバナンス・コードへの対応として留意する点はありますか。

Ⓐ 株主総会準備にあたってのコーポレートガバナンス・コードへの対応の実態と留意点は以下のとおりです。

1．株主総会準備にあたってのコーポレートガバナンス・コードへの対応の実態と留意点

(1) 株主総会の運営

① 株主総会関連日程の適切な設定（補充原則1－2③）

補充原則1－2③
　上場会社は，株主との建設的な対話の充実や，そのための正確な情報提供等の観点を考慮し，株主総会開催日をはじめとする株主総会関連の日程の適切な設定を行うべきである。

　2023年6月総会の集中日は6月29日（木）・614社（26.3％）で，2022年6月総会の集中日6月29日（水）・617社（26.2％）と比較すると0.1ポイント増となりました（資料版商事法務No.460　162頁，No.472　108頁）。2015年のコーポレートガバナンス・コード適用開始後最も低い集中率となった2022年6月総会に近い水準で推移しており，プライム市場の企業を中心に株主総会開催の分散化の傾向は継続していると考えられます。

② 招集通知の早期発送，発送前 WEB掲載（補充原則1－2②）

> 上場会社は，株主が総会議案の十分な検討期間を確保することができるよう，招集通知に記載する情報の正確性を担保しつつその早期発送に努めるべきであり，また，招集通知に記載する情報は，株主総会の招集に係る取締役会決議から招集通知を発送するまでの間に，TDnetや自社のウェブサイトにより電子的に公表すべきである。

〔2023年6月総会での招集通知の早期発送状況〕（当社調べ）

> ・証券取引所ウェブサイトに掲載された6月総会上場会社2,343社の招集通知発送日を当社で調査したところ，「14日前（法定期限）」に発送した会社は17.2％，「15日～20日前」に発送した会社は58.4％，「21日以上前」に発送した会社の割合は24.4％でした。最近5年間における会社の割合は下図のとおりです。CGコードの要請に加え，電子提供制度が開始し，法令上遅くとも総会日の3週間前までに電子提供措置をとることが求められることとなった影響もあったためか，「21日以上前発送」を実施した会社が昨年に比べて増加しています。

〔招集通知の発送状況〕（当社調べ）

	14日前発送	15日～20日前発送	21日以上前発送
2023年	17.2％	58.4％	24.4％
2022年	16.2％	60.8％	23.0％
2021年	20.1％	57.9％	22.1％
2020年	28.2％	58.0％	13.8％
2019年	16.4％	61.5％	22.1％

〔2023年6月総会での招集通知の発送前 WEB掲載〕（当社調べ）

> ・証券取引所WEBサイトに掲載された6月総会上場会社2,343社の電子提供措置の開始日を当社で調査したところ，総会日の「22～24日前」に実施する会社が5割を超え最も多くなりました。

〔2023年6月総会での電子提供措置の開始日の状況〕（当社調べ）

	21日前	22〜24日前	25〜27日前	28日以上前
2023年	9.2%	52.5%	17.8%	20.5%
2022年(※)	40.9%	22.3%	16.7%	20.1%

（※）　2022年の値は電子提供制度適用前のウェブ掲載日であり，「21日前」は21日よりも少ない日数を含む。

③　議決権電子行使プラットフォームの利用等や招集通知の英訳（補充原則1−2④）

補充原則1−2④
　上場会社は，自社の株主における機関投資家や海外投資家の比率等も踏まえ，議決権の電子行使を可能とするための環境作り（議決権電子行使プラットフォームの利用等）や招集通知の英訳を進めるべきである。
　特に，プライム市場上場会社は，少なくとも機関投資家向けに議決権電子行使プラットフォームを利用可能とすべきである。

〔2023年6月総会での議決権電子行使プラットフォームの利用，招集通知英訳の作成状況〕（当社調べ）

・株式会社ICJが運営する議決権電子行使プラットフォームの利用会社が1,244社で，前年比で25社，2.1ポイント増加しています。
・招集通知の英訳を作成する上場会社も増加傾向にあり，株式会社ICJの調査では，1,164社（前年比17社増，1.5ポイント増）が作成して公表しています。

〔6月総会での議決権電子行使プラットフォームの利用状況〕

時期	利用会社数
2023年6月総会	1,244社
2022年6月総会	1,219社
2021年6月総会	910社
2020年6月総会	839社
2019年6月総会	797社

※㈱ICJからのヒアリング結果より当社作成。対象は6月総会開催会社。

86

〔招集通知英訳の作成〕

時期	実施会社数
2023年6月総会	1,164社
2022年6月総会	1,147社
2021年6月総会	957社
2020年6月総会	844社
2019年6月総会	844社

※㈱ICJ調べ（2023年6月12日時点）を基に当社作成。対象は6月総会開催会社。

④　実質株主の要請に基づく総会出席の検討（補充原則1―2⑤）

> 補充原則1―2⑤
> 信託銀行等の名義で株式を保有する機関投資家等が，株主総会において，信託銀行等に代わって自ら議決権の行使等を行うことをあらかじめ希望する場合に対応するため，上場会社は，信託銀行等と協議しつつ検討を行うべきである。

2015年11月13日に全国株懇連合会が「グローバルな機関投資家等の株主総会への出席に関するガイドライン」（以下「ガイドライン」という）を制定し，実質株主の総会出席に関し，以下ルートAないしルートDの4つの出席方法を明示しています。

ルートA	基準日までに1単元以上の名義株主となる方法
ルートB	会社の了解を得て傍聴する方法
ルートC	「特段の事情」を証明した上で名義株主の代理人として出席する方法
ルートD	定款変更してグローバルな機関投資家等が名義株主の代理人として出席する方法

2023年総会における実質株主（グローバルな機関投資家等）から総会の会場で出席を求められた場合の対応（方針を含む）は，以下のとおりでした。

〔実質株主から総会の会場での出席を求められた場合の対応（複数回答）〕

会社の裁量により総会の傍聴を認める （全株懇ガイドラインのルートBに相当）	356社 （72.8%）
特段の事情があれば名義株主の代理人として出席を認める （全株懇ガイドラインのルートCに相当）	47社 （9.6%）
名義株主からの委任状が確認できれば代理人として出席を認める	47社 （9.6%）
定款に例外規定を追加し出席を認める （全株懇ガイドラインのルートDに相当）	3社 （0.6%）
ケース・バイ・ケースで対応	93社 （19.0%）
その他（実質株主が名義株主であれば認める （全株懇ガイドラインのルートAに相当）等）	7社 （1.4%）
回答社数	489社

（出所）　株主総会白書［2023年版］106頁を基に当社作成

(2)　付議議案について

①　独立社外取締役の有効な活用（原則4―8）

原則4―8

　独立社外取締役は会社の持続的な成長と中長期的な企業価値の向上に寄与するように役割・責務を果たすべきであり，プライム市場上場会社はそのような資質を十分に備えた独立社外取締役を少なくとも3分の1（その他の市場の上場会社においては2名）以上選任すべきである。

　また，上記にかかわらず，業種・規模・事業特性・機関設計・会社をとりまく環境等を総合的に勘案して，過半数の独立社外取締役を選任することが必要と考えるプライム市場上場会社（その他の市場の上場会社においては少なくとも3分の1以上の独立社外取締役を選任することが必要と考える上場会社）は，十分な人数の独立社外取締役を選任すべきである。

〔独立社外取締役の選任状況〕

・東京証券取引所プライム市場上場会社では，独立社外取締役を複数選任している会社は99.2%となっています（前年比＋0.0ポイント）。

・東京証券取引所プライム市場上場会社では，全取締役の3分の1以上の独

立社外取締役を選任している会社は95.0%となっています（前年比＋2.9
ポイント）。

(出所)　「東証上場会社における独立社外取締役の選任状況及び指名委員会・報酬委
　　　　員会の設置状況（2023年7月31日）」より

(3)　「必要に応じた的確な情報提供」に関するコード対応の実施状況
①　株主総会招集通知の記載事項（補充原則1―2①），情報開示の充実（原
　　則3―1）

補充原則1―2①
　上場会社は，株主総会において株主が適切な判断を行うことに資すると考えら
れる情報については，必要に応じ適確に提供すべきである。

原則3―1
　上場会社は，法令に基づく開示を適切に行うことに加え，会社の意思決定の透
明性・公正性を確保し，実効的なコーポレートガバナンスを実現するとの観点か
ら，（本コードの各原則において開示を求めている事項のほか，）以下の事項につ
いて開示し，主体的な情報発信を行うべきである。
　(i)　会社の目指すところ（経営理念等）や経営戦略，経営計画
　(ii)　本コードのそれぞれの原則を踏まえた，コーポレートガバナンスに関する
　　　基本的な考え方と基本方針
　(iii)　取締役会が経営陣幹部・取締役の報酬を決定するに当たっての方針と手続
　(iv)　取締役会が経営陣幹部の選解任と取締役・監査役候補の指名を行うに当た
　　　っての方針と手続
　(v)　取締役会が上記(iv)を踏まえて経営陣幹部の選解任と取締役・監査役候補の
　　　指名を行う際の，個々の選解任・指名についての説明

　株主との対話の観点から，議決権行使の参考に供する材料としてコーポレー
ト・ガバナンス報告書に記載した開示14原則や原則3―1に定める事項などに
つき招集通知に記載することも考えられます。
　なお，コーポレートガバナンス・コード関連事項として事業報告または株主
総会参考書類に記載された事項の調査結果としては以下の株主総会白書に記載
の調査結果が参考となります。

〔コーポレートガバナンス・コード関連事項の事業報告または株主総会参考書類への記載（複数回答）【抜粋】〕

	項　目	社数（%）
1	経営陣幹部・取締役の報酬決定の方針・手続に関する事項	1,360社(68.7%)
2	取締役会全体のバランス・規模に関する考え方，スキル・マトリックス，選任方針等	1,234社(62.4%)
3	社外でない取締役・監査役候補者の個々の選解任・指名理由に関する事項	973社(49.2%)
4	社外役員の独立性判断基準に関する事項	797社(40.3%)
5	経営理念等・経営戦略・経営計画に関する事項	791社(40.0%)
6	社外役員の活動状況に関する事項（取締役会等の出席・発言状況を除く）	731社(36.9%)
7	コーポレート・ガバナンスに関する基本的な考え方・基本方針に関する事項	501社(25.3%)
8	経営陣幹部・取締役・監査役の選解任・指名の方針・手続に関する事項	480社(24.3%)
9	取締役（会）・監査役（会）の役割・責務，構成等に関する事項	420社(21.2%)
10	ガバナンスの充実を図る任意の仕組みの活用状況に関する事項	337社(17.0%)

（出所）　株主総会白書［2023年版］83頁

②　取締役等の選任・指名，取締役等の報酬を決定するに当たっての方針と
　　手続（原則3―1(iii)(iv)），任意の仕組みの活用（原則4―10）
　指名委員会等設置会社においては，決定権のある指名委員会・報酬委員会が法定されています。一方，監査役会設置会社および監査等委員会設置会社においても，補充原則4―10①との関係で取締役等の選任・指名や，取締役等の報酬の決定については，任意の指名委員会，報酬委員会の審議を経て行っている会社が増加しています。これらの委員会は，一般的には，取締役会の諮問機関という位置付けです。

〔指名委員会・報酬委員会の設置状況（2023年7月）〕

集計対象	社数	指名委員会等 設置会社		監査等委員会設置会社または 監査役会設置会社			
		法定の指名委員 会・報酬委員会		任意の指名委員会		任意の報酬委員会	
		会社数	比率	会社数	比率	会社数	比率
プライム市場	1,833社	77社 （＋5）	4.2% （＋0.3pt）	1,527社 （＋63）	83.3% （＋3.6pt）	1,561社 （＋62）	85.2% （＋3.6pt）
スタンダード市場	1,440社	11社 （±0）	0.8% （±0.0pt）	534社 （＋40）	37.1% （＋3.2pt）	584社 （＋37）	40.6% （＋3.0pt）
グロース市場	538社	3社 （－2）	0.6% （－0.4pt）	111社 （＋33）	20.6% （＋4.2pt）	167社 （＋38）	31.0% （＋4.0pt）
全上場会社	3,811社	91社 （＋3）	2.4% （＋0.1pt）	2,172社 （＋136）	57.0% （＋3.0pt）	2,312社 （＋137）	60.7% （＋3.0pt）

※括弧内は前年7月比

（出所）「東証上場会社における独立社外取締役の選任状況及び指名委員会・報酬委員会の設置状況（2023年7月31日　東京証券取引所）を基に当社作成

2．コーポレート・ガバナンスの質の向上に向けて

　サステナビリティを巡る取組みの開示や，資本コストを意識した経営戦略・計画の策定といった昨今注目すべきと考えられるCGコードの実施状況は【図表1】のとおりです。

　東京証券取引所は，中長期的な企業価値向上に向け，コーポレート・ガバナンスの「質」の向上に向けた取り組みとして，コンプライ・オア・エクスプレインの趣旨を改めて周知しています。積極的なエクスプレインは，形だけのコンプライよりも評価に値するケースも少なくないとの指摘もあり，「建設的な対話に資する『エクスプレイン』のポイント・事例について」（2023年3月31日東証公表）では，建設的な対話に資する「エクスプレイン」のポイントが示されています。

　ガバナンスの向上に向けて取組みを進めるとともに充実した開示のあり方を検討し，自社の対応状況に関する想定問答の準備をすることが必要と思われます。

【図表１】 主なコーポレートガバナンス・コードへの対応状況（2022年７月14日時点）

内容		コンプライ率	
		プライム	スタンダード
補充原則 2－3①	気候変動への配慮等を含むサステナビリティ	95.8%	94.0%
補充原則 2－4①	女性・外国人・中途採用者の管理職への登用等の中核人材の多様性確保に関する考え方等の開示	72.8%	41.5%
補充原則 3－1③	経営戦略等の開示におけるサステナビリティの取組みの開示	62.3%	59.1%
補充原則 4－2②	サステナビリティを巡る課題についての基本方針の策定等	86.1%	67.1%
補充原則 4－8③	支配株主を有する上場会社の独立社外取締役の選任，または独立性を有する者で構成された特別委員会の設置	76.8%	71.1%
原則 4－11	取締役会の多様性	86.7%	60.1%
補充原則 4－11①	スキル・マトリックスはじめ，取締役のスキルの組合せの開示	89.5%	63.6%
補充原則 4－11③	取締役会の実効性評価	91.7%	57.8%
補充原則 5－1①	株主との対話の応対者	99.3%	98.9%
補充原則 5－2①	経営戦略等の策定・公表における事業ポートフォリオの基本方針や見直し状況の開示	88.7%	63.9%

（出所）　東京証券取引所「東証上場会社コーポレート・ガバナンス白書2023」を基に当社作成

Q4 機関投資家の動向

機関投資家の議決権行使について最近の動向を教えてください。

A 内外の機関投資家の議決権行使基準ならびに議決権行使助言会社の助言方針は，年々厳格化の傾向にあります。2023年総会における機関投資家の議決権行使の特徴として，多くの投資家がジェンダー基準や政策保有株式基準等の新規導入・厳格化を行ったことがあげられます。こういった動きもあり，機関投資家比率が高い会社においては，特定の議案につき相応の反対票が投じられたケースも少なからず見られました。例えば，（独立）社外取締役の比率が低いケース，女性役員不在のケース，政策保有株式の保有比率が高いケース，不祥事があったケースの経営トップ，独立性がないと判断された社外役員候補者（大株主・取引関係・政策保有先等），感染症拡大や天災地変の発生に限定する文言のないバーチャルオンリー株主総会を開催可能とする定款変更などがあげられます。

　機関投資家から一定の反対票が想定される議案を付議する場合，機関投資家の株式保有比率や株式を保有する機関投資家の議決権行使基準や行使結果を踏まえ，保守的に票読みをする必要があります。機関投資家比率が高い場合には，株主判明調査を実施し，それをもとに議案賛成比率のシミュレーションを行い，機関投資家との対話に際して会社の考え方を説明し，当該議案への理解を求めることが考えられます。

　また，議決権行使助言会社ならびに主要な機関投資家の多くは議決権行使基準を定期的に見直しており，2024年株主総会に向け，一層の基準の厳格化が想定されます。基準を見直すポイントは，昨年に引き続き，①（独立）社外取締役の比率（機関設計にかからず（独立）社外取締役3分の1以上を求める動き）および社外役員の在任期間，②過大な政策保有株式の保有（政策保有株式が純資産等に占める比率が一定以上の場合に経営トップに反対する動き），③

ダイバーシティ（女性役員の登用を求める動き），④サステナビリティをめぐる課題への取組み（現状は，定性的な基準が多い）に加え，⑤業績基準等が考えられます。前回の同趣旨の議案に賛成票を投じた機関投資家が，今回も賛成票を投じるとは限りません。議案の準備段階から，各機関投資家の議決権行使ガイドラインの変更の有無，変更がある場合にはその内容を早めに確認しておく必要があります。例えば，③ダイバーシティ（女性役員の登用を求める動き）に関しては2023年にISSやグラスルイスが基準の新設・厳格化を行った影響もあり，2023年総会では経営トップが低賛成率となった事例もみられました。議決権行使助言会社や機関投資家の議決権行使基準において，女性「役員」の選任を求める場合と女性「取締役」の選任を求める場合があり，選任が必要な人数とあわせてこの点の確認にも留意が必要です。また，⑤業績基準については コロナの終息を踏まえ国内機関投資家を中心に基準の適用再開がみられていた ところ，ISSも2024年２月からROE基準の適用再開に向けた動きをみせていますので海外機関投資家比率が高い場合は留意が必要です。

　機関投資家は，基本的には議決権行使基準に基づき賛否の意思表示を行いますが，対話において会社の考え方や今後の方針等が明確に示され，それが機関投資家の腹に落ちるものであれば，行使基準と異なる行使をすることもあるようです。株主総会の前だけでなく，日頃から対話を重ね，信頼関係を構築しておくことが賛成票の獲得につながっていくものと思われます。

1．議決権行使助言会社（ISS，グラスルイス）の助言方針の改定状況

　議決権行使助言会社ISSおよびグラスルイスの助言方針につき，ここ数年の改定状況は【図表１】のとおりです。

(1)　ISS

　前述のとおり，ISSは，新型コロナウイルスの企業業績への影響を踏まえ，2020年６月からROE基準の適用を一時停止していましたが，感染拡大の緩和や日本企業の業績が回復傾向にあることから2024年２月から適用を再開するとしています。

　また，買収防衛策（ポイズンピル）ポリシーについて，買収防衛策の導入お

よび更新にあたり，株主総会後の取締役会に占める出席率に問題のない独立社外取締役の比率について，従来の「2名以上かつ3分の1以上」から「過半数」に基準を厳格化しています。この改定は，企業が買収防衛策を導入する場合には，取締役会の独立性を確保することが重要であることを示しており，独立性が不十分な取締役会が，とりわけ防衛策が特定の株主向けに設計されている場合に，防衛策を恣意的に自己保身目的で利用することを防ぐことを目的としています。

⑵　グラスルイス

　社外役員の独立性の観点から，2025年2月以降は社外取締役全員または社外監査役全員の在任期間が連続12年以上の場合には，取締役会議長（指名委員会等設置会社では指名委員会委員長）に対して反対助言を行うとの規定を追加することが公表されています。

　取締役会におけるダイバーシティについては，多様な性別の役員1名の登用を求めています（日本市場においては，実質的には女性役員を求める方針）。また，2023年2月からプライム市場上場企業については，取締役会の構成員の10％以上（すなわち役員が11名以上であれば女性2名以上）の登用を求めており，2026年2月以降は本基準を「20％以上」に引き上げるとしています。

　政策保有株式については，2021年総会から原則として「貸借対照表上の合計額」が連結純資産と比較して10％以上の場合，会長（会長職がない場合は社長）に反対助言とすることとなりました。2025年以降は政策保有基準に関する例外規定を厳格化する旨が公表されています（詳細は【図表1】※3を参照）。

【図表1】

助言機関		改定の内容（適用開始時期） （※）　下線は2024年から新たに適用される項目
ISS	2019年改定	・政策保有銘柄企業出身の社外取締役・社外監査役は，独立性がないと判断する[※1]
	2020年改定	・親会社や支配株主を有する会社において取締役の3分の1以上が独立社外取締役でない場合，経営トップに反対助言する
	コロナ対応	・ROE基準一時停止[※] ・継続会開催の場合⇒剰余金処分は棄権，出席状況開示なければ社外役員には反対，業績連動報酬は棄権等 ※2024年2月以降，適用再開
	2021年版	・監査役会設置会社についても社外取締役3分の1以上を要請。基準を満たさない場合，経営トップに反対推奨（2022年2月より適用） ・政策保有株式の貸借対照表合計額が純資産と比較して20%以上の場合，経営トップに反対推奨（2022年2月より適用）
	2022年版	・監査役設置会社の取締役会に女性取締役が1人もいない場合は，経営トップである取締役に対し反対推奨（2023年2月総会より適用） ・バーチャルオンリー総会を認める定款変更議案に原則反対。ただし，伝染病の蔓延や自然災害の発生用による特定の状況と限定する場合はこの限りでない
	2023年版	・Climate Action 100+により選定された企業を対象に，環境ポリシーを導入（2023年2月総会から適用）
	2024年版	・買収防衛策（ポイズンピル）ポリシーの厳格化（2024年2月総会から適用） （第1段階：形式審査）「総会後の取締役会に占める出席率に問題のない独立社外取締役が過半数である」
グラスルイス	2018年改定 & 2022年改定	・多様な性別の役員が不在の場合，監査役会設置会社または監査等委員会設置会社では，会長（会長職がない場合は社長），指名委員会等設置会社では指名委員会の委員長の選任に原則として反対助言とする（2022年2月総会から全上場企業に拡大） ・プライム市場に上場している企業においては，少なくとも10%以上の性別の多様性がない取締役会の場合，取締役会議長あるいは指名委員会の委員長に対して，反対助言とする（2023年2月総会から適用）[※2]
	2019年改定	・剰余金処分議案について，株主資本や現金資産，株式持合

	い，ROE等を考慮し，総合的に判断する。さらに，剰余金処分案が上程されていない場合で，配当政策や資本政策に問題があると判断した場合，責任があると考えられる経営トップに反対助言とする場合がある
コロナ対応	・継続会の開催には理解 ・剰余金処分，買収防衛策の更新議案につき柔軟な対応
2021年版	・「保有目的が純投資目的以外の目的である投資株式」の「貸借対照表上の合計額」が連結純資産と比較して10%以上の場合，会長（会長職がない場合は社長）に反対助言とする（2021年より適用）(※3)
2022年版	・監査役会設置会社の取締役会の独立性基準として，従前の取締役会と監査役会の独立役員の合計人数の割合が3分の1以上を占めるという要件に，取締役会には2名以上の独立社外取締役の選任を要件として追加（2022年2月総会から適用） ・バーチャルオンリー総会を認める定款変更議案には原則賛成（両大臣の確認があるため）。ただし，最低限，変更議案または添付書類に以下のコミットメントを含めることを期待する。①バーチャルのみの総会に参加するための手続きと要件は，招集時に開示される。②株主が取締役会に質問を提出し，全ての株主がアクセス可能な形式で回答するための正式なプロセスが設定される ・東証の市場区分変更に伴い，2023年2月総会以降①～③の基準を適用 　① プライム市場上場の被支配会社でない会社の取締役会の独立性基準として，独立役員の合計人数の割合が3分の1，かつ，最低2名の独立社外取締役とする 　② プライム市場上場の被支配会社取締役会の独立性基準として，独立役員の割合は過半数とする 　③ プライム市場上場以外の被支配会社取締役会の独立性基準として，機関設計にかかわらず独立役員の割合は3分の1以上を要件とする
2023年版	・不十分な取締役会の独立性やジェンダー・ダイバーシティ，過度な政策保有株式の保有等のガバナンスの問題を理由とする反対助言の対象者を，従来の会長から，取締役会議長に変更 ・Climate Action 100＋の対象に選定されているなど（2024年2月より企業の温室効果ガス排出が，財務上重大なリスクであるとSASBが判断した業種に属する日経平均株価指数構成企業，および排出量や気候変動への影響，あるいはステークホルダーの関心が高く，財務上重大なリスクが

		あると考えられる企業に拡大），気候リスクへのエクスポージャーが高い企業において，TCFDに沿った開示が不十分な場合や気候変動問題に関する監督責任が明示されていない場合には，責任のある取締役会に対して反対助言を行うこともあるとの規定を追加
	2024年版	・社外取締役全員または社外監査役全員の在任期間が連続12年以上の場合，取締役会議長（指名委員会等設置会社の場合は指名委員会の委員長）に反対助言を行う（2025年より適用） ・サイバー攻撃が株主に重大な損害が生じた場合，企業の開示や監督が不十分な場合には，責任ある取締役に反対助言を行う場合がある（2024年2月より適用）

※1　従前どおり，監査役会設置会社においては，社外取締役に独立性がないと判断された場合でも，それのみを理由にISSが当該独立社外取締役の選任に反対を推奨することはない。

※2　2024年2月以降は例外条項を削除。2026年以降は基準を「20％以上」に引き上げ。

※3　例外規定は以下のとおりですが，括弧内のとおり改正が予定されています。
・企業が具体的な削減の金額と期間を含む明確な計画を開示している場合は，反対助言を控える（2025年以降は5年以内に対連結純資産比20％以下にするための明確な縮減目標値と期日を含む計画の開示が必要）。
・保有金額が純資産の10％以上20％未満の場合，過去5年平均のROEが5％以上であれば，反対助言を控える（2025年以降は「過去5年平均または直近ROEが8％以上」に厳格化）。

2．国内機関投資家の議決権行使基準改定の動向

　2023年12月時点における主要な国内機関投資家における議決権行使基準改定の動向は以下のとおりです。今後，他の機関投資家においても基準改定の動きが出てくるものと想定され，年2回の改定を実施するケースもみられますので最新の動向を確認ください。

(1)　野村アセットマネジメント

　同社は2023年11月1日付で「日本企業に対する議決権行使基準」の改定を公表しています。今回の改定においては，「コーポレートガバナンス改革の現状（モニタリング・ボードへの移行は道半ば）」，「ESG課題に対する取組みの実効性」，「議決権行使とエンゲージメントの連動」，「資本コストや株価を意識した

経営」,「COVID-19の影響」という５つの要因を特に考慮したとしています。
　改定の主な内容は以下のとおりです。

> ①　2024年11月以降，社外取締役の人数の最低水準を過半数とし，指名に
> 　　関するガバナンス^(※)を整備している場合※に限り１／３とする（2024年
> 　　10月までは支配株主がいない場合は１／３，支配株主がいる場合は過半
> 　　数）。
> ②　報酬ガバナンス（指名ガバナンスと同義）が整備されていない場合に
> 　　反対する役員報酬関連議案の対象を，すべての役員報酬および役員退職
> 　　慰労金議案に拡大。
> ③　監査役会設置会社の取締役の任期が２年の場合，会長・社長等の取締
> 　　役選任に反対するとの規定を新設
> ④　取締役会の人数に関する基準を新設
> 　　・取締役の人数が５名未満又は20名以上の場合，会長・社長等の取締役
> 　　　再任に反対
> 　　・取締役の員数の上限を20名以上とする定款変更に反対
> ⑤　2024年11月以降，TOPIX100を構成する企業に対し，特に以下の取組
> 　　みが明らかに不十分と判断した場合，会長・社長等の取締役再任に反対
> 　　とする基準を新設
> 　　・ESG課題を統合した情報開示
> 　　・気候変動
> 　　・実効的なスキルを有する社外取締役
> （※）　法定又は任意の指名委員会を設置し，その委員に２名以上の社外取締役を含み，
> 　　　かつ委員のうち社内取締役の人数が社外取締役の人数より少ない場合

　また，基準改定とあわせて公表された「議決権行使に関するFAQ」において，
エンゲージメントが議決権行使に影響するかという点に関して，エンゲージメ
ントを通じて得られた投資先企業に関する情報を議決権行使基準の策定および
個別議案に対する判断にあたって考慮するほか，エスカレーションが必要と判
断する場合は取締役選任議案に反映するとしています。
　詳細は，以下のアドレスをご参照ください（https://www.nomura-am.co.jp/

special/esg/pdf/vote_policy20231101.pdf）。

⑵　大和アセットマネジメント

　同社も2023年10月31日付で「議決権の行使に関する方針（国内株式）の見直しおよび検討課題について」を公表しています（2023年12月より適用）。

　改定の主な内容は以下のとおりです。

---

①　経営成績または株主資本の有効活用に関する基準
・以下のいずれかに該当する場合，直近3期以上在任の取締役再任に反対
　―3期連続赤字の場合（3期連続赤字かつPBR1倍未満で反対との基準から厳格化）
　―直近3期のROEがすべて同一業種内下位33％水準を下回り，かつPBR1倍未満の場合（ROEが直近2期上昇傾向にある企業は適用除外とする場合あり）。PBRの閾値を改定前の業種内下位33％から実質厳格化

②　任意の委員会設置に関する基準
・プライム市場上場企業において，指名・報酬委員会が設置されていない企業の代表取締役の再任に反対する基準を新設

③　ESG課題に関する基準
・GHG排出量等を重点テーマとし，ESGリスクが高いと判断した企業について，積極的なエンゲージメントのうえ，取り組みが十分と判断できない場合には代表取締役の再任への反対を検討

④　社外役員の独立性・実効性
・社外役員の独立性要件について，以下3点の変更
　―大株主の範囲にその関連会社を含める
　―在任期間12年は取締役と監査役の在任期間を通算して判断する
　―5社以上の兼任となる社外役員には反対する基準を新設

⑤　事前導入型の買収防衛策
・事前導入型の買収防衛策の導入・継続議案については，当該議案およ

100

び代表取締役の再任に反対

また，「今後の検討課題」として，以下の5点に言及しています。

① ESG課題への取組み
・ESG課題への取組みは企業価値向上に不可欠であり，企業の課題認識や取組み，情報開示についてエンゲージメントを通じて議論を深化させていく
・重要と考えている課題として，「脱炭素・カーボンニュートラル」，「ダイバーシティ・エクイティ＆インクルージョン」，「ビジネスと人権」の3点を挙げる

② 社外役員の任期
・ガバナンス強化の観点から，社外役員の適正な在任期間について検討していく

③ 社外取締役の実効性
・社外取締役の人数要件という形式要件を満たすことは出発点であり，そこからいかにして実効性を高めていくかが重要。そのためいかにして社外取締役がその能力や監督機能を十分に発揮していく体制を築いていくかについてはエンゲージメントを実施していくとともに，今後議決権行使基準に盛り込むことも検討していく

④ 政策保有株式
・政策保有が過大であると判断する水準（純資産の20％以上）につき厳格化を検討していく。あわせて，取引先等に自社株式の保有を求める，あるいは自社株式の売却の打診を断る行為は問題であり，そのような企業に対してはエンゲージメントを通じて改善を求め，今後議決権行使基準に盛り込むことも検討していく

⑤ 補欠の社外役員候補者の独立性
・補欠の社外役員候補者についても独立役員の要件を満たす場合に賛成する方向で議決権行使基準の見直しを検討していく

詳細は，以下のアドレスをご参照ください（https://www.daiwa-am.co.jp/

company/managed/revguideline.pdf）。

(3)　りそなアセットマネジメント

　同社は2023年11月29日付で，「信託財産等における「議決権に関する行使基準」の改定内容および今後の方針」を公表しており，2024年1月から改定後の基準を適用するとしています。

　主な改定内容は以下のとおりです。

---

①　財団等に対する第三者割当に関する基準の厳格化
- ・財団への第三者割当防止等が安定株主対策や買収防衛策となる懸念があるため，これに対する基準を強化し「原則反対」

②　株主提案に関する行使基準の文言修正，再整理，明確化
- ・株主提案を判断する際，りそなが求める基準を満たしていても，投資先企業の実態を考慮すれば企業価値をさらに高められる可能性が高まると判断した場合は賛成すると明記
- ・株主総会決議による配当を排除する定款変更の廃止を求める議案には，賛成すると明記
- ・サステナビリティ課題に関する定款変更の場合は，業務執行に関する内容を含む定款変更であっても，国際的な社会規範や社会的な要請として企業に求められるものについては賛成する可能性があることを明記

③　バーチャルオンリー総会に関する考え方，基準の明記
- ・既に実施している運用を行使基準に明記したもの（バーチャルオンリー総会を可能とする定款変更は原則賛成。ただし，バーチャルオンリー総会を開催し運営に問題があった場合には「不祥事が発生した企業」に選定し，その後の総会で株主権の行使の確保に確信が持てない場合には，全ての会社提案議案に反対）。

④　その他
- ・役員報酬に関する行使基準の明確化（株式報酬制等の反対基準について「付与期間が不定で年間の希薄化比率が1％を超える場合」と文言

102

追記）
・ESG要素等を含むサステナビリティに関する基準，反対対象者（代表
　取締役）を明記

　今後の検討事項として，①すでに親会社または支配株主を有する企業に対し
ては取締役会に独立社外取締役を過半数の選任を求めている一方で，それ以外
の企業に対しては1/3以上の選任を求めており，過半数の選任を求める対象
企業の拡大を検討するとしています。また，②プライム市場上場企業に対し女
性役員選任に関する行使基準を導入していますが，以下の3点について検討し
ているとしています。

・女性役員は取締役のみに変更（現在は取締役，監査役，指名委員会等設
　置会社の執行役）
・政府が示した数値目標（プライム市場，2030年までに，女性役員比率
　30％以上とする）に沿う，あるいはそれよりも早いタイミングで段階的
　に数値水準を引き上げ
・対象企業の拡大（現状プライム市場上場企業のみ）

　詳細は，以下のアドレスをご参照ください（https://www.resona-am.co.jp/
investors/pdf/kijun_hoshin.pdf）。

⑷　三井住友トラスト・アセットマネジメント
　同社は，2023年12月1日付で，「責任ある機関投資家としての議決権行使の
考え方」の改定について」と題する文書を公表し，2024年1月から改定後の基
準を適用するとしています。
　主な改定内容は以下のとおりです。

①　取締役会の構成，取締役の選任にかかる基準
　・女性取締役が不在として反対する場合の対象企業について，TOPIX500
　　構成企業からプライム市場上場企業に拡大
　・政策保有株式過大保有企業に対する例外基準に「削減が進展している
　　こと」を追加

② 剰余金処分にかかる基準

・基準にPBRを追加

　　PBRが1倍未満かつ当期ROEがTOPIX構成銘柄の下位50％タイル水準未満，かつ配当基準を満たさない場合，反対（下線部を追記）

・キャッシュリッチ企業に対する基準を厳格化

　　キャッシュリッチ基準に該当する企業において，PBRが1倍未満かつ当期ROEがTOPIX構成銘柄の下位50％タイル水準未満，かつ配当性向50％未満の場合，反対（下線部を追記）

　詳細は，以下のアドレスをご参照ください（https://www.smtam.jp/file/62/votinggl_dom.pdf）。

Ⓠ5 計算関係書類

計算関係書類として，作成すべき書類は何ですか。

Ⓐ 計算関係書類とは，①成立の日における貸借対照表，②各事業年度に係る計算書類およびその附属明細書，③臨時計算書類，④連結計算書類のことをいいます（会計規2条3項3号）。

事業年度末が到来した会社は，計算関係書類のうち②と事業報告およびその附属明細書を作成しなければなりません（会社法435条2項）。また，事業年度の末日において大会社であって有価証券報告書を提出しなければならない会社においては，計算関係書類のうち④もあわせて作成しなくてはなりません（会社法444条3項）。

1．計算書類

計算書類には，①貸借対照表，②損益計算書，③株主資本等変動計算書，④個別注記表があります（会社法435条2項括弧書，会計規59条1項）。

会社は法務省令の定めるところにより，各事業年度に係る計算書類，事業報告およびこれらの附属明細書を作成しなければならず（会社法435条2項），計算書類および事業報告は，定時株主総会に提出または提供しなければなりません（会社法438条1項）。

計算書類は定時株主総会の承認を受けなくてはなりません（会社法438条2項）が，事業報告の内容は定時株主総会の報告事項になります（会社法438条3項）。

ただし，会計監査人設置会社については，取締役会の承認を受けた計算書類が法令および定款に従い株式会社の財産および損益の状況を正しく表示しているものとして会施規116条，会計規135条で定める要件に該当する場合には，当該計算書類の内容も定時株主総会の報告事項となります（会社法439条）。

2．連結計算書類

連結計算書類には，①連結貸借対照表，②連結損益計算書，③連結株主資本等変動計算書，④連結注記表があります（会計規61条）。

連結計算書類は，会計監査人設置会社であれば，作成することができます（会社法444条1項）が，事業年度の末日において大会社であって，有価証券報告書を提出しなければならない会社（金融商品取引法24条1項）は，連結計算書類を作成しなければなりません（会社法444条3項）。

連結計算書類を作成する範囲について，原則としてすべての子会社が含まれるとされていますが，重要性の乏しいものは，範囲から除くことができるとされるなどの例外があります（会計規63条）。子会社・親会社の基準は，財務および事業の方針の決定を支配しているかという実質支配基準によります（会施規3条1項）。なお，会社以外の法人・法人格を有しない組合等も含まれます。

事業年度の末日を親会社と異なる日としている子会社は，親会社の事業年度の末日に連結計算書類の作成の基礎となる決算を行わなければなりません（会計規64条1項本文）。

ただし，末日の差異が3カ月を超えない場合（会計規64条1項但書），末日の差異から生ずる連結子会社相互間の取引に係る会計記録の重要な不一致について調整すれば，当該連結子会社の事業年度に係る計算書類を基礎として連結計算書類を作成することができます（会計規64条2項）。

3．作成のポイント

計算書類および事業報告ならびにこれらの附属明細書，連結計算書類は電磁的記録をもって作成することができます（会社法435条3項，444条2項）。また，計算関係書類の金額の単位は，一円単位，千円単位，百万円単位のいずれかとされています（会計規57条1項）。

表示言語は，原則として日本語ですが，その他の言語をもって表示することが不当でない場合には，日本語以外の言語で表示することも差し支えないとされています（会計規57条2項）。

条文上，各計算書類は，構成するものごとに，独立した資料で作成する必要はない（会計規57条3項）とされていますので，計算書類・連結計算書類など

が一体となったものを作成してもよいとされています。例えば，個別注記表を，貸借対照表，損益計算書，株主資本等変動計算書の末尾に脚注として記載することも可能です。

計算関係書類

① 成立の日における貸借対照表

② 各事業年度に係る計算書類およびその附属明細書

貸借対照表	株主資本等変動計算書
損益計算書	個別注記表

③ 臨時計算書類

④ 連結計算書類

連結貸借対照表	連結株主資本等変動計算書
連結損益計算書	連結注記表

Q6 計算関係書類等の監査

計算関係書類等の監査手続について教えてください。

A 1. 監査の流れ

大会社には会計監査人が設置されますので，計算関係書類およびその附属明細書は必ず会計監査人の監査を受けることになります（会社法328条，436条，444条4項）。さらに，会計監査人設置会社には監査役が設置されます（監査等委員会設置会社および指名委員会等設置会社を除く。以下同様）ので，計算関係書類および事業報告ならびにこれらの附属明細書は監査役の監査を受けることになります（会社法327条，436条，444条4項）。

事業報告およびその附属明細書の監査については監査役が行い，計算関係書類およびその附属明細書については，会計監査人が会計監査を行い，監査役は会計監査人が行った監査の相当性を確認するとともに，会計監査人の職務の遂行が適正に実施されることを確保する体制に関する事項等について監査を行うことになります。

計算関係書類と事業報告では監査主体が異なることにも留意が必要です。

大会社の場合を例とした監査の流れの概略は以下のとおりです。

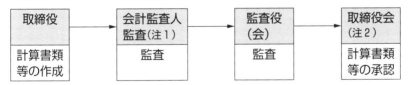

（注1）事業報告およびその附属明細書については，会計監査人の監査不要。

ただし，会社法監査において会計監査人が「その他の記載内容」（事業報告およびその附属明細書）に対する作業の結果を監査報告に記載しなければならなくなった（監査基準委員会報告書720の改正関連（「その他の記載内容に関連する監査人の責任」））。

（注2）取締役会非設置会社では，計算書類等の監査終了後，株主総会に提出され，承認を得る。

２．計算書類および附属明細書の監査

① 会計監査人の会計監査報告の通知期限

会計監査人は，特定取締役および特定監査役に対して以下のいずれか遅い日までに，次の会計監査報告の内容を通知しなければなりません（会計規130条１項１号）。

イ．各事業年度に係る計算書類およびその附属明細書についての会計監査報告
    a．計算書類の全部を受領した日から４週間を経過した日
    b．計算書類の附属明細書を受領した日から１週間を経過した日
    c．特定取締役，特定監査役，会計監査人の合意により定めた日

会計監査人の監査期間は，計算書類を受領した日から４週間が確保され，合意によって短縮することはできません。

ただし，計算関係書類は，特定取締役および特定監査役が会計監査報告の内容の通知を受けた日に会計監査人の監査を受けたものとされます（会計規130条２項）ので，監査が早く終了し，会計監査報告が前倒しで提出された場合は，監査期間内であっても次の手続に進むことは可能です。

なお，会計監査人が通知すべき日までに通知をしない場合は，通知すべき日に会計監査人の監査を受けたものとみなされます（会計規130条３項）。

② 特定監査役の監査報告の通知期限

特定監査役は，特定取締役および会計監査人に対して，以下のいずれか遅い日までに，監査役会の監査報告の内容を通知しなければなりません（会計規132条１項１号）。

ロ．各事業年度に係る計算書類およびその附属明細書についての監査役会監査報告
    a．会計監査報告を受領した日から１週間を経過した日
    b．特定取締役，特定監査役の合意により定めた日

監査役の監査期間についても，会計監査報告を受領した日から１週間が確

保され，合意によって短縮することはできません。

　ただし，計算関係書類は，特定取締役および会計監査人が監査報告の内容の通知を受けた日に監査役の監査を受けたものとされます（会計規132条2項）ので，監査が早く終了し，監査役会の監査報告が前倒しで提出された場合は，監査期間内であっても次の手続に進むことは可能です。

　なお，特定監査役が通知すべき日までに通知をしない場合は，通知すべき日に監査役の監査を受けたものとみなされます（会計規132条3項）。

３．連結計算書類の監査

① 　会計監査人の会計監査報告の通知期限

　会計監査人は，以下のいずれかの日までに特定取締役および特定監査役に対し，会計監査報告の内容を通知しなければなりません。連結計算書類については，特定取締役，特定監査役，会計監査人の合意がある場合は，その合意が優先されます（会計規130条1項3号）ので，連結計算書類の全部を受領した日から4週間という期間を短縮することが可能です。

イ．連結計算書類についての会計監査報告
　　　a．連結計算書類の全部を受領した日から4週間を経過した日
　　　b．特定取締役，特定監査役，会計監査人の合意により定めた日
　　　　がある場合は，その日

---

② 　特定監査役の監査報告の通知期限

　特定監査役は，以下のいずれかの日までに特定取締役および会計監査人に対し，監査役会の監査報告の内容を通知しなければなりません。連結計算書類については，特定取締役，特定監査役の合意がある場合は，その合意が優先されます（会計規132条1項2号）ので，会計監査報告を受領した日から1週間という期間を短縮することが可能です。

> □．連結計算書類についての監査役会監査報告会監査報告
>   ａ．会計監査報告を受領した日から１週間を経過した日
>   ｂ．特定取締役，特定監査役の合意により定めた日がある場合は，
>   その日

4．事業報告および附属明細書の監査

　特定監査役は，次のいずれか遅い日までに特定取締役に対し，監査役会の監査報告の内容を通知しなければなりません（会施規132条１項）。

> 　　ａ．事業報告を受領した日から４週間を経過した日
> 　　ｂ．事業報告の附属明細書を受領した日から１週間を経過した日
> 　　ｃ．特定取締役，特定監査役の合意により定めた日

　なお，事業報告およびその附属明細書についても，特定取締役が監査報告の内容の通知を受けた日に監査役の監査を受けたものとされ（会施規132条２項），特定監査役が通知すべき日までにこの通知をしない場合は，通知すべき日に監査役の監査を受けたものとみなされます（会施規132条３項）。

　したがって，監査期間は事業報告を受領した日から４週間が確保され，合意によって短縮することはできませんが，監査が早く終了し，監査報告が前倒しで提出された場合は，監査期間内であっても次の手続に進むことは可能です。

　また，監査役の監査の範囲を会計に関するものに限定している場合，事業報告の監査報告には，事業報告を監査する権限がないことを明らかにする必要があります（会施規129条２項）。

コラム②　連結計算書類の監査結果の報告はなぜ必要なのか？

　連結計算書類の内容と監査結果については，定時株主総会で取締役からの報告が必要とされている（会社法444条7項）。連結計算書類の監査報告の作成日程を勘案し，監査報告については招集通知への添付は求めず（同444条6項），当日にその内容を報告させることにしたものと考えられる。しかし，実際には，連結計算書類の監査報告も招集通知に添付されるのが通例であり，監査役等からの監査報告のところで，招集通知添付の監査報告を引用しながら報告し，取締役である議長が「先ほどの監査報告の通り」と言及している例が多いように見受けられる（注）。

　一方，単体の計算書類については，招集の通知に際して，監査報告も含めて株主に提供が必要とされている（同437条カッコ内）ため，総会当日の監査結果の報告は求められていない。ただし，監査役は，株主総会に提出する議案や計算書類等につき法令もしくは定款違反等があると認める場合，株主総会でその調査結果の報告が求められている（同384条）ため，法令・定款違反等がない場合でも，その旨を報告するとともに，連結計算書類の監査結果と併せて計算書類の監査結果についても報告するのが，なかば実務慣行となっている。

　電子提供制度開始後も，連結計算書類の監査報告は電子提供措置事項には含まれない（同325条の3第1項6号）ものの，他の書類とあわせて電子提供措置をとるものと思われる。

　電子提供制度開始後の株主への交付書類等に応じて，「お手許の…」といったシナリオも見直しが必要となるケースが出てくるが，監査報告の箇所も見直しの要否の検討漏れがないようにしたい。

　将来的には，連結計算書類の監査報告につき電子提供措置をとった場合，定時株主総会当日の報告は不要とする法改正が行われれば，監査報告自体が省略可能となる。株主総会の運営につき，会社の裁量を広げる意味からも今後の法改正に期待したい。

（注）　連結計算書類の監査報告を招集通知に際して提供することを定めることは可能である（会社計算規則134条2項）が，これにより総会当日の報告が不要となるわけではない。

Q7 監査役会の監査報告書

監査役会の監査報告書の記載事項や留意事項について教えてください。

A 監査役会設置会社の場合，監査報告は，各監査役が監査報告を作成した後，これらをとりまとめる形で監査役会としての監査報告を作成します（会施規130条1項，会計規128条1項）。監査役会の監査報告と各監査役の監査報告を1通にまとめて監査報告を作成することも差し支えないと解されています。

監査役会が設置されない会社の場合には，各監査役の監査報告を提供する方法に代えて，各監査役の監査報告をとりまとめた一つの監査報告を作成し，提供することもできます。

また，会社法の下で作成する監査報告については，事業報告およびその附属明細書に係る監査報告と計算書類に係る監査報告について，それぞれ会社法施行規則，会社計算規則に別個の規定が設けられていますが，これらは相互に密接に関係しており，かつ，多くの共通性を有しているため，事業報告等に係る監査報告と計算書類に係る監査報告を一体化して作成することが可能です。さらに，大会社かつ有価証券報告書提出会社については，連結計算書類に係る監査報告を作成する必要がありますが，単体の監査報告と一体化して作成することも可能です。

なお，連結計算書類の作成が単体より大幅に遅れる場合等には，従前通り単体ベースの監査報告と連結ベースの監査報告の2通を作成することも考えられます。

ただし，監査役会の監査報告を作成するにあたっては，監査役会は，1回以上会議を開催する方法または情報の送受信により同時に意見の交換をすることができる方法により，監査役会監査報告の内容を審議しなければなりません（会施規130条3項，会計規128条3項）。

　監査役会の監査報告については，取締役会による内部統制システムの決定内容の相当性の監査や株式会社の支配に関する基本方針を決定した場合，親会社との取引であって計算書類の個別注記表に関連当事者との取引に関する注記を要するものにおける意見を記載するなどの対応が必要になります（会施規129条1項5号・6号）。

　なお，監査役会の監査報告は公益社団法人日本監査役協会がひな型を公表しています。

$\boxed{Q8}$ ## 議決権の数の確定

議決権の数の確定に際しての留意事項について教えてください。

$\boxed{A}$ 株主総会において議決権を行使することができる株主を確定するために，会社は基準日を定め，当該基準日において株主名簿に記載または記録されている株主をもって議決権を行使することができる株主と定めることができます。定時株主総会であれば，定款をもってあらかじめ事業年度末日を基準日として定める方法が一般的です。

1. 議決権がない普通株式

株式の内容として議決権を行使することができない株式（議決権制限株式（会社法115条））はもちろんのこと，通常は議決権を行使することができる普通株式であっても，議決権を行使できない場合があります。具体的には以下のような場合です。

(1) 単元未満株式（会社法189条1項）

単元株制度を採用している場合，単元未満株式には議決権はありません。

(2) 自己株式（会社法308条2項）

発行会社自身が保有する自己株式には議決権がありません。また，子会社が親会社株式を取得することは原則として禁止されていますが，例外的に子会社が親会社株式を保有している場合も，議決権を行使することができません。会社法のもとでは，子会社の概念が実質基準に変更され，範囲が広がっていますので，その点には留意する必要があります。

(3) 相互保有株式（会社法308条1項，会施規67条）

総株主の議決権の4分の1以上を保有していることその他の事由を通じて会社がその経営を実質的に支配することが可能な関係にあるものとして法務省令で定める株主は，その会社に対して議決権を行使することができません。

また，会社と子会社がそれぞれ保有している場合も合算したうえで相互保有株式に該当するかどうか判断することになりますので，子会社の範囲の拡大には注意する必要があります。

(4)　株券喪失登録株式（会社法230条3項）

株主名簿上の株主名と株券喪失登録者が異なる場合，株主名簿上の株主は，株券喪失登録が抹消されるまで，株主総会において議決権を行使することができません。上場会社では最近1年以内に新規上場したケース等で該当株式がある可能性があります。

(5)　特別利害関係を有する株主の所有する株式（会社法160条4項等）

現行法は，原則として特別利害関係人の議決権行使を許容していますが，特定の株主から自己株式を取得する議案における当該特定の株主など（会社法140条3項，160条4項，175条2項）については，例外的に議決権を行使できないと規定しています。

2．相互保有株式

相互保有株式に該当するかどうかの判断時点は，原則として株主総会日です。ただし，基準日を定めている場合には，基準日現在の対象議決権数を基準にして，株主である対象法人等の相互保有対象議決権の総数の4分の1以上を保有しているかどうかを判断します（相互保有対象議決権数とは，発行済株式総数に係る議決権から役員等（会計監査人を除く）の選任および定款変更に関する議案の全部について議決権を行使することができない株式の議決権を除いた数をいいます）（会社法308条1項，会施規67条）。ただし，以下の場合には，それぞれで定める日に相互保有株式に該当するかどうかを判断することになります（会施規67条8項）。

(1)　基準日後に，その会社または子会社が株式交換や株式移転その他の行為により対象法人等の相互保有対象議決権のすべてを取得した場合には，その行為の効力が発生した日

(2)　基準日後，株主総会の招集事項のすべて（会社法298条1項各号）が取締役会で決定されるまでの間に，対象法人等の対象議決権数が増加または減少して，相互保有株式に該当しなくなり，または該当するようになるこ

とをその会社が知ったときは，当該事実を会社が知った日

したがって，基準日後に上記(1)または(2)に該当するようなことがあれば，相互保有株式に該当するかどうかをその時点で判断しなくてはなりません。

なお，株主総会の招集事項のすべてを取締役会が決定した日から株主総会の日までの間に生じた事項（上記(1)または(2)を含む）は，会社の裁量により勘案することができるとされています（会施規67条4項）。

3．基準日後の株主への議決権の付与

基準日制度を採用した場合，株主総会の議決権は基準日現在の株主に与えられます。ただし，基準日現在の株主の権利を害さない限り，基準日後の株式取得者に議決権を付与することもできます（会社法124条4項）。

基準日現在の株主を害する場合とは，基準日現在の株主が，基準日後に所有する株式を譲渡し，その株式を譲り受けた者を会社が議決権を行使することができる者と定めた結果，基準日現在の株主が議決権を行使できなくなるような場合をいいます。したがって，基準日後に新株を発行した場合には，基準日現在の株主を害することはありませんので，当該新株を取得した者に株主総会の議決権を付与することができます。合併に伴う新株発行についても，当該株式を取得した株主に議決権を付与することが可能です。

また，基準日後に自己株式を処分した場合も，もともと自己株式には議決権がない以上，基準日現在の株主の権利を害することにならないため，処分された自己株式を取得した者に議決権を付与することができると解されています。

4．機構名義の失念株式

上場会社の株式について，株券電子化前は，株券等の保管及び振替に関する法律（以下「保振法」という）29条3項に基づいて，機構名義失念株式は議決権のない株式として取り扱っていましたが，株券電子化に際して保振法が廃止されたため（決済合理化法附則2条），機構名義失念株式は議決権ある株式として取り扱われています。

なお，機構は招集通知等を受領せず，議決権も行使しないので，実務上の対

応（招集通知等を発送しない等）は株券電子化前から特に変更はありません。

Q9　書面投票制度と委任状勧誘制度

書面投票制度と委任状勧誘制度の概要を教えてください。

A　書面投票制度および委任状勧誘制度は，ともに株主総会に出席できない株主に議決権行使の機会を保証するための制度です。書面投票制度は，会社法に基づく制度であり，議決権を有する株主数が1,000名以上の会社は，原則として書面投票制度を採用しなければならないとされています（会社法298条2項）。なお，上場会社は証券取引所の上場規則によって，全株主に委任状勧誘を行う会社を除き，株主数1,000名未満であっても書面投票制度の採用が義務づけられています（上場規程435条等）。

他方，委任状勧誘制度は，会社法の議決権の代理行使に関する規定の適用を受ける他，金融商品取引法の議決権の代理行使の勧誘に関する規定の適用を受けることになります（金融商品取引法194条，金融商品取引法施行令36条の2，勧誘府令1条）。

なお，議決権行使書面を採用している上場会社が大株主からの自主的な提出ではなく，会社側から大株主に包括委任状の提出を要請する場合には，委任状の様式は，勧誘府令の適用を受けることになります（「株主総会ハンドブック第5版」，商事法務380頁）。この場合，委任状用紙の様式は勧誘府令により議案ごとに賛否欄を設け，勧誘者が当該株式の発行者またはその役員である旨を記載した参考書類を交付する必要があります（金融商品取引法施行令36条の2第1項・5項，勧誘府令1条，43条）。

書面投票制度は，株主が議決権行使書面に議案の賛否を記入し，会社に返送することで議決権を直接行使することができるのに対して，委任状勧誘制度は，委任状用紙に議案の賛否を記入し，会社宛返送しても，その段階では特段の効力は生じず，会社が指名する他の株主（受任者）が総会に出席して代理行使することによって，議決権が行使されることになります。

また，書面投票制度を採用する場合には，総会招集の取締役会において，書

面投票制度を採用する旨を決議する必要がありますが（会社法298条1項3号），委任状勧誘制度を採用する場合には，法令上，特段の決議は求められておりません。

　その他，書面投票制度と委任状勧誘制度の主な相違点は，次のとおりです。

	委任状採用会社	議決権行使書採用会社
根拠法令	・会社法298条2項但書 ・会施規64条 ・金融商品取引法194条 ・金融商品取引法施行令36条の2〜36条の6 ・上場株式の議決権の代理行使の勧誘に関する内閣府令1条	・会社法298条1項3号・2項，301条 ・会施規63条4号
行使方法	間接行使	直接行使
集計算入の期限	なし（当日の採決直前まで）	株主総会の直前の営業時間の終了時（特定の時を定めた場合はその期限まで）
財務局（金融庁）への届出	委任状用紙・参考書類の写しを金融庁長官へ提出（金融商品取引法施行令36条の3） ※例外あり	不要
参考書類のタイトル（一般的な表記）	上場会社は原則「参考書類」または「議決権の代理行使の勧誘に関する参考書類」	株主総会参考書類
招集通知への議案の概要の記載	株主総会参考書類でないため必要（役員等の選任議案など（会施規63条7号））	不要
招集通知の添付書類	参考書類，委任状用紙	株主総会参考書類，議決権行使書面
参考書類記載事項のWEB修正規定の適用	適用なし（会社法施行規則に定める株主総会参考書類ではないため）	適用あり（会施規65条3項）

委任状用紙（議決権行使書面）の押印欄	必要	不要
備置・閲覧	委任状を総会後3カ月間本店に備置（会社法310条6項）	議決権行使書面を総会後3カ月間本店に備置（会社法311条3項）

Q10 株主総会におけるその他の電子化

電子投票制度，電磁的方法による招集通知の発信の概要と導入手続を教えてください。

A 1. 電子投票制度

　株主総会において議決権を行使する方法としては，当日出席する方法，代理人により議決権を行使する方法（委任状勧誘制度を含む）や書面投票制度に加え，電子投票制度があります。電子投票制度とは，株主がインターネットを通じて議決権を行使することができる制度であり，書面投票制度と同様に議決権行使の機会を保証するための方法の1つです。書面投票制度は，議決権を有する株主数が1,000名以上の会社では原則として採用が義務づけられています（会社法298条2項）が，電子投票制度の採用は会社の任意となります。

　なお，上場会社は，原則として書面投票制度の採用が義務づけられ（上場規程435条），電子投票については，「議決権行使を容易にするための環境整備」として，実質的な株主による指図権の行使を容易にするための環境整備を行うことを含め，上場会社に「望まれる事項」とされています（上場規程446条，上場規程施行規則437条5号）。

　コロナ禍の株主総会では事前の議決権行使の推奨がなされていたこともあり，事前の議決権行使株主数は年々増加しています。特に電子投票を行う株主は増加しており，事前行使に占める電子投票株主の割合は2023年6月総会では50.4％となり，初めて書面行使株主数を逆転しました（当社調べ）。

　その背景として，二次元コードの利用で手続が簡単になったことやインターネット行使により削減される郵送費用を寄付する会社やネット行使株主に抽選で商品券を贈呈する等，インターネット行使にインセンティブを付与する会社の影響があるものと考えられます。

　なお事前行使率は，ネット行使不採用会社の平均が29.5％であるのに比べ，ネット行使採用会社は37.4％と7.9ポイント高くなっています（当社調べ）。

電子投票制度を導入にするにあたっては，以下の手続が必要となります。

---

① 総会招集の取締役会において電子投票制度を採用する旨を決議します（会社法298条1項4号・4項）。

② ①にあわせて，必要に応じて以下の内容を決議します。

　ⅰ．特定の時をもって電磁的方法による議決権行使期限とするときは，その特定の時（会施規63条3号ハ）

　ⅱ．招集通知の電磁的方法による発信に同意した株主の請求があった時に当該株主に対して議決権行使書面を交付するときは，その旨（会施規63条4号イ）

　ⅲ．書面および電子投票により重複して議決権が行使され，その行使内容が異なるものであるときにおける当該議決権行使の取扱い（優先順位）に関する事項を定めるときは，その事項（会施規63条4号ロ）

　ⅳ．電子投票により重複して議決権が行使され，その行使内容が異なるものであるときにおける当該議決権行使の取扱い（優先順位）に関する事項を定めるときは，その事項（会施規63条3号ヘ(2)）

③ 招集通知（アクセス通知）および電子提供措置事項に株主総会に出席しない株主が電磁的方法（電子投票制度）によって議決権を行使することができる旨を記載します。

④ 議決権行使書面には，株主名簿管理人が提供する議決権行使サイトに入るためのログインIDと（仮）パスワード等を記載します。

　株主は議決権行使書面に記載されたログインID，（仮）パスワードを用いて議決権行使サイトにアクセスして議案の賛否を入力することにより電子投票を行うことができます。また，スマートフォン等で読み取ることによりID，パスワードの入力をすることなくウェブサイトに直接アクセスすることのできる二次元コードを議決権行使書面に記載する例も一般化しつつあります。なお，株式会社ICJが提供する機関投資家向け議決権電子行使プラットフォームを利用しようとする場合は，電子投票制度の採用が前提となります。

2．電磁的方法による招集通知の発信

　会社は，電子投票制度の導入とあわせて，株主からの承諾がある場合には招集通知を電磁的方法により提供することを採用できます（会社法299条3項）。電磁的方法による招集通知の発信を承諾した株主に対しては，招集通知（アクセス通知）を電磁的方法で提供することが可能となります（会社法302条2項，325条の4第2項）。電磁的方法での招集通知受領株主に対し，請求があった場合に議決権行使書面の交付もしくは議決権行使書面に記載すべき情報について電子提供措置をとることとする場合には，総会招集の取締役会において決議をする必要があります（会施規63条4号イハ）。

　電磁的方法による招集通知の発信を導入するための手続は以下のとおりです。

① 　電磁的方法による招集通知（アクセス通知）の発信を導入することの決定方法について，会社法では特段定められていませんが，電子投票制度と同様に取締役会で決議することが考えられます。

② 　招集通知を電子メールで送信するには，会社は株主のメールアドレスを知る必要があります。効果的な方法として招集通知メール送信への承諾とメールアドレスの登録のためのご案内文書を株主に対して送ることが考えられます。

③ 　株主は，ご案内文書に記載された株主名簿管理人のウェブサイトにアクセスし，招集通知を受けるメールアドレスを登録します。

124

（メールアドレス登録画面）

　株主の承諾と，メールアドレスの登録の完了により，会社は，招集通知（アクセス通知）のメール送信が可能となります。なお，招集通知のメール送信を承諾した株主は書面交付請求を行うことができません（会社法325条の5第1項）。

　なお，実務上は，株主が電子投票した後に，次回の招集通知の受領方法を選択する画面を表示し，株主がメールにより受領することを選択した場合にメールアドレスを登録してもらうよう工夫しています。

　また，法的な制度とは別にメールやSNS等で招集通知等の株主総会情報を株主宛に通知するサービスも提供されているため，より早期の情報提供を望む会社ではそれらを利用することも検討すべきと考えます。

3．株主総会プロセスのデジタル化

　コロナ禍における株主総会では，総会会場への来場自粛を要請する一方，株主との対話の機会提供の観点より，事前質問を募集する会社もみられるように

なりました。2023年版株主総会白書によると，2023年の株主総会で事前質問を募集した会社は348社（17.6％）となっています。事前質問に対する回答方法としては，株主総会において当日の質問を待たずに一括回答したとする会社が253社（68.2％）と最も多く，総会の前後にウェブサイト等で回答したとする会社が101社（27.2％）ありました（複数回答）。

　事前質問を募集する場合の会社側のメリットとしては，株主に対して，対話に積極的な企業であることをアピールできること，回答内容を事前に十分に練ることができること，総会当日の株主の発言が事前質問に振り替わることで，当日の発言件数の減少につながる可能性があることなどが挙げられます。株主との対話の促進のためには，会社側からの情報発信だけではなく，株主からの発信の場も必要となってきますので，事前質問を受け付ける会社は今後も増加すると思われます。

　また，株主総会情報の自社ウェブサイトへの掲載も年々充実が図られています。前述の総会白書によると，何らかの総会情報をウェブサイトへ掲載したとする会社は9割近くに上り，総会前の掲載では，英文の招集通知を掲載したとする会社が最も多く1,179社（59.6％），報告事項・議案説明の資料を掲載したとする会社が334社（16.9％）と続いています。総会後の掲載では，決議通知が1,535社（77.6％），議決権行使結果が869社（43.9％）と多くなっていますが，報告事項の動画を掲載したとする会社も342社（17.3％）みられました。

　コロナ禍における大型総会を中心としたバーチャル株主総会の定着や株主総会資料の電子提供制度の開始もあり，株主総会プロセスのデジタル化は今後も進んでいくと思われます。デジタル化によって効率化される面がある一方，新たな手間やコストも発生し得るため，自社を取り巻く環境を考慮し，総会プロセス全体の中で，自社にとって必要と考える施策を見極めて実施していくこと有効であると考えられます。

Q11 バーチャル株主総会

Q11-1 バーチャル株主総会の概要

バーチャル株主総会の概要と実施状況について教えてください。

Ⓐ

1. バーチャル株主総会の概要

　バーチャル株主総会とは，会場の模様をインターネット配信する株主総会を言います。バーチャル株主総会は「バーチャルオンリー型」，「ハイブリッド出席型（以下，「出席型」という）」，「バーチャル参加型（以下，「参加型」という）」に分類され，主な違いは次頁の【図表1】のとおりです。日本では会社法上実会場のないバーチャルオンリー型は認められていないと解されていますが，産業競争力強化法に基づき，一定の要件や手続を満たした場合は開催が可能です（詳細はQ11-3「バーチャルオンリー株主総会」をご参照ください）。

　「バーチャルオンリー型」は実会場がなく，株主はオンライン上でのみ株主総会に参加することができる開催形態で，実会場に出席したのと同等の権利を行使することができます。「出席型」は，株主がインターネット配信を視聴しながら，議決権行使や質問をすることができる開催形態で，基本的には実会場に出席した場合と同等の権利を行使することができます。一方，「参加型」は，インターネット配信を視聴しながら議決権行使をすることができないため，議決権を行使する場合は，事前行使が必要になります。「参加型」では，インターネット配信を視聴している株主は株主総会で法的な質問（取締役に回答義務（説明義務）を生じさせる質問）はできませんが，発行会社が任意にコメントを受け付ける場合は，コメントとして質問や意見を送信したり，述べたりすることは可能です。株主のコメント内容等は，株主総会当日もしくは後日，自社ホームページ等で紹介する例もあるようです。

【図表1】　バーチャル株主総会3類型の主な違い

	バーチャルでの参加形態	物理的会場	動議	バーチャルでの議決権行使	法的な質問
バーチャルオンリー型	出席	なし	○	○	○
ハイブリッド「出席型」	出席	あり	○ (※)	○	○
ハイブリッド「参加型」	参加	あり	×	× (事前行使必要)	× (いわゆるコメントとして受付)

（出所）　当社作成

（※）　ただし，経済産業省「ハイブリッド型バーチャル株主総会の実施ガイド」では，「原則として動議の提出については，リアル出席株主からのものを受け付けることで足りる」としている。

2．バーチャル株主総会の実施状況

　2023年6月総会におけるバーチャル株主総会の実施状況は，【図表2】のとおり，「オンリー型」が11社（前年比＋3社），「出席型」が16社（前年比▲2社），「参加型」が390社（前年比＋22社）と，「参加型」を中心にさらなる広がりを見せました。当初，バーチャル株主総会は，新型コロナウイルス感染症対策の一環として，会場への来場自粛をお願いすることと引き換えに，会場に来場しなくても総会当日の模様を視聴できるようにするという考えの下で広まってきましたが，アフターコロナにおいても感染症対策に限らず，株主との対話や情報提供拡充の観点から実施した会社も多かったものと考えられます。なお，バーチャルオンリー型は，ハイブリッド型と異なり，法定の要件を満たす必要がある等，検討すべき事項が多くあることから開催のハードルは比較的高いと考えられるため，その実施社数は少数にとどまっています。

【図表2】 6月総会におけるバーチャル株主総会の実施状況

		2020年6月総会	2021年6月総会	2022年6月総会	2023年6月総会
バーチャルオンリー型		–	–	8社	11社
ハイブリッド型	出席型	9社	14社	18社	16社
	参加型	113社	309社	378社	390社
計		122社	323社	404社	417社

（出所）　各社の招集通知開示内容を基に当社作成

Q11-2 ハイブリッド型バーチャル株主総会の実施

ハイブリッド型バーチャル株主総会を実施する上での検討事項を教えてください。

 ハイブリッド型バーチャル株主総会を実施する上で，主な検討事項として，以下の事項があげられます。

1．通信環境

バーチャル出席を認める場合，株主がインターネット等の手段を活用するため，サイバー攻撃や大規模障害等による通信手段の不具合（以下「通信障害」といいます）が発生する可能性が考えられます。そのため，通信障害に備えたバックアップシステム等を検討しておくことが必要です。例えば，経済的に合理的な範囲で導入可能なサイバーセキュリティ対策を実施することやインターネット回線の断線による通信障害対策と安定的な通信速度を確保するため，バーチャル株主総会専有のインターネット回線を複数（メインとバックアップ）敷設すること等が考えられます。

2．質問や動議の取扱いと招集通知への記載

⑴ 「出席型」の場合

「出席型」は，リアル株主総会に加えて，バーチャル出席という選択肢を追加的に提供するものである一方，オンライン等の手段を用いた「出席」として提供する以上，リアル株主総会との違いについて，事前に説明を行うなど，適切な対応を行う必要があるとされています。

株主からの質問について，実施ガイドでは，バーチャル出席株主からの質問の受付方法として，テキストメッセージの送受信が想定されていますが，出席株主1人当たりが提出できる質問回数や文字数，送信期限などの事務処理上の

制約や，質問を取り上げる際の考え方について，あらかじめ運営ルールとして定め，招集通知やWEB上で通知することが推奨されています。

　また，動議の提出については，原則として，リアル出席株主からのものしか受け付けないことも許容されるとされており，その場合，株主に対し，事前に招集通知等において，「バーチャル出席者の動議については，取り上げることが困難な場合があるため，動議を提出する可能性がある方は，リアル株主総会へご出席ください。」といった案内を記載することが推奨されています。

(2) 参加型の場合

　前記のとおり，参加型は，バーチャル参加株主からの質問や動議の提出は認められません。そのため，招集通知に質問や動議の提出は認められないこと等を記載することが考えられます。また，法的な質問ではなく，いわゆるコメントとして受け付けることは可能であるため，その場合は招集通知に任意で株主からの質問等をコメントとして受け付けるが，法的な質問としては扱わないことを招集通知に記載することが考えられます。

　なお，参加型の場合，株主総会当日は議決権を行使できないため，事前行使が必要なことを招集通知に記載することが考えられます。

3．議長シナリオ

　インターネットによるライブ配信を実施していること，リアル出席株主へのプライバシー配慮として，会場後方より役員席付近のみを撮影していること，質疑の際は氏名等ではなく，出席番号のみをご発言頂くようお願いをすること等，ライブ配信により，広く公開されることを前提とした議長シナリオを準備することが考えられます。なお，招集通知に予め記載しておき，総会当日の説明は行わないという対応も考えられます。

　また，冒頭および閉会時には，リアル出席株主に限らず，バーチャル参加・出席している株主にも配慮して株主総会への参加・出席への謝辞を述べることが望ましいと考えられます。

4．株主からの問い合わせ対応

　バーチャル株主総会は，IDとパスワードの組み合わせ等により株主本人の確認を行うため，「IDやパスワードが分からない」といった問い合わせが考えられます。それに加えて，株主側のインターネット環境の整備が前提となるため，「映像が再生されない」等，インターネット環境に係る技術的な問い合わせにも対応できる体制構築が必要になります。

　株主がバーチャル株主総会にアクセスするために必要となる環境（通信速度，OSやアプリケーション等）やアクセスするための手順等については，招集通知や自社ホームページ等に記載しておく必要があります。

5．議事進行中の通信障害等の緊急事態が発生した場合の対応

　議事進行中，通信障害等の緊急事態が発生した場合に備え，関係者間における情報伝達手段や，復旧を待たずに議事を進行することを事前に周知しておくと安心です。なお，「参加型」の場合，会社法上の「出席」ではないため，株主総会の映像や音声の配信不能を理由として，決議が取り消されるリスクはないものと考えられます。また，「出席型」についても，実施ガイドによれば，会社が通信障害のリスクを事前に株主に告知しており，かつ，通信障害の防止のために合理的な対策を施している場合には，通信障害などの不具合が生じたからといって，決議取消事由に該当するおそれは少ないと解されています。

　その他，事後配信等を代替策として準備し，通信障害等により視聴できなかった株主に対するリカバリーを検討しておくことが考えられます。

Q11−3 バーチャルオンリー株主総会

バーチャルオンリー株主総会の開催にあたっての手続や，実務上の論点を教えてください。

A

1．バーチャルオンリー株主総会開催にあたっての手続等

　　会社法上の解釈では日本では実会場のないバーチャルオンリー型は認められないと解されていますが，産業競争力強化法（以下「産競法」といいます）に基づき，上場会社は一定の要件（※）を満たし，経済産業大臣および法務大臣の確認を受ければ，将来にわたってバーチャルオンリー株主総会を開催することが可能です。バーチャルオンリー株主総会の開催の要件の1つである「定款の定め」について，バーチャルオンリー型を開催できる旨の定款の規定の新設は，バーチャルオンリー型ではない方法による株主総会において株主総会決議を行う必要がありますので，留意が必要となります。

（※）バーチャルオンリー株主総会の開催の要件（産競法66条1項・2項，産業競争力強化法に基づく場所の定めのない株主総会に関する省令（以下「省令」という）1条・2条）

①　「上場会社」であること
②　（③の前提として）「省令要件（省令1条で定める要件）」該当性について経済産業大臣および法務大臣の「確認」を受けること 「省令要件」……以下のいずれにも該当するものであること 　(i)　通信の方法に関する事務（(ii)(iii)の方針に基づく対応に係る事務を含む）の責任者の設置 　(ii)　通信の方法に係る障害に関する対策についての方針の策定 　(iii)　通信の方法としてインターネットを使用することに支障のある株主の利益の確保に配慮することについての方針の策定 　(iv)　株主名簿に記載・記録されている株主の数が100人以上であること
③　「定款の定め」があること

④　招集決定時に「省令要件」に該当していること

(出所)　2024年1月 経済産業省「産業競争力強化法に基づく場所の定めのない株主総会制度
　　　説明資料」(以下「制度説明資料」という)3頁

2．実務上の論点

　バーチャルオンリー株主総会を実施する上での実務上の論点については，主
に以下(1)～(6)があげられます。

(1)　招集通知の記載・記録事項（会社法298条1項，299条4項，産競法66条
　　2項，省令3条，4条）

　バーチャルオンリー株主総会を実施する際に株主宛てに送付する招集通知
（アクセス通知）には，会社法上の記載・記録事項（「場所」を除く）に加えて，
以下の事項を記載する必要があります。

・招集の決定事項
　(i)　株主総会の「場所」に代えて，「株主総会を場所の定めのない株主
　　　総会とする旨」
　(ii)　会社法上の決定事項に加えて，決定した以下の事項
　　　―書面による事前の議決権行使を認めること（ただし，全株主に金
　　　　融商品取引法に基づき委任状勧誘をしている場合を除く）
　　　―通信の方法
　　　―事前の議決権行使をした株主が（株主総会当日に）通信の方法を
　　　　使用した場合における事前の議決権行使の効力の取扱いの内容

・株主総会の議事における情報の送受信のために必要な事項（例：URL，
ID・パスワード等）

・経済産業大臣および法務大臣の確認を受けた省令要件のうち，招集決定
　時における以下(i)(ii)の方針の内容の概要
　(i)　通信の方法に係る障害に関する対策についての方針
　(ii)　通信の方法としてインターネットを使用することに支障のある株主
　　　の利益の確保に配慮することについての方針

---

(2) バーチャルオンリー株主総会への出席と事前の議決権行使の効力の関係
（会社法298条１項，299条４項，産競法66条２項，省令３条３号，４条１号）

　事前の議決権行使の効力の取扱いは，具体的には，(i)株主がバーチャルオンリー株主総会にアクセス（ログイン等）をした時点で，事前の議決権行使の効力を失わせるという取扱い，(ii)株主がバーチャルオンリー株主総会の中で議決権行使をした時点で，事前の議決権行使の効力を失わせる取扱い等があると考えられます（2021年６月16日経済産業省 法務省「産業競争力強化法に基づく場所の定めのない株主総会に関するQ&A」（以下「Q&A」という）Q４-６）。これらの取扱いの内容は，招集決定の取締役会で決定し，招集通知に記載・記録する必要があります。

(3) 通信の方法に係る障害に関する対策についての方針（会社法299条４項，産競法66条２項，省令１条２号，４条３号）

　バーチャルオンリー株主総会では，リアル会場が存在しないことから，通信障害が生じ，そのまま議事の進行をして株主総会決議を行った場合には，決議取消事由（会社法831条１項）や決議不存在事由（同法830条１項）に該当するリスクがあるため，システム面の整備が重要となります。両大臣が確認する省令要件の１つである本方針については，(i)通信障害対策が講じられたシステムを用いること，(ii)通信障害が生じた場合における代替手段を用意すること，(iii)通信障害が生じた場合に関する具体的な対処マニュアルを作成すること，(iv)産競法66条２項による読替後の会社法317条括弧書の議長一任決議について諮ること，といったような事項を定めることが考えられます。

(4) インターネットを使用することに支障のある株主の利益の確保に配慮することについての方針（会社法299条４項，産競法66条２項，省令１条３号，４条３号）

　バーチャルオンリー株主総会では，両大臣が確認する省令要件の１つとして本方針を定める必要があります。いわゆるデジタルデバイドに配慮したものです。本方針については，(i)書面による事前の議決権行使を認めることとしたうえで，書面による事前の議決権行使を推奨する旨を通知すること，(ii)必要とな

る機器について貸出しを希望する株主に貸出しをすること，(iii)通信の方法として電話による出席が可能であるものを用いること，といったような事項を定めることが考えられます。

(5)　質問・動議の取扱い

産競法および省令において，株主からの質問や動議を受け付けない取扱いを許容する規定はなく，会社法の原則どおり，株主からの質問や動議を受け付ける必要があります（Q&A Q6-4）。なお，情報伝達の双方向性や即時性をどのような手段で確保するかについては，議長の権限（会社法315条）に属する事項のため，例えば，株主からの質問や動議をテキストメッセージで受け付けることとしても，そのことをもって双方向性，即時性が失われるものではないとされています（Q&A Q6-2）。

(6)　代理人の取扱い

バーチャルオンリー株主総会では，会社法310条に基づき，代理人によるバーチャル出席を認める必要があると考えられています（Q&A Q6-1）。代理人資格の確認は，ハイブリッド出席型で代理人のバーチャル出席を受け付ける場合と同様，リアル株主総会における確認方法に準じて行うことになります（実施ガイド16～17頁参照）。

Q12 事業報告の作成

```
┌─────────┐
│ Q12 − 1 │   事業報告の区分
└─────────┘
```
事業報告の区分とその記載順序はどうすればよいでしょうか。

Ⓐ 　事業報告の区分や記載順序についての法令等の定めはありませんので，会社の任意の区分や記載順序とすることでよいでしょう。

1．事業報告の記載事項

　事業報告の記載事項は，会社法施行規則に定められており，すべての会社で記載しなければならない事項（会施規118条），公開会社で記載しなければならない事項（会施規119条から124条），会計参与設置会社で記載しなければならない事項（会施規125条），会計監査人設置会社で記載しなければならない事項（会施規126条）に区分されています。

　公開会社で会計監査人設置会社の場合は，会施規118条から124条と126条に定められた事項を記載することになります。

2．事業報告の区分と記載順序

　事業報告の記載順序についての法令の定めはないため，任意の順序で記載することでよいのですが，株主にとって分かりやすい構成の例として，株懇モデル（全国株懇連合会）や経団連モデル（日本経済団体連合会）が公表されています。株懇モデルにおいては，(1)企業集団の現況に関する事項，(2)会社の株式に関する事項，(3)会社の新株予約権等に関する事項，(4)会社役員に関する事項，(5)会計監査人の状況，(6)会社の体制および方針の順となっています。経団連モデルは株懇モデルと類似していますが，平成26年改正法で新設された特定完全子会社に関する事項，親会社との間の取引に関する事項を外出ししています。

全国株懇連合会の事業報告モデル	日本経済団体連合会の事業報告モデル
1．企業集団の現況に関する事項 2．会社の株式に関する事項 3．会社の新株予約権等に関する事項 4．会社役員に関する事項 5．会計監査人の状況 6．会社の体制および方針	1．株式会社の現況に関する事項 2．株式に関する事項 3．新株予約権等に関する事項 4．会社役員に関する事項 5．会計監査人に関する事項 6．業務の適正を確保するための体制等の整備に関する事項 7．株式会社の支配に関する基本方針に関する事項 8．特定完全子会社に関する事項 9．親会社との間の取引に関する事項 10．株式会社の状況に関する重要な事項

3．2023年6月総会会社の分析結果

　日経500種平均株価対象会社のうち，2023年6月総会会社388社についての分析結果を見ると，区分数を6区分とした会社が最も多く，111社（28.6%）となっており，次いで，5区分が78社（20.1%），7区分が60社（15.5%），2区分が33社（8.5%）となっています（資料版商事法務No.475 112頁）。

Q12-2 会社（企業集団）の現況に関する事項

会社（企業集団）の現況に関する事項についての作成上の留意点および記載例を教えてください。

作成上の留意点および記載例は以下のとおりです。

1. 記載事項

　会社（企業集団）の現況に関する事項に記載すべき事項は，以下のとおりです（会施規120条1項）。

1. 事業年度末日における主要な事業内容
2. 事業年度末日における主要な営業所および工場ならびに使用人の状況
3. 事業年度末日において主要な借入先があるときは，その借入先および借入額
4. 事業年度における事業の経過およびその成果
5. 事業年度における次に掲げる事項についての状況（重要なものに限る）
   - イ．資金調達
   - ロ．設備投資
   - ハ．事業の譲渡，吸収分割または新設分割
   - ニ．他の会社（外国会社を含む）の事業の譲受け
   - ホ．吸収合併（会社以外の者との合併（当該合併後当該株式会社が存続するものに限る）を含む）または吸収分割による他の法人等の事業に関する権利義務の承継
   - ヘ．他の会社（外国会社を含む）の株式その他の持分または新株予約権等の取得または処分
6. 直前3事業年度（当該事業年度の末日において3事業年度が終了してい

ない株式会社にあっては，成立後の各事業年度）の財産および損益の状況
7．重要な親会社および子会社の状況（当該親会社と当該株式会社との間に
　当該株式会社の重要な財務及び事業方針に関する契約等が存在する場合に
　は，その内容の概要を含む）
8．対処すべき課題
9．その他株式会社の現況に関する重要な事項

　事業が2以上の部門に分かれている場合にあって，部門別に区分することが
困難な場合を除き，その部門別に区分された事項を記載することになります
（会施規120条1項）。
　また，会社の現況に関する事項は，会社が連結計算書類を作成している場合
には，連結ベースで「企業集団の現況に関する事項」として記載することもで
きます（会施規120条2項）。連結ベースで記載する場合には，「企業集団の現
況に関する事項」のすべての項目について連結ベースで記載することが原則と
なります。

2．作成上の留意点および記載例
(1)　事業の経過およびその成果（会施規120条1項4号）
① 作成上の留意点

　当連結会計年度における「一般的な経済環境」，「業界の状況」，「企業集団
の状況」の順に記載するスタイルが一般的です。
　「企業集団」という用語は使わずに「当社グループ」等に置き換えること
も考えられます。
　また，記載する売上高等の数値は連結計算書類の数値と合っているかをチ
ェックしておきましょう。

② 記載例

(1)　事業の経過およびその成果
　当連結会計年度におけるわが国経済は，・・・

> ・・・
>
> 　当業界におきましては，・・・
>
> ・・・
>
> 　このような情勢のなか，当社グループは，・・・
>
> ・・・，売上高は○○○億円（前期比○○．○％増），経常利益は○○億円（前期比○○．○％増），親会社株主に帰属する当期純利益は○○億円（前期比○○．○％増）となりました。
>
> 　部門別の状況は次のとおりであります。
>
> 【○○部門】
>
> 　・・・
>
> 　・・・○○部門の売上高は○○○億円（前期比○○．○％増）となりました。
>
> 【○○部門】
>
> 　・・・
>
> 　・・・○○部門の売上高は○○○億円（前期比○○．○％増）となりました。

⑵　設備投資の状況（会施規120条１項５号ロ）

　本項目において，設備投資の状況のみならず設備の売却や撤去等について記載する場合には，見出しを「設備投資等の状況」とすることも考えられますし，また，重要なものに限り記載することを明確にするため，見出しを「重要な設備投資の状況」とすることも考えられます。

　記載対象となるのは，当該連結会計年度中に完成した主要設備，継続中の主要設備の新設，拡充・改修，生産能力に重要な影響を及ぼすような固定資産の売却，撤去または災害等による減失等です。

　計算書類の附属明細書の有形固定資産の明細に関する記載との整合性も確認しておきましょう（会計規117条１号）。

(3)　資金調達の状況（会施規120条1項5号イ）

重要なものに限り記載することを明確にするため，見出しを「重要な資金調達の状況」とすることが考えられます。

記載対象となるのは，増資，社債発行，多額の借入れ等設備投資に伴う非経常的な資金調達です。(2)の設備投資の状況との整合性も確認しておきましょう。

(4)　財産および損益の状況の推移（会施規120条1項6号）

①　作成上の留意点

直前3連結会計年度の財産および損益の状況を記載するため，当連結会計年度も含めて4年度分を記載することになります。記載する売上高等の数値は連結計算書類の数値と合っているか確認しておきましょう。数値の変動が著しい場合には，その要因を注記することになります。

連結会計年度経過後の会計方針の変更その他の正当な理由により，過年度の定時株主総会で報告（または承認）された数値と異なることとなったときは，修正後の過年度事項を記載することができます（会施規120条3項，会計規96条7項，同133条3項，同134条4項）。会施規120条2項に基づいて連結ベースで記載する場合には，単体ベースの記載は不要となります。

②　記載例

業績を示す指標としては，「1株当たり純資産額」も記載することが考えられます。

(4) 財産および損益の状況の推移

(単位　百万円)

区分	第××期 ○年4月1日 から ○年3月31日 まで	第○×期 ○年4月1日 から ○年3月31日 まで	第○○期 ○年4月1日 から ○年3月31日 まで	第×○期 ○年4月1日 から ○年3月31日 まで
売上高				
経常利益				
親会社株主に帰属する当期純利益				
1株当たり当期純利益（円）				
総資産				
純資産				

(注) 1．1株当たり当期純利益は，期中平均発行済株式総数（自己株式を控除した株式数）により算出しております。

　　 2．（省略）

(5) 対処すべき課題（会施規120条1項8号）

グループ全体の当面の課題を記載します。

最近はコーポレートガバナンス・コードへの対応の一環として中期経営計画についての記載も増加しています。コーポレートガバナンス・コード補充原則4―1②の影響もあり，中期経営計画の進捗状況や目標未達に終わった場合の原因等を記載する事例もあります。

なお，対処すべき課題が毎年同じであると，「課題に対処できていない」，「経営陣の任務懈怠である」と評価されるおそれがあるので，工夫が必要です。

⑹　重要な親会社および子会社の状況（会施規120条1項7号）

①　作成上の留意点

親子会社の判定基準は実質支配基準によります（会社法2条3号・4号，会施規3条）。子会社については，グループに重要な影響を及ぼす会社等に関して各社の重要性の基準に則って記載します。子会社の設立，解散，企業再編，商号変更，増資等の状況を注記することも考えられます。

親会社については，名称を記載し，事業上の関係があれば，それを記載することになります。

合併等の重要な企業結合等の状況（事業の譲渡・譲受け，合併，会社分割，他の会社の株式・新株予約権等の取得および処分（会施規120条1項5号ハ・ニ・ホ・ヘ）），重要な業務提携や技術提携等（会施規120条1項9号）は具体的な内容によっては，ここに項目を設けて記載することも考えられますし，「事業の経過および成果」や「対処すべき課題」に，独立の項目を設けて記載することも考えられます。

また，特定完全子会社（多重代表訴訟の対象となる子会社）がある場合は，その名称及び住所，特定完全子会社の株式の帳簿価額等を記載する必要があります（会施規118条4号）。特定完全子会社がない場合にも，該当する子会社はない旨を記載している事例も見られます。

なお，親会社等との間の取引のうち，会計規112条1項に基づき個別注記表に注記を要するものについては，会社の利益を害さないように留意した事項や，取締役会の判断およびその理由等を記載する必要があります（会施規118条5号）。

また，親会社との間で重要な財務および事業の方針に関する契約等が存在する場合，その概要を記載する必要があります（会施規120条1項7号括弧書）。上場子会社は証券取引所へ提出するコーポレート・ガバナンス報告書の記載も踏まえて，事業報告へ記載することになると思われます。

144

② 記載例

---

(6) 重要な親会社および子会社の状況

① 親会社の状況

　　当社の親会社は，○○○○株式会社で，同社は当社の株式を○,○○
○,○○○株（出資比率○○％）保有いたしております。

　　当社は，親会社に対し，主として○○の販売を行っております。

　　当社は，親会社との○○の販売の取引に当たり，○○○○に留意して
おります。当社の取締役会は，当該取引は○○○○の理由により，当社
の利益を害するものではないと判断しております。

② 重要な子会社の状況

会社名	資本金	出資比率	主要な事業内容
	百万円	％	
	百万円	％	

（注）　特定完全子会社に該当する子会社はありません。

③ 重要な企業結合等の状況

　（省略）

④ 親会社と締結している重要な財務および事業の方針に関する契約等の
概要

　　当社は，親会社に対し，主として○○の販売を行っております。また，
親会社との間で，…に関する取り決めをしております。

　グローバルに展開している会社においては，子会社の所在地（国，都市名）
を記載することも考えられます。

(7) **主要な事業内容（会施規120条1項1号）**

① 作成上の留意点

　事業部門別に主要な製品等を記載します。その際，「事業の経過および成
果」との整合性に留意しましょう。

「事業の経過および成果」の事業部門別での記載をもって，当該事項について，独立した項目での記載をしないことも考えられます。

② 記載例

(7)　主要な事業内容（○年3月31日現在）

部門	主要製品

(8)　主要な営業所および工場（会施規120条1項2号）

① 作成上の留意点

　事業を行うための物的施設の状況（名称および所在地）を記載します。当社と子会社に区分したり，地域別に区分したりする方法があります。

　所在地は，国内であれば都道府県名，海外であれば国名を記載することが考えられます。見出しは，事業内容に応じて「主要な事業所」等とすることも考えられます。

② 記載例

(8)　主要な営業所および工場（○年3月31日現在）		
当社	本社	
	営業所	
子会社	本社	
	工場	

(9)　従業員の状況（会施規120条1項2号）

① 作成上の留意点

　連結会計年度末の従業員数，前年度末比増減を記載します。連結ベースを

146

記載すれば，単体ベースでの記載は不要ですが，単体ベースでの記載もしている会社も多数見られます。また，単体ベースでの記載をする際には，従業員数・前期末比増減に加え，平均年齢・平均勤続年数を記載する会社が多いようです。

　従業員の構成等に重要な変動がある場合には，その内容を注記します。

② 記載例

(9) 従業員の状況（○年3月31日現在）	
従業員数	前年度末比増減
○,○○○名	○○名増

［単体ベース併記の記載例］

(9) 従業員の状況（○年3月31日現在）

① 企業集団の従業員の状況

従業員数	前年度末比増減
○,○○○名	○○名増

② 当社の従業員の状況

従業員数	前年度末比増減	平均年齢	平均勤続年数
○,○○○名	○○名増	○○.○歳	○○年○○カ月

(10) **主要な借入先（会施規120条1項3号）**

① 記載上の留意点

　主要な借入先について，連結会計年度末日の借入金残高を記載します。連結会計年度終了後に大きな変動がある場合には，その内容を注記します。

② 記載例

(10)　主要な借入先（○年3月31日現在）	
借入先	借入金残高
株式会社○○銀行	○,○○○百万円
株式会社○○銀行	○,○○○百万円

　一般的には借入残高の多い順に記載しますが，残高にかかわらず，いわゆるメインバンクを筆頭としている例もあります。

(11)　その他企業集団の現況に関する重要な事項（会施規118条1号，120条1
　　　項9号）

　(1)から(10)までに記載した事項以外に，重要な訴訟の提起，判決，和解，事故，不祥事，社会貢献等，会社または企業集団の現況に関する重要な事項（財産・損益に影響を与えない重要な後発事象を含む）（会施規120条1項9号）がある場合には，項目を設けて記載することが考えられます（旬刊商事法務1762号6頁）。

3．2023年6月総会会社の分析結果

　会社の現況に関する事項は，会社が連結計算書類を作成している場合には，企業集団の現況に関する事項として記載することが可能です（会施規120条2項）。日経500種平均株価対象会社のうち，2023年6月総会会社（388社）の状況は次のとおりです（資料版商事法務No.475 115頁）。

①　企業集団の現況等として連結ベースで記載した会社……………381社（98.2%） ②　連結計算書類を作成しているが，単体ベースで記載した会社……5社（1.3%） ③　連結計算書類を作成しておらず，単体ベースで記載した会社……2社（0.5%）

　連結ベースで作成する場合，会社の現況に関する事項は，すべて連結ベースで記載する必要があると一般的に考えられていますが，必ずしもすべて連結ベースとする必要はなく一部の事項（例えば「借入金の状況」等）を単体ベースで記載することも差し支えないとする考えもあるようです。
　次に，「企業再編等」について，何らかの形で独立した見出しを設けている

　会社は161社（41.5%）でした（資料版商事法務No.475 124頁）。その他の会社
は，記載すべき事項がないため項目そのものを省略したか，「事業の経過およ
び成果」または「対処すべき課題」，「重要な親会社および子会社の状況」等に
記載しているものと思われ，対応は分かれているものと見られます。

　「対処すべき課題」の記載方法としては，「対処すべき課題」等の見出しを
設け，対処すべき当面の主要な課題等を文章で記載するのが通常ですが，課題
の内容ごとにさらに小見出しを設けて記載する会社もあります。

　その記載内容は，経営の基本方針や戦略，中期経営計画や長期経営計画，長
期ビジョンの内容等，中期経営計画の進捗状況や振り返り，ダイバーシティ・
女性活躍の推進，ESGやSDGsへの対応，TCFD提言への対応，マテリアリティ，
コーポレート・ガバナンス，業績予想，人的資本に関する取組み，政策保有株
式の保有状況および削減計画など，さまざまでした（資料版商事法務No.475
125頁）。

　「業績の推移」について連結ベースで記載した場合に，単体ベースの記載は
省略することが可能ですが，連結ベースで記載をした会社は386社（99.5%），
そのうち連結ベースとともに単体ベースも記載した会社は134社（386社に対し
34.7%）ありました（資料版商事法務No.475 131頁）。

　「従業員の状況」について連結ベースで記載をした会社は379社（97.7%）
ですが，連結ベースに加えて単体ベースも記載することが考えられ，このよう
な対応を行ったのは205社（52.8%）に上りました。なお，「従業員」と「使用
人」のどちらの用語を用いるかは対応が分かれており，「従業員」が305社
（78.6%），「使用人」が83社（21.4%）でした（資料版商事法務No.475 145頁）。
いずれを用いても差し支えありませんが，事業報告中で混用しないよう注意が
必要です。

Q12-3　会社の株式に関する事項

会社の株式に関する事項についての作成上の留意点および記載例を教えてください。

1．記載事項

　会社の株式に関する事項として記載すべき事項は，以下のとおりです（会施規122条）。

1．事業年度末日において発行済株式（自己株式を除く。）の総数に対するその有する株式の数の割合が高いことにおいて上位となる10名の株主の氏名または名称，当該株主の有する株式の数（種類株式発行会社にあっては，株式の種類および種類ごとの数を含む。）および当該株主の有する株式にかかる当該割合

2．当該事業年度中に職務執行の対価として交付した株式の状況

3．その他株式会社の株式に関する重要な事項

　なお，日経500種平均株価対象会社のうち，2023年6月総会の状況は，388社のすべてが「株式に関する事項」につき記載しています（資料版商事法務No.476 168頁参照）。

2．作成上の留意点および記載例

(1)　大株主（会施規122条1項1号）

　後記(4)の記載例の「持株比率」は，「出資比率」とすることでも差し支えありません。

　自己株式が上位10名の株主に該当する場合には，発行済株式から自己株式を除くとされていることから，一覧表には自己株式を除いた上位10名の大株主を記載したうえで「自己株式は，上記大株主から除いております。」と注記することが考えられます。

　種類株式を発行している場合には，普通株式と合算し，一表で作成すること

が考えられます。

　所有株式の記載箇所で所有株式数の合計と種類ごとの所有株式を内訳で記載する対応が考えられますが，持株比率は種類株式ごとに記載するのではなく，分子は優先株式数等の種類株式を含めた所有株式数となり，分母は優先株式数等の種類株式も含めた発行済株式総数から自己株式の数を控除した数となりますので留意が必要です。

　なお，議決権の基準日を事業年度末日後に定めた場合，当該基準日時点の状況を記載することが可能です（会施規122条2項）。

(2)　当該事業年度中に職務執行の対価として交付した株式の状況

　当該事業年度中に会社役員（であった者）に対し，職務執行の対価として交付した株式につき役員の区分ごとに，株式の種類，種類ごとの株式数と交付を受けた者の人数を記載する必要があります。職務執行の対価として株式を交付する場合に一定の条件や制約が付される場合，株式に関する重要な事項に該当するときは，会施規122条1項3号に基づいて事業報告に記載することが考えられます。

(3)　その他の記載事項

　その他株式に関する重要な事項（会施規122条1項3号）としては，発行可能株式総数，発行済株式の総数，株主数を記載することが考えられます（発行可能株式総数，発行済株式の総数，株主数は大株主同様，議決権の基準日を事業年度末日後に定めた場合，当該基準日時点の状況を記載することが可能です）。新株発行や大量の新株予約権の行使，自己株式の取得，自己株式の処分・消却，株式分割，株式併合，従業員持株ESOP信託の設定等，株式の状況に関するトピックスは，その内容を記載（注記）することが考えられます。

(4)　記載例

---

(1)　発行可能株式総数　　○,○○○,○○○株

(2)　発行済株式の総数　　○,○○○,○○○株（自己株式○○○,○○○株を含む）

(3)　株主数　　　　　　　　　○,○○○名

(4)　大株主

株主名	持株数	持株比率
	千株	％

(注)　持株比率は，自己株式（○○○,○○○株）を控除して計算しております。

(5)　当事業年度中に職務執行の対価として交付した株式の状況

	株式数	交付を受けた者の人数
取締役 （社外取締役を除く）	○株	○名
社外取締役	○株	○名
監査役	○株	○名

3．2023年6月総会会社の分析結果

　日経500種平均株価対象会社のうち，2023年6月総会会社388社の状況を見ると，その他株式に関する重要な事項の記載事項として次の記載がありました（重複集計）。

①	発行可能株式総数………………………………………………	383社（98.7%）
②	発行済株式総数…………………………………………………	388社（100%）
③	株主数……………………………………………………………	388社（100%）
④	単元株式数………………………………………………………	20社（5.2%）
⑤	株式分布状況……………………………………………………	156社（40.2%）
⑥	資本金……………………………………………………………	6社（1.5%）
⑦	職務執行の対価として交付した株式の状況………………	268社（69.1%）

　また，その他株式に関する重要な事項の小見出しを設けている会社も見られ，具体的な記載内容には，自己株式の取得・消却，取締役の報酬等としての株式発行，株式給付信託，従業員株式所有制度などが見られました（資料版商事法務No.476　169頁）。

Q12－4 会社の新株予約権等に関する事項

会社の新株予約権等に関する事項についての作成上の留意点および記載例を教えてください。

作成上の留意点および記載例は以下のとおりです。

1．記載事項

会社の新株予約権等に関する事項に記載すべき事項は，以下のとおりです（会施規123条）。

1．事業年度末日において当該株式会社の会社役員（当該事業年度の末日において在任している者に限る。以下この条において同じ。）が当該株式会社の新株予約権等（職務執行の対価として当該株式会社が交付したものに限り，当該株式会社が会社役員に対して職務執行の対価として募集新株予約権と引換えにする払込みに充てるための金銭を交付した場合において，当該金銭の払込みと引換えに当該株式会社の新株予約権を交付したときにおける当該新株予約権を含む。以下この号および次号において同じ。）を有しているときは，次に掲げる者の区分ごとの当該新株予約権等の内容の概要および新株予約権等を有する者の人数

　　イ．当該株式会社の取締役（監査等委員，社外役員を除き，執行役を含む。）

　　ロ．当該株式会社の社外取締役（監査等委員を除き，社外役員に限る。）

　　ハ．当該株式会社の監査等委員である取締役

　　ニ．当該株式会社の取締役（執行役を含む。）以外の会社役員

2．事業年度中に次に掲げる者に対して当該株式会社が交付した新株予約権等があるときは，次に掲げる者の区分ごとの当該新株予約権等の内容の概要および交付した者の人数

　イ．当該株式会社の使用人（当該株式会社の会社役員を兼ねている者を除く。）

　ロ．当該株式会社の子会社の役員および使用人（当該株式会社の会社役員またはイに掲げる者を兼ねている者を除く。）

3．その他株式会社の新株予約権等に関する重要な事項

2．作成上の留意点および記載例

　会施規123条1号では，事業年度末日における役員（当該事業年度末日において在任している者に限る）が事業年度末日現在で保有する新株予約権等（職務執行の対価として交付されたものに限る）について，当該新株予約権等の内容の概要および取締役，社外取締役，監査等委員である取締役，取締役以外の役員に区分した新株予約権等の保有者の人数を記載することとされていますが，従業員等に交付された新株予約権等も含め網羅的に記載したうえで，取締役，社外取締役，監査等委員である取締役，取締役以外の役員の区分ごとに保有状況を記載することも考えられます。

(1)　当事業年度末日における新株予約権等の状況

　①　作成上の留意点

　　網羅的な記載をしたうえで役員の区分ごとの保有状況を記載することも考えられますが，会施規123条1号に定める事項のみを記載する場合は，見出しを「当社役員が保有する職務執行の対価として交付された新株予約権」等と限定的に記載するのがよいでしょう。

② 記載例

	第○回新株予約権 （○年○月○日発行）	第×回新株予約権 （○年○月○日発行）
新株予約権の数	○,○○○個	○,○○○個
新株予約権の目的となる株式の種類および数	普通株式　○,○○○,○○○株（新株予約権1個につき○○○株）	普通株式　○,○○○,○○○株（新株予約権1個につき○○○株）
新株予約権の発行価額	1個あたり○,○○○円	1個あたり○,○○○円
新株予約権の行使価額	1個あたり○,○○○円	1個あたり○,○○○円
新株予約権を行使することができる期間	○年○月○日から○年○月○日まで	○年○月○日から○年○月○日まで
新株予約権の主な行使条件		

(1)　当事業年度末日における新株予約権等の状況

(2)　当事業年度末日における当社役員の保有状況（会施規123条1号）

① 作成上の留意点

　役員の区分ごとに保有状況を記載します。

　具体的には，当該株式会社の「取締役（監査等委員であるものおよび社外役員を除き，執行役を含む）」，「社外取締役（監査等委員であるものを除き，社外役員に限る）」，「監査等委員である取締役」，「取締役（執行役を含む）以外の会社役員」となります。

② 記載例

（i）監査役会設置会社

(2) 当事業年度末日における当社役員の保有状況			
	名称	個数	保有者数
取締役 （社外取締役を除く）	第○回新株予約権	○個	○名
	第×回新株予約権	○個	○名
社外取締役	第○回新株予約権	○個	○名
	第×回新株予約権	○個	○名
監査役	第○回新株予約権	○個	○名
	第×回新株予約権	○個	○名

（ii）監査等委員会設置会社

(2) 当事業年度末日における当社役員の保有状況			
	名称	個数	保有者数
取締役（監査等委員およ び社外取締役を除く）	第○回新株予約権	○個	○名
	第×回新株予約権	○個	○名
社外取締役（監査等委 員を除く）	第○回新株予約権	○個	○名
	第×回新株予約権	○個	○名
監査等委員	第○回新株予約権	○個	○名
	第×回新株予約権	○個	○名

(3) **当事業年度中に交付した新株予約権等の状況（会施規123条2号）**

① 記載上の留意点

　会施規123条2号では，事業年度中に，従業員，子会社の役員および従業員に対して交付した新株予約権等（職務執行の対価として交付されたものに限る）について，当該新株予約権等の内容の概要および新株予約権等の交付者数を記載することとされていますが，事業年度中に交付した新株予約権等の全体像を記載したうえで，従業員等の区分ごとに交付状況を記載すること

も考えられます。この場合，新株予約権等の内容の概要が「(1)　当事業年度
末日における職務執行の対価として交付した新株予約権等の状況」で記載し
たものと重複する場合は，前記の記載を参照するかたちで記載することも考
えられます。

　記載例は，事業年度中に交付した新株予約権等の全体像を記載したうえで，
従業員等の区分ごとに交付状況を記載（ただし重複記載箇所は参照）する方
式で記載していますが，会施規123条2号に定める事項のみを記載する場合
は，見出しを「当事業年度中に職務執行の対価として従業員等に交付した新
株予約権等の状況」等と限定的に記載するのがよいでしょう。

② 　記載例

(3)　当事業年度中に職務執行の対価として交付した新株予約権等の状況
　　当事業年度中に交付した新株予約権等は(1)に記載の第×回新株予約権の
とおりであります。
　　第×回新株予約権のうち当社従業員，当社子会社役員および従業員への
交付状況

	個　　数	交付を受けた者の人数
当社従業員 （当社役員を兼ねている者を除く）	○個	○名
当社子会社役員および従業員 （当社役員および当社従業員を兼 ねている者を除く）	○個	○名

(4)　その他の記載事項（会施規123条3号）
　その他新株予約権等（職務執行の対価として交付されたものでないものを含
む）に関する重要な事項があれば記載します。転換社債型新株予約権付社債の
残高，ストックオプション目的以外の新株予約権の発行等を記載することが考
えられます。

3．2023年 6 月総会会社の分析結果

　日経500種平均株価対象会社のうち，2023年 6 月総会会社388社の状況を見ると，新株予約権等に関する事項の見出しを設けた会社は260社（67.0％）ありましたが，そのうち105社（260社に対し40.4％）は該当事項がない旨を記載しており，具体的な内容を記載した会社は155社（同59.6％）でした（資料版商事法務No.476　176頁）。

　新株予約権の行使条件を記載する例，取締役の保有する新株予約権の状況について，監査等委員である取締役を区分して記載する例，新株予約権の権利行使時の払込金額と付与日における公正な評価額を注記する例など多様な記載が見られました。

Q12－5　会社役員に関する事項

会社役員に関する事項についての作成上の留意点および記載例を教えてください。

　　　作成上の留意点および記載例は以下のとおりです。

1．記載事項

　会社役員に関する事項として記載すべき事項は，以下のとおりです（会施規121条，121条の2）。

〈121条〉

1．会社役員（直前の定時株主総会の終結の日の翌日以降に在任していた者に限る。2号から第3号の2，第8号および第9号において同じ）の氏名（会計参与にあっては，氏名または名称）

2．会社役員の地位および担当

3．会社役員（取締役または監査役に限る）と当該株式会社との間で責任限定契約を締結しているときは当該契約の概要（当該契約によって会社役員の職務の執行の適正性が損なわれないようにするための措置を講じている場合にあっては，その内容を含む）

3の2．会社役員（取締役，監査役または執行役に限る）と当該株式会社との間で補償契約を締結しているときは，次に掲げる事項

　イ　当該会社役員の氏名

　ロ　当該補償契約の内容の概要（当該補償契約によって当該会社役員の職務の執行の適正性が損なわれないようにするための措置を講じている場合にあっては，その内容を含む）

3の3．会社役員（取締役，監査役または執行役に限り，前事業年度の末日までに退任した者を含む）に対して補償契約に基づき防御費用を補償

した場合において，会社が当該事業年度において，当該会社役員が職務の執行に関し法令違反または責任を負うことを知ったときは，その旨

3の4．会社役員に対して補償契約に基づき，会社役員の第三者に生じた損害を賠償することによる損失または和解に基づく金銭の支払いによる損失を補償したときは，その旨および補償した金額

4．当該事業年度に係る会社役員の報酬等（業績連動報酬等，非金銭報酬等，その他の報酬等に分かれている場合は各々の総額）および員数（社外役員の報酬等も同様）

5．当該事業年度において受け，または受ける見込みのある額が明らかとなった会社役員の報酬等

5の2．業績連動報酬等がある場合には，次に掲げる事項

　イ　当該業績連動報酬等の額または数の算定の基礎として選定した業績指標の内容および当該業績指標を選定した理由

　ロ　当該業績連動報酬等の額または数の算定方法

　ハ　当該業績連動報酬等の額または数の算定に用いたイの業績指標に関する実績

5の3．非金銭報酬等がある場合には，当該非金銭報酬等の内容

5の4．会社役員の報酬等についての定款の定めまたは株主総会の決議による定めに関する次に掲げる事項

　イ　当該定款の定めを設けた日または当該株主総会の決議の日

　ロ　当該定めの内容の概要

　ハ　当該定めに係る会社役員の員数

6．取締役等の個人別の報酬等の内容についての決定に関する方針について，次に掲げる事項

　イ　当該方針の決定の方法

　ロ　当該方針の内容の概要

　ハ　当該事業年度に係る取締役（監査等委員である取締役を除き，指名委員会等設置会社にあっては，執行役等）の個人別の報酬等の内容が当該方針に沿うものであると取締役会（指名委員会等設置会社にあっては，報酬委員会）が判断した理由

6の2．各会社役員の報酬等の額またはその算定方法に係る決定に関する
　　方針（上記6の方針を除く）を定めているときは，当該方針の決定の方
　　法およびその方針の内容の概要

6の3．取締役会から委任を受けた取締役その他の第三者が当該事業年度
　　に係る取締役（監査等委員である取締役を除く）の個人別の報酬等の内
　　容の全部または一部を決定したときは，その旨および次に掲げる事項

　　イ　当該委任を受けた者の氏名並びに当該内容を決定した日における当
　　　　該株式会社における地位および担当

　　ロ　イの者に委任された権限の内容

　　ハ　イの者にロの権限を委任した理由

　　ニ　イの者によりロの権限が適切に行使されるようにするための措置を
　　　　講じた場合にあっては，その内容

7．辞任した会社役員または解任された会社役員（株主総会または種類株
　　主総会の決議によって解任されたものを除く）があるときは，次に掲げ
　　る事項（当該事業年度前の事業年度にかかる事業報告の内容としたもの
　　を除く）

　　イ　当該会社役員の氏名（会計参与にあっては，氏名または名称）

　　ロ　会社法342条の2第1項もしくは第4項または345条1項（同条4項
　　　　において読み替えて準用する場合を含む）の意見があるときは，その
　　　　意見の内容

　　ハ　会社法342条の2第2項または345条2項（同条4項において読み替
　　　　えて準用する場合を含む）の理由があるときは，その理由

8．当該事業年度にかかる当該株式会社の会社役員（会計参与を除く）の
　　重要な兼職の状況

9．会社役員のうち監査役等が財務および会計に関する相当程度の知見を
　　有しているものであるときは，その事実

10．監査等委員会設置会社または指名委員会等設置会社である場合は，常
　　勤の監査等委員である取締役の選定の有無およびその理由，または常勤
　　の監査委員の選定の有無およびその理由

11．その他株式会社の会社役員に関する重要な事項

〈121条の2〉

役員等賠償責任保険契約に関する事項

1．役員等賠償責任保険契約の被保険者の範囲

2．役員等賠償責任保険契約の内容の概要（被保険者が実質的に保険料を
　負担している場合にあってはその負担割合，填補の対象とされる保険事
　故の概要および当該役員等賠償責任保険契約によって被保険者である役
　員等（当該株式会社の役員等に限る）の職務の執行の適正性が損なわれ
　ないようにするための措置を講じている場合にあってはその内容を含
　む）

　さらに，社外役員について記載すべき事項は，以下のとおりです（会施規
124条）。

1．社外役員（直前の定時株主総会の終結の日の翌日以降に在任していた
　者に限る。2．から4．までについて同じ）が他の法人等の業務執行者
　であることが会社法施行規則121条8号に定める重要な兼職に該当する
　場合は，当該株式会社と当該他の法人等との関係

2．社外役員が他の法人等の社外役員その他これに類する者を兼任してい
　ることが会社法施行規則121条8号に定める重要な兼職に該当する場合
　は，当該株式会社と当該他の法人等との関係

3．社外役員が次に掲げる者の配偶者，三親等以内の親族その他これに準
　ずる者であることを当該株式会社が知っているときは，その事実（重要
　でないものを除く）

　イ　当該株式会社の親会社等（自然人であるものに限る）

　ロ　当該株式会社または当該株式会社の特定関係事業者の業務執行者ま
　　たは役員（業務執行者であるものを除く）

4．各社外役員の当該事業年度における主な活動状況（次に掲げる事項を
　含む）

　イ　取締役会（当該社外役員が次に掲げる者である場合にあっては，次
　　に定めるものを含む。ロにおいて同じ）への出席の状況

　　（1）監査役会設置会社の社外監査役

　　　　監査役会
　　⑵　監査等委員会設置会社の監査等委員
　　　　監査等委員会
　　⑶　指名委員会等設置会社の監査委員
　　　　監査委員会
　ロ　取締役会における発言の状況
　ハ　当該社外役員の意見により当該株式会社の事業の方針または事業その他の事項にかかる決定が変更されたときは，その内容（重要でないものを除く）
　ニ　当該事業年度中に当該株式会社において法令または定款に違反する事実その他不当な業務の執行（当該社外役員が社外監査役である場合にあっては，不正な業務の執行）が行われた事実（重要でないものを除く）があるときは，各社外役員が当該事実の発生の予防のために行った行為および当該事実の発生後の対応として行った行為の概要
　ホ　当該社外役員が社外取締役であるときは，当該社外役員が果たすことが期待される役割に関して行った職務の概要（イからニまでに掲げる事項を除く）
５．当該事業年度にかかる社外役員の報酬等について，次のイからハまでに掲げる場合の区分に応じ，当該イからハまでに定める事項
　イ　社外役員の全部につき報酬等の総額を掲げることとする場合
　　　社外役員の報酬等の総額および員数
　ロ　社外役員の全部につき当該社外役員ごとの報酬等の額を掲げることとする場合
　　　当該社外役員ごとの報酬等の額
　ハ　社外役員の一部につき当該社外役員ごとの報酬等の額を掲げることとする場合
　　　当該社外役員ごとの報酬等の額ならびにその他の社外役員についての報酬等の総額および員数
６．当該事業年度において受け，または受ける見込みの額が明らかとなった社外役員の報酬等（５．で当該事業年度にかかる事業報告の内容とす

る報酬等および当該事業年度前の事業年度にかかる事業報告の内容とした報酬等を除く）について，5．イからハまでに掲げる場合の区分に応じ，当該イからハまでに定める事項

7．社外役員が次に掲げる区分に応じ，それぞれに定めるものから当該事業年度において役員としての報酬等を受けているときは，当該報酬等の総額（社外役員であった期間に受けたものに限る）

　イ　当該株式会社に親会社等がある場合

　　　当該親会社等または当該親会社等の子会社等（当該株式会社を除く）

　ロ　当該株式会社に親会社等がない場合

　　　当該株式会社の子会社

8．社外役員についての1．から7．に掲げる事項の内容に対して当該社外役員の意見があるときは，その意見の内容

2．作成上の留意点および記載例

⑴　取締役および監査役（会施規121条）

①　記載上の留意点

氏名，地位および担当，責任限定契約の内容の概要，重要な兼職の状況，監査役等が財務および会計に関する相当程度の知見を有しているものであるときはその事実を記載します。これらの記載事項については，会社役員の範囲は直前の定時株主総会の日の翌日以降に在任していた者に限られます（会施規121条1号）。事業年度中の会社役員の異動状況は別の項目で記載することも考えられます。

責任限定契約を締結している場合はその概要を記載します（会施規121条3号）。また，当該契約によって当該役員の職務の適正性が損なわれないようにするための措置を講じている場合は，その措置の内容も記載します。定款に責任限定契約の定めがあって，実際には締結していない場合には，その旨を注記することも考えられます。

会社と当該役員間で補償契約を締結している場合は，当該契約を締結した日が属する事業年度に係る事業報告から，締結者の氏名，契約の内容の概要

（当該契約により役員の職務の執行の適正性が損なわれないようにするための措置を含む）を記載します（会施規121条3号の2）。「職務の執行の適正性が損なわれないようにするための措置」としては，例えば補償契約において会社が補償する額につき限度額を設けることや，会社が役員に対して責任を追及する場合には（防御費用を含め）補償ができないようにすることなどが考えられます。

　役員等賠償責任保険契約を締結（更新）している場合は，当該契約を締結した日が属する事業年度に係る事業報告から，①被保険者の範囲，②当該役員等賠償責任保険契約の内容の概要の記載が必要となります。契約の内容の概要には，①被保険者の実質的な保険料負担割合（負担している場合のみ），②填補の対象とされる保険事故の概要，③当該役員等の職務の執行の適正性が損なわれないようにするための措置を講じている場合には，その措置の内容を含みます。被保険者の範囲は，被保険者の範囲を特定できるのであれば氏名の記載は不要です。また，被保険者の範囲には，役員等賠償責任保険の被保険者に役員等でない者（執行役員など）が含まれている場合，当該役員等でない者も含まれます。なお，役員等賠償責任保険の被保険者に子会社役員等が含まれる場合，当該子会社が実質的に保険料の一部を負担していたとしても，契約者ではないため，当該子会社の事業報告での記載は不要ですが，契約者である親会社は，被保険者の範囲として子会社の役員等が含まれることを記載しなければなりません。

　社外取締役および社外監査役である旨や，監査役等が財務および会計に関する相当程度の知見を有する場合，その事実（会施規121条9号）を注記します。

　併せて独立役員（各証券取引所の規則により上場会社に確保が義務付けられる，一般株主と利益相反が生じるおそれのない社外取締役または社外監査役）について注記することも考えられます。

　また，社外役員が他の法人等の業務執行者を兼務しており，当該兼職が事業報告に記載すべき内容である場合には，兼職先と当社の関係を記載します（会施規124条1号）。社外役員が他の法人等の社外役員を兼職している場合についても同様です（会施規124条2号）。なお，兼職先と当社との関係につ

166

いては，明文上，重要なものに限るという限定は特にされていませんが，社外役員としての職務執行になんら影響を与えるおそれがない一般的な取引条件に基づく単なる取引関係等については，開示の対象とならないものと考えられています（旬刊商事法務1863号19頁）。

　また，社外役員の兼職先と当社の関係については，「社外役員に関する事項」で記載しない場合には，本項目で記載することも考えられます。

　兼職先と当社の関係は，たとえば取引関係であれば，「○○に関する取引がある」旨等を記載することが多いようですが，あわせて取引の規模について定量的な記載をすることが考えられます。

②　記載例

(i)　監査役会設置会社

(1)　取締役および監査役の氏名等

地　位	氏　名	担当および重要な兼職の状況
代表取締役会長		
代表取締役社長		
取締役		○○本部長
取締役		
常勤監査役		
監査役		○○○○保険相互会社　社外監査役
監査役		△△△△株式会社　　　　社外監査役

(注)1.　取締役○○○○氏は，社外取締役であり，○○証券取引所に独立役員として届け出ております。

　　 2.　監査役○○○○氏および○○○○氏は，社外監査役であり，○○証券取引所に独立役員として届け出ております。

3．監査役○○○○氏は，○○○の資格を有しており，財務および会計に関する相当程度の知見を有しております。

4．当社は取締役○○○○氏，監査役○○○○氏および○○○○氏との間で法令に定める額を限度として賠償責任を限定する責任限定契約を締結しております。

5．補償契約の内容の概要等

取締役○○○○氏および○○○○氏，ならびに監査役○○○○氏および○○○○氏と会社法第430条の2第1項に規定する補償契約を締結しております。当該契約では，同項第1号の費用および同項第2号の損失を法令の定める範囲内において当社が補償することとしております。

6．役員等賠償責任保険契約の内容の概要等

当社は取締役および監査役の全員を被保険者とする会社法第430条の3第1項に規定する役員等賠償責任保険契約を保険会社との間で締結しております。

当該保険契約では，被保険者が負担することとなる……などの損害が填補されることとなります。

(ⅱ)　監査等委員会設置会社

(1)　取締役の氏名等

地　　位	氏　　　　名	担当および重要な兼職の状況
代表取締役会長		
代表取締役社長		
取締役		○○本部長
取締役		
取締役（監査等委員・常勤）		

取締役（監査等委員）		○○○○保険相互会社　　社外監査役
取締役（監査等委員）		△△△△株式会社　　　社外監査役

(注)1．取締役○○○○氏および監査等委員である○○○○氏ならびに○○○
　　○氏は，社外取締役であり，○○証券取引所に独立役員として届け出て
　　おります。

　　2．監査等委員である○○○○氏は，○○○の資格を有しており，財務お
　　よび会計に関する相当程度の知見を有しております。

　　3．当社は，情報収集その他監査，監督機能を強化して監査等委員会の監
　　査の実効性を高めるため，○○○○氏を常勤の監査等委員に選定してお
　　ります。

　　4．当社は，取締役○○○○氏，監査等委員である○○○○氏，○○○○
　　氏，○○○○氏との間で法令に定める額を限度として賠償責任を限定す
　　る責任限定契約を締結しております。

　　5．補償契約の内容の概要等
　　　　取締役○○○○氏および○○○○氏，ならびに監査等委員である○○
　　○○氏および○○○○氏と会社法第430条の2第1項に規定する補償契約
　　を締結しております。当該契約では，同項第1号の費用および同項第2
　　号の損失を法令の定める範囲内において当社が補償することとしており
　　ます。

　　6．役員等賠償責任保険契約の内容の概要等
　　　　当社は取締役（監査等委員を含む）全員を被保険者とする会社法第430
　　条の3第1項に規定する役員等賠償責任保険契約を保険会社との間で締
　　結しております。
　　　　当該保険契約では，被保険者が負担することとなる……などの損害が
　　填補されることとなります。

(2)　当事業年度中の取締役および監査役の異動

①　記載上の留意点

　氏名等を記載すべき会社役員の範囲は直前の定時株主総会の日の翌日以降に在任していた者に限られる（会施規121条1号）ことから，直前の定時株主総会終結の日の翌日以降の事業年度中の異動状況を記載しますが，直前の定時株主総会終結の日以前の異動状況も記載することが考えられます。

　なお，事業年度中に辞任した会社役員がある場合は，前事業年度の事業報告の内容となっていない限り，辞任の時期にかかわらず氏名等を記載しなくてはならない（会施規121条7号）ので，注意が必要です。

　事業年度中の役員の異動状況が少ない場合は，「取締役および監査役」の注記として記載することが考えられます。

②　記載例

(ⅰ)　監査役会設置会社

---

(2)　当事業年度中の取締役および監査役の異動

　①　就任

　　○年6月○日開催の第○×回定時株主総会において，○○○○，○○○○の両氏が取締役に，○○○○氏が監査役に選任され，それぞれ就任いたしました。

　②　退任

　　○年6月○日開催の第○×回定時株主総会終結の時をもって，専務取締役○○○○，取締役○○○○，○○○○，○○○○の各氏は退任いたしました。常勤監査役○○○○氏は○年○月○日辞任いたしました。

　③　当事業年度中の取締役の地位・担当等の異動

氏　　名	新	旧	異動年月日

170

(ii) 監査等委員会設置会社

---

(2) 当事業年度中の取締役の異動

① 就任

　　○年6月○日開催の第○×回定時株主総会において，○○○○，○○○○の両氏が取締役に，○○○○氏が監査等委員に選任され，それぞれ就任いたしました。

② 退任

　　○年6月○日開催の第○×回定時株主総会終結の時をもって，専務取締役○○○○，取締役○○○○，○○○○，○○○○の各氏は退任いたしました。常勤監査等委員○○○○氏は○年○月○日辞任いたしました。

③ 当事業年度中の取締役の地位・担当等の異動

氏　　名	新	旧	異動年月日

---

(3) 取締役および監査役の報酬等

① 記載上の留意点

☐ 会社役員の報酬等は，当該事業年度に係る会社役員の報酬等を記載します（会施規121条4号）。

　記載方法は，取締役および監査役の区分ごとの報酬等の総額（業績連動報酬等，非金銭報酬等，その他の報酬等に分かれている場合は各々の総額）の記載および員数を記載する必要があります。

☐ 社外役員の報酬等についても上記と同様の考え方に基づく記載が必要です。

☐ 当該事業年度に係る会社役員の報酬等の額には役員賞与，役員退職慰労金，ストックオプションや株式報酬を含み，使用人兼務取締役の使用人分給与（使用人分賞与）は含まれません。使用人分給与を含まない旨を

注記することも考えられます。使用人分給与が多額である場合には，その金額を注記することが望ましいと思われます（会施規121条11号）。

☐　役員賞与は，当該事業年度中に役員賞与引当金として費用計上した額（役員賞与支給議案を定時株主総会で付議する予定がある場合にはその議案に定める予定額）を計上します。

☐　役員退職慰労金は，会社役員の当該事業年度における役員退職慰労引当金の繰入額を計上します。

☐　ストックオプションは，当該事業年度の報酬分（費用計上額）に相当するものを計上します。

☐　業績連動報酬等に関する記載事項は，「業績連動報酬等の額または数の算定の基礎として選定した業績指標の内容および当該業績指標の選定理由」，「業績連動報酬等の額または数の算定方法」，「業績連動報酬等の額または数の算定に用いた業績指標に関する実績」です（会施規121条5号の2）。

☐　非金銭報酬等に関する記載事項は，非金銭報酬等の内容を記載します（同5号の3）。

　　当該募集株式の種類，数や当該募集株式を割当てた際の条件の概要等の記載が考えられます。

☐　報酬等に関する株主総会決議に関する記載事項は，「株主総会の決議の日」，「当該決議の内容の概要」，「当該決議に関する会社役員の員数」を記載します（同5号の4）。

　　会社役員の員数は，総会決議時点での員数を記載します。

☐　一定の期間を対象とした報酬等についての株主総会の決議による定めについては，当該期間が経過し，当該枠組みによる報酬等が付与されるまでは，事業報告に記載することが必要になると考えられます。

☐　取締役等（監査等委員である取締役を除く）の個人別の報酬等の内容についての決定方針に関する事項は，「当該方針の決定の方法」，「当該方針の内容の概要」，「個人別の報酬等の内容が決定方針に沿うと取締役会（指名委員会等設置会社にあっては，報酬委員会）が判断した理由」を記載します（同6号）。

172

☐ 報酬決定の方針の概要の記載時点は，事業報告の作成時点または当該事業年度末日時点のいずれの考え方もあります。ただし，事業年度中または事業年度末日後に変更があった場合には，変更前の方針についても記載をすることが考えられます。

☐ 「当該方針の決定の方法」としては，取締役会の決議により決定したこと等に加えて，任意に設置した報酬諮問委員会への諮問を行ったり，外部の専門家の助言を受けた場合には，その旨を記載することが考えられます。

☐ 報酬の決定方針の決定を義務づけられている会社が取締役等を除く各会社役員（監査役，監査等委員である取締役）の報酬等の決定方針に関する事項を定めているときは，当該方針の決定方法と方針の内容の概要を記載します（同6号の2）。

☐ 取締役の個人別の報酬等の内容の決定の委任を受けた取締役が当該事業年度に係る取締役の個人別の報酬等の内容の全部または一部を決定した場合に記載する事項は，その旨，当該委任を受けた者の氏名および当該内容を決定した日における地位・担当，委任された権限の内容，委任理由，権限が適切に行使されるための措置を講じた場合はその内容を記載します（同6号の3）。

☐ 任意の報酬委員会が取締役の個人別の報酬等の内容の全部または一部を決定したときは，当該委員会の各構成員が「当該委任を受けた者」に該当します。

☐ 無報酬の会社役員は員数に含まないことや，記載すべき会社役員の対象が「直前の定時株主総会の終結の日の翌日以降に在任していた者」に限定されないことから，「会社役員の氏名」の箇所で記載した役員の員数と会社役員の報酬等の箇所で記載する員数が一致しないことがあります。この場合，員数が不一致となる理由を注記することが考えられます。

取締役および監査役の報酬等の総額

役員区分	支　給 人　数	報酬等の総額			
			基本報酬	業績連動報酬等	非金銭報酬等
取　締　役 （うち社外取締役）	名 （　　名）	百万円 （　　百万円）	百万円 （　　百万円）	百万円 （　　百万円）	百万円 （百万円）
監　査　役 （うち社外監査役）	名 （　　名）	百万円 （　　百万円）	百万円 （　　百万円）	百万円 （　　百万円）	百万円 （　　百万円）
合　　　計 （うち社外役員）	名 （　　名）	百万円 （　　百万円）	百万円 （　　百万円）	百万円 （　　百万円）	百万円 （　　百万円）

(注) 1．取締役の報酬等の総額には，使用人兼務取締役の使用人分給与は含ま
　　　　れておりません。

　　　2．上記の支給人数には，○年○月○日開催の定時株主総会終結の時を
　　　　もって退任した取締役○名（うち社外取締役○名），監査役○名（うち社
　　　　外監査役○名）を含んでおります。

〈上記報酬等に関する事項〉

①　業績連動報酬等に関する事項

　・・・・・・・・・

②　非金銭報酬等に関する事項

　・・・・・・・・・・

③　取締役および監査役の報酬等に関する株主総会の決議に関する事項

　　当社取締役の金銭報酬の額は，20XX年○月○日開催の第○回定時株主
　総会において年額○○○円以内（うち，社外取締役年額○○○円以内）と
　決議しております（使用人兼務取締役の使用人分給与は含まない。）。当該
　定時株主総会終結時の取締役の員数は○名（うち，社外取締役○名）です。
　また，当該金銭報酬とは別枠で，20XX年○月○日開催の第○回定時株主
　総会において，株式報酬の額を年額○○○円以内（社外取締役は付与対象
　外）と決議しております。当該定時株主総会終結時点の取締役（社外取締
　役を除く）の員数は○名です。当社監査役の金銭報酬の額は，20XX年○

月○日開催の定時株主総会において年額○○○円以内と決議しております。
当該定時株主総会終結時点の監査役の員数は○名です。

④　取締役の個人別の報酬等の内容についての決定方針に関する事項

　イ．当該方針の決定の方法
　　・・・・・・・

　ロ．当該方針の内容の概要
　　・・・・・・・・

　ハ．当該事業年度に係る取締役の個人別の報酬等の内容が当該方針に沿うものであると取締役会が判断した理由
　　・・・・・・・・

⑤　監査役の個人別の報酬等の額の決定方針に関する事項

　イ．当該方針の決定の方法
　　・・・・・・・

　ロ．当該方針の内容の概要
　　・・・・・・・・・

⑥　取締役の個人別の報酬等の内容の決定の委任に関する事項

　イ．委任を受け決定した者の氏名，地位および担当
　　・・・・・・・・・

　ロ．委任された権限の内容・理由等
　　・・・・・・・・・

(4)　社外役員に関する事項

①　記載上の留意点

□　社外取締役または社外監査役ごとに，会施規124条各号に掲げる事項を記載。必須記載項目は，「主な活動状況」，「社外取締役が果たすことが期待される役割に関して行った職務の概要」（会施規124条4号ホ），「社外役員に対する報酬等の総額」です。その他の項目は，該当がないまたは重要でない場合は記載不要です。

□　社外役員ごとに各項目を箇条書きする方法，各項目を網羅的に一覧表形

式とする方法も考えられます。

□　会施規124条1号・2号で開示が求められる「当社と兼職先との関係」は，明文上，重要なものに限るという限定は特にされていませんが，社外役員としての職務執行に何ら影響を与えるおそれがない一般的な取引条件に基づく単なる取引関係等については，開示の対象とならないとされています（旬刊商事法務1863号19頁）。

　社外役員が親会社等や親会社等の子会社等，親会社等がない場合，会社の子会社から役員としての報酬等を受けている場合，その総額を記載する必要があります（社外役員であった期間に受けたものに限定）。

□　社外役員が，会社またはその特定関係事業者（会施規2条3項19号）の業務執行者または役員（業務執行者であるものを除く）ならびに会社の親会社等（自然人に限る）の配偶者，3親等以内の親族その他これに準ずる者であることを会社が知っているときは，重要でないものを除き，その事実を記載します。

　「知っているとき」とは，事業報告への記載を前提に行った調査の結果として知っている場合を意味する（旬刊商事法務1762号11頁）ため，事前に書面等により確認するのが望ましいと思われます。

□　社外取締役については取締役会（社外監査役については取締役会および監査役会）への出席，発言の状況を記載。出席回数や発言回数を定量的に記載するだけでなく，どういった観点から発言をしたのか等，定性的な記載が求められます。

□　取締役会の回数には書面開催分は含まれないものと解されます。

□　以下について該当がある場合は，重要でないものを除き記載します。

　・社外役員の意見により，会社の事業の方針または事業その他の事項に係る決定が変更されたときはその内容

　・事業年度中に法令または定款違反その他不当な（社外監査役は「不正な」）業務執行が行われた事実があるときは，社外役員が当該事実の発生の予防のために行った行為および当該事実の発生後の対応として行った行為の概要

□　仮に当該社外取締役への期待役割に関して行った職務が，会施規124条

4号イ～ニの記載事項と重複する場合でも，事業報告で期待役割との関連性を示したうえで，当該社外取締役の職務の内容の概要をより具体的に記載することが求められます。

② 記載例

（○）　社外役員に関する事項

　① 重要な兼職先と当社との関係

　　（省略）

　② 特定関係事業者との関係

　　（省略）

　③ 当事業年度における主な活動状況等

区　分	氏　　名	主な活動状況
社外取締役		当事業年度開催の取締役会○回のうち○回（○%）に出席し，必要に応じ企業経営者としての専門的見地からの発言を行っております。また，上記のほか，指名諮問委員会の委員長を務め，当該事業年度開催の当該委員会の全て（○回）に出席するなどにより，独立した客観的立場から経営陣の監督に務めております。
社外監査役		当事業年度開催の取締役会○回のうち○回（○%），監査役会○回のうち○回（○%）に出席し，必要に応じ，弁護士としての専門的見地からの発言を行っております。
記載省略		

④　社外役員が当社の親会社等または当社の親会社等の子会社等から当
　　事業年度の役員として受けた報酬等の総額
　　　　○名　　　○百万円

3．2023年6月総会会社の分析結果

　日経500種平均株価対象会社のうち，2023年6月総会会社388社の状況の分析結果は以下のとおりです（資料版商事法務No.477　91頁，92頁，97頁，102頁）。

＜社外役員である旨の記載＞

・社外取締役である旨の記載をしている会社：388社（100％）
　　うち役員一覧表中に記載した会社　　　　：136社（35.1％）（重複集計）
　　　欄外に注記した会社　　　　　　　　　：322社（83.0％）（重複集計）
・社外監査役である旨の記載をしている会社：234社（監査役会設置会社234
　　　　　　　　　　　　　　　　　　　　　　　社に対し100％）
　　うち役員一覧表中に記載した会社　　　　：　71社（同30.3％）（重複集計）
　　　欄外に注記した会社　　　　　　　　　：201社（同85.9％）（重複集計）

＜責任限定契約等についての記載＞

・責任限定契約について記載した会社　　　　：379社（97.7％）
・補償契約について記載した会社　　　　　　：　54社（13.9％）
・役員等賠償責任保険契約について記載した会社：380社（97.9％）

＜役員報酬の記載区分＞

①　取締役・監査役・社外取締役・社外監査役の4区分
　　　　　　　　　　　　　　　　　　　　　：202社（監査役会設置会社234
　　　　　　　　　　　　　　　　　　　　　　　社に対し86.3％）
②　取締役・監査役・社外役員の3区分　　　：20社（同8.5％）

＜社外役員の主な活動状況についての記載＞

・取締役会等への出席状況（重複集計）

① 「○回中○回出席」と記載した会社 ：387社（99.7％）

② 「○回中○回出席」との記載に加え，出席率を記載した会社

：123社（31.7％）

③ 開催回数の表示がなく単に出席率のみを記載した会社

： 1社（ 0.3％）

・発言状況

　「○○としての専門的見地から」といった具体的な表現で記載している会社が多く見られた。

Q12-6　会計監査人に関する事項

会計監査人に関する事項についての作成上の留意点および記載例を教えてください。

 作成上の留意点と記載事項は以下のとおりです。

1．記載事項

会計監査人に関する事項に記載すべき事項は，以下のとおりです（会施規126条，121条の2）。

〈126条〉
1．会計監査人の氏名または名称
2．当該事業年度にかかる会計監査人の報酬等の額および当該報酬等について監査役会等が会社法399条1項の同意をした理由
3．会計監査人に対して公認会計士法2条1項の業務以外の業務（以下，非監査業務という）の対価を支払っているときは，その非監査業務の内容
4．会計監査人の解任または不再任の決定の方針
5．会計監査人が現に業務の停止の処分を受け，その停止の期間を経過しない者であるときは，当該処分にかかる事項
6．会計監査人が過去2年間に業務の停止の処分を受けた者である場合における当該処分にかかる事項のうち，当該株式会社が事業報告の内容とすることが適切であるものと判断した事項
7．会計監査人と当該株式会社との間で会社法427条1項の契約を締結しているときは，当該契約の内容の概要（当該契約によって当該会計監査人の職務の執行の適正性が損なわれないようにするための措置を講じている場合にあっては，その内容を含む）

180

7の2〜7の4　会計監査人と補償契約を締結しているときは当該契約の内容の概要等一定の事項

8．株式会社が会社法444条3項に規定する大会社であるときは，次に掲げる事項

イ　当該株式会社の会計監査人である公認会計士（公認会計士法16条の2第5項に規定する外国公認会計士を含む。以下同じ）または監査法人に当該株式会社およびその子会社が支払うべき金銭その他の財産上の利益の合計額（当該事業年度にかかる連結損益計算書に計上すべきものに限る）

ロ　当該株式会社の会計監査人以外の公認会計士または監査法人（外国におけるこれらの資格に相当する資格を有する者を含む）が当該株式会社の子会社（重要なものに限る）の計算関係書類（これに相当するものを含む）の監査（会社法または金融商品取引法（これらの法律に相当する外国の法令を含む）の規定によるものに限る）をしているときは，その事実

9．辞任した会計監査人または解任された会計監査人（株主総会の決議によって解任されたものを除く）があるときは，次に掲げる事項（当該事業年度前の事業年度にかかる事業報告の内容としたものを除く）

イ　当該会計監査人の氏名または名称
ロ　会社法340条3項の理由があるときは，その理由
ハ　会社法345条5項において読み替えて適用する同条1項の意見があるときは，その意見の内容
ニ　会社法345条5項において読み替えて適用する同条2項の理由があるときは，その理由または意見

〈121条の2〉

会計監査人を被保険者とする役員等賠償責任保険契約を締結しているときは役員等賠償責任保険契約に関する事項（会社役員に関する事項で記載した場合を除く）

2．作成上の留意点および記載例

① 作成上の留意点

　報酬等の額は，会計監査人との契約において会社法上の監査と金融商品取引法上の監査を明確に区分せず，かつ，実質的にも区分できない場合には，合わせて開示し，その旨を注記することが考えられます。会計監査人が複数の場合には，それぞれについて記載します。また，当該報酬等の額について監査役会が会社法399条1項の同意を行った理由も必要となります。

　監査役会は会計監査人の選解任・不再任議案を決定できます。事業報告に記載する解任または不再任の決定の方針は，事業報告作成時点における方針を内容とすることが考えられます。

　会計監査人の解任または不再任の決定の方針は，決定していない場合はその旨を記載します。会計監査人が辞任した場合または株主総会によらず解任された場合で，会計監査人を辞任した理由または解任についての意見があるときはその理由または意見を事業報告に記載します（会施規126条9号ニ）。

② 記載例（補償契約，役員等賠償責任保険契約の対象となっていない前提）

---

(1) 会計監査人の名称

　　○○○○有限責任監査法人

(2) 会計監査人の報酬等の額

① 当社が支払うべき報酬等の額	○○百万円
② 当社および当社子会社が支払うべき金銭その他の財産上の利益の合計額	○○百万円

(注)1. 当社と会計監査人との間の監査契約においては，会社法上の監査に対する報酬等の額と金融商品取引法上の監査に対する報酬等の額等を区分しておらず，かつ，実質的にも区分できないことから，上記①の金額はこれらの合計額を記載しております。当該金額について監査役会が同意をした理由は……です。

　　2. 当社の重要な子会社のうち，○○株式会社，○○○○Ltd.は当社の会計監査人以外の監査法人の法定監査を受けております。

(3) 非監査業務の内容

   (省略)

(4) 会計監査人の解任または不再任の決定の方針

   (省略)

3．2023年6月総会会社の分析結果

　日経500種平均株価対象会社のうち，2023年6月総会会社388社において，非監査業務については299社（77.1％）が記載しており，その内容は以下のとおりです（重複集計）。

① コンフォートレター作成業務……71社
② アドバイザリー業務………………24社
③ 内部統制…………………………16社
④ 英文財務諸表の作成業務…………13社
⑤ 財務デューデリジェンス業務……11社
⑥ 国際会計基準（IFRS）…………… 9社
⑦ 収益認識に関する会計基準……… 2社
⑧ 該当事項なし………………………54社

　その他，リファード業務，連結子会社の会計に関する助言業務，気候関連財務情報の開示に関する助言・指導，ESG経営の推進に関する助言業務，統合報告書・ESGレポートの作成支援業務，サステナビリティレポートに係る保証業務，非財務情報に係る第三者保証業務，再生可能エネルギーの固定価格買取制度に伴う確認業務，会計基準に関するアドバイザリー業務，海外子会社の法定監査に関する情報の収集業務，個人情報保護関連法規制対応に関するアドバイザリー業務，自己資本比率算定に関する支援業務，人権方針策定にかかる支援，債権流動化に関する手続業務などの記載も見られました（資料版商事法務No.477 106頁）。

Q12-7 内部統制システム，会社の支配に関する基本方針，剰余金の配当等の決定に関する方針

各方針等の記載事項，特徴等を教えてください。

 各方針等の記載事項，特徴等は以下のとおりです。

1．内部統制システム

　大会社は取締役会において内部統制システムの体制の整備についての決定または決議を行わなければならず，事業報告にその決定または決議の内容の概要および当該体制の運用状況の概要を記載しなくてはなりません（大会社でない場合でも，上場会社は取引所規則で内部統制システムの体制の整備についての決定または決議を行うものと定められています。また，大会社以外の会社は，会社法により取締役会の決定または決議が義務付けられていませんが，取締役会の決定または決議を行った場合には，事業報告にその内容の概要および当該体制の運用状況の概要を記載しなくてはなりません）。

　日経500種平均株価対象会社のうち，2023年6月総会会社388社において，「財務報告の信頼性を確保するための体制の整備」について記載した会社は268社（69.1％。このうち，独立した項目で記載した会社は90社），「反社会的勢力排除に向けた体制整備に関する内容」について記載した会社は281社（72.4％。このうち，独立した項目で記載した会社は74社）でした（資料版商事法務No.477 108頁）。

　なお，内部統制システムの体制の整備については，毎年，取締役会で決定または決議する会社が少なくありませんが，決定または決議の内容がこれまでと全く同じ内容である場合（もしくは，決定または決議を行っていない場合）は，事業報告に，前回と同様のものを記載することになります。

２．会社の支配に関する基本方針

　株式会社の支配に関する基本方針を定めている場合に，①基本方針の内容の概要，②企業価値向上・買収防衛策に関する取組みの具体的な内容の概要，③当該取組みが基本方針に沿うものであること等についての取締役（取締役会設置会社にあっては，取締役会）の判断および判断に係る理由を記載しなくてはなりません（会施規118条３号）。

　本記載項目は，会社の支配に関する基本方針を定めた場合において記載が求められるものであり，すべての会社に記載が求められる事項ではありませんが，いわゆる買収防衛策のみが開示事項とされているわけではないと解説されています（相澤哲編著「新会社法関係法務省令の解説」別冊商事法務300号55項）。

　日経500種平均株価対象会社のうち，2023年６月総会会社388社の記載状況を見ると，見出しを設けて，当該基本方針について記載している会社は157社（40.5％）であり，そのうち該当事項はない（基本方針は定めていない）旨等の記載をした会社は48社（157社に対し30.6％），基本方針の内容の概要を記載している会社は109社（同69.4％）でした（資料版商事法務No.477 113頁）。

３．剰余金の配当等の決定に関する方針

　日経500種平均株価対象会社のうち，2023年６月総会会社388社の記載状況を見ると，「剰余金の配当等の決定に関する方針」について見出しを設けて記載している会社は175社（45.1％）でした（資料版商事法務No.477 120頁）。

　当該権限行使に関する方針は，監査役会設置会社，監査等委員会設置会社，指名委員会等設置会社のいずれの機関設計を採用しているかにかかわらず，定款の定めにより剰余金の配当等の決定を取締役会に授権している会社は記載しなくてはなりませんが（会施規126条10号），取締役会に授権できる権限は，自己株式の取得，分配可能額を回復させるための準備金の額の減少，損失の処理・任意積立金の積立てその他の剰余金の処分，剰余金の配当（配当財産が金銭以外の財産であり，かつ，株主に対して金銭分配請求権を与えないこととする場合を除く）であり，これらについての取締役会に与えられた権限の行使に関する方針を記載しなくてはなりません。

Q13 議決権行使書面の記載

議決権行使書面の記載事項について教えてください。

A 議決権行使書面には，①株主の氏名または名称，議決権の数（議案ごとに議決権の数が異なる場合は，議案ごとの異なる数），②議案ごとの賛否欄，③（役員選任議案において候補者が複数の場合等）各人ごとの賛否欄，④賛否の記載がない場合の取扱い，⑤重複行使の場合の優先順位（定款で定めている場合を除く），⑥議決権行使期限等を記載することとされています（会施規66条1項，63条3号ヘ，同条4号ロ）。

記載事項のうち，①から③については，必ず議決権行使書面に記載することになりますが，④から⑥については，招集通知に記載すれば，議決権行使書面への記載は不要とされています（会施規66条5項）。「一体型アクセス通知」を採用する場合には，④〜⑥は電子提供措置事項の一部として「一体型アクセス通知」への記載が必要です（招集通知（アクセス通知）と電子提供措置事項の関係性はQ1−8を参照ください）。

議決権行使書面の記載内容としては①〜④を記載し，⑤⑥は省略することが考えられます。④〜⑥は「一体型アクセス通知」の記載事項のため，議決権行使書面には省略可能ですが，④は書面投票に係る注意事項として議決権行使書面への記載が望ましく，⑤⑥については記載スペースが十分でないことなどから，あえて記載する必要はないと考えられます。

なお，議決権行使書面に添付されている「お願い欄」は，切り離されてしまうため，議決権行使書面の一部とはいえないとの考え方もあるようです。

次頁に議決権行使書面の記載例を掲載します。

〈議決権行使書面の例〉

議決権行使書

私は、○年○月○日開催の株式会社○○○○第○回定時株主総会（継続会又は延会を含む）の各議案につき、右記（賛否を○印で表示）のとおり議決権を行使します。

○年　月　日

各議案につき賛否の表示をされない場合は、賛否の表示があったものとして取扱います。

株式会社
○○○○

議決権の数　　　　個

議案	第1号議案	第2号議案	第3号議案	第4号議案
原案に対し	賛	賛	賛（ただし　　を除く）	賛
	否	否	否	否

（株主の住所・氏名を記載）

お願い

1. 株主総会にご出席の際は、左の議決権行使用書面を会場受付にご提出ください。

2. 株主総会にご出席されない場合は、議決権行使用紙に賛否を表示し、この部分を切り取りお早めにご返送ください。

3. 第3号議案の各候補者のうち、一部の候補者を否とされる場合は、賛に○印を表示しカッコ内に否とされる候補者の番号（招集通知添付の株主総会参考書類中、各候補者に一連番号を付しております。）をご記入ください。

株式会社○○○○

株主番号
ご所有株式数　　　　株
議決権の数　　　　個

Q14　議　案

Q14-1　議案①－剰余金の処分議案の作成

剰余金の処分議案の作成上の留意点および記載例を教えてください。

A　株主に対する剰余金の配当は，株主総会（会社法459条1項の定款の定めがある場合は取締役会）において剰余金の配当を決議することにより行われます（会社法454条1項）。この決議は普通決議となります。

また，株主に対する剰余金の配当は，事業年度を通じて何回でも行うことができます。任意積立金の積立てやその取崩しなど会社から財産の流出を伴わない計数変動についても株主総会の決議が必要となります。

ところで，剰余金の配当はその原資により明確に区分し，利益剰余金から成る場合には配当所得として課税し，払込資本から成る場合にはキャピタルゲインとして課税されることになっています。資本剰余金を原資とする剰余金の配当が行われた場合には，所得税法24条の「配当所得」に該当せず，「資本の払戻し」に該当することとなりますが，所得税法25条の「みなし配当」に該当する部分は配当所得として取り扱われることになります。

株式数比例配分方式で配当金を受領する場合は口座管理機関で所得税等を源泉徴収等することになっていますので，資本剰余金から配当を行う場合，発行会社はその配当金に関する情報を開示したら速やかに証券保管振替機構に対して，Target保振サイトを通じて所要の情報を提供する必要があります。

なお，現行の発行会社の配当金支払事務は，発行会社，株主名簿管理人，証券会社等の口座管理機関といった配当金支払いに係る関係者が会社提案の配当議案が可決されることを前提に，株主総会の開催前からその準備に着手することにより成り立っており，株主総会に株主提案の配当議案が提出され，それが

可決される場合には対応できない状況となっています。

　したがって，このような事態が発生した場合であってもこれらの関係者が配当金支払事務を円滑に行うことを可能とし，株主の混乱を回避するための方策として，日本経済団体連合会，全国株懇連合会および証券保管振替機構において，発行会社が株主から配当に関する提案を受けた場合の配当金支払いに係る標準モデル「株主から剰余金の配当に関する提案が行われた場合の標準モデル」が策定されていますので参考にすることが考えられます（足立啓「『株主から剰余金の配当に関する提案が行われた場合の標準モデル』の解説」旬刊商事法務No.2093　15頁〜）。

　剰余金の処分議案の作成にあたり，決議すべき事項および主な留意点は，以下のとおりです。

1．期末配当等の剰余金の処分を行う場合は原則として株主総会（会社法459条1項の定款の定めがある場合は取締役会）の決議により，以下の事項を決議する必要があります。
　⑴　剰余金の配当を行う場合（会社法454条1項）
　　①　配当財産の種類（当該株式会社の株式等を除く）及び帳簿価額の総額
　　②　株主に対する配当財産の割当てに関する事項
　　③　当該剰余金の配当がその効力を生ずる日

　　なお，資本剰余金を原資とする配当を行う場合は，税制上の取扱いが異なる（みなし配当に該当する部分以外は，税法上の配当所得とはならない）ため，参考事項として資本剰余金を原資とする旨を記載することが考えられます。

　⑵　損失の処理，任意積立金の積立てその他の剰余金の処分を行う場合（会社法452条）
　　①　増加する剰余金の項目（会計規153条1項1号）

② 減少する剰余金の項目（会計規153条1項2号）

③ 処分する各剰余金の項目に係る額（会計規153条1項3号）

(3) 上記事項に加えて株主総会参考書類には「提案の理由」（会施規73条1項2号）を記載しなくてはなりませんが,「議案作成の方針」（配当方針・内部留保方針等）を提案の理由として記載することでよいと考えられます。

2．主な留意点

(1) 「剰余金の配当」と「剰余金についてのその他の処分」は規定する条文は異なりますが,「剰余金の処分」が双方の上位概念とされていることから, 両者を同時に行う場合でも,「剰余金の処分の件」という1つの議案として差し支えないと解されています。この場合, いずれを先に記載するかについては, 条文の順番に記載する（「剰余金のその他の処分」を先にする）考え方や株主にとって重要性が高いと思われるもの（「剰余金の配当」）を先に記載する考え方があります。

(2) 提案の理由は, 事業報告や決算短信等の記載との整合性を確認することが必要です。

(3) 自己株式は配当の対象に含まれません（会社法453条）。

(4) 配当その他の剰余金の処分がない場合, 当該議案の付議は不要です。

(5) 配当が効力を生ずる日は, 総会の翌営業日とするのが通例です。

(6) 会社計算規則の定めにより, 資本金の4分の1に達するまで, 剰余金の配当を行った額に10分の1を乗じた額を資本準備金もしくは利益準備金に積み立てることが必要ですが, この分は議案に記載する必要はありません（会社法445条4項, 会計規22条）。

(7) 純資産額が300万円を下回る場合には, 剰余金の配当をすることができません（会社法458条）。

期末配当に関する事項のみ決議している場合の記載例は以下のとおりです。

第○号議案　剰余金の配当の件

　当期の期末配当につきましては，連結ベースでの業績に連動させ，下記1.のとおりとさせていただきたく存じます。

　なお，同金額は連結ベースでの1株当たりの当期純利益の○％を基準とし，中間配当金（1株につき○円）を差し引いて算定しております。

　なお，内部留保資金の使途につきましては経営体質の強化と今後の事業展開等に活用する予定です。

1．株主に対する配当資産の割当てに関する事項およびその総額

　　当社普通株式1株につき金○円　　総額○○，○○○，○○○円

2．剰余金の配当が効力を生じる日

　　○年○月○日

　また，「剰余金の配当」と「剰余金についてのその他の処分」について，それぞれ提案の理由を記載する場合には以下のように記載します。

第○号議案　剰余金の処分の件

1　期末配当に関する事項

　剰余金の配当につきましては，株主の皆様への利益還元を重視し，継続的かつ安定的な配当を基本としつつ，連結業績を重視し連結当期純利益（連結配当性向）○○％以上を基本に，将来の会社を取り巻く環境なども勘案しながら実施しております。

　このような方針の下，当期の期末配当につきましては1株につき○円といたしたいと存じます。これにより，年間の配当は中間配当（1株につき△円）と合わせて1株につき□円となります。

(1)　株主に対する配当資産の割当てに関する事項およびその総額

　　当社普通株式1株につき金○円　　総額○○，○○○，○○○円

　(2)　剰余金の配当が効力を生じる日

　　　○年○月○日

2　剰余金の処分に関する事項

　経営環境の変化に対応した機動的な資本政策を可能とするため，以下のとおり別途積立金を取り崩し，繰越利益剰余金に振り替えるものであります。

　(1)　増加する剰余金の項目およびその額

　　　繰越利益剰余金　　　　　○○，○○○，○○○円

　(2)　減少する剰余金の項目およびその額

　　　別途積立金　　　　　　　○○，○○○，○○○円

Q14－2　議案②－定款変更議案の作成

定款変更議案作成上の留意点および記載例を教えてください。

A 　株主総会参考書類には，提案の理由を記載しなければならないとされていることから（会施規73条1項2号），定款変更議案の場合，冒頭に「変更の理由」として定款変更議案を提案する理由を記載し，「変更の内容」として現行定款と変更案を新旧対照表の形式で記載し，変更箇所に下線を引くのが一般的です。

　新旧対照表において，新旧いずれか一方にのみ条文を記載する場合，もう一方には「新設」「削除」「現行どおり」「条文省略」等の記載をすることが一般的ですが，これらの用語に「」，（）等をつけて具体的な規定ではないことを明確にします。

　条文の新設，削除等により，条数の変更が生じる場合，他の箇所で定款の条数を引用しているときには，当該引用箇所においても条数の変更が必要となりますので注意が必要です。なお，条文を新設する場合，条数の変更が生じないよう既存の条数に枝番号を付けることも考えられます（「第○条の2」等）。

　定款変更の効力は原則として当該決議がなされた時から生じますが，効力発生をある一定の条件が成就した場合，または一定の時期が到来したときに係らしめる場合には，附則を設けその旨記載するとともに，当該附則の削除時期や削除方法についても定めることが考えられます。

　定款変更議案の記載例は以下のとおりです。

第○号議案　定款一部変更の件

1．変更の理由

　　当社および子会社の事業の現状に即し，事業内容の明確化を図るとと

もに，子会社を含めた今後の事業展開および事業内容の多様化に対応する
ため，現行定款第2条（目的）について所要の変更を行うものであり
ます。

2．変更の内容
　　変更の内容は次のとおりであります。

（下線は変更部分）

現行定款	変更案
（目的） 第2条　当会社は，次の事業を営む 　　ことを目的とする。 (1)　○○○○○ (2)　□□□□□ (3)　△△△△△ 　　　　　　（新設） (4)　前各号に付帯する一切の業務	（目的） 第2条　　（現行どおり） (1)〜(3)　（現行どおり） (4)　××××× (5)　（現行どおり）

Q14-3-1　議案③-1－取締役選任議案の作成

取締役選任議案の作成上の留意点および記載例を教えてください。

A 作成上の留意点および記載例は次のとおりです。

1．取締役の選任

　株式会社には，取締役を置かなければなりません（会社法326条1項）。また，公開会社，監査役会設置会社，監査等委員会設置会社，指名委員会等設置会社においては，取締役3名以上で構成される取締役会を置くこととされています（会社法327条1項，331条5項）。取締役会の設置が義務付けられる会社についても，取締役会を設置する旨の定款の定めをしなければ，取締役会を設置することはできません（相澤哲ほか　『論点解説　新・会社法』（2006年）　270頁参照）。取締役は株主総会で選任する必要があり，この決議は特則による普通決議となります（会社法329条，341条）。

【特則による普通決議】

> 議決権を行使することができる株主の議決権の過半数（3分の1以上の割合を定款で定めた場合にあっては，その割合以上）を有する株主が出席し，出席した当該株主の議決権の過半数（これを上回る割合を定款で定めた場合にあっては，その割合以上）をもって行わなければならない。

2．議案の記載事項

　取締役選任議案に記載すべき事項は，(1)一般的記載事項，(2)公開会社記載事項，(3)公開会社かつ他の者の子会社等である場合の記載事項，(4)候補者が社外

取締役候補者である場合の記載事項，に区分されています（会施規74条）。

(1)　一般的記載事項

すべての会社において，記載が必要となる事項です。

①　提案の理由（会施規73条１項２号）

②　候補者の氏名，生年月日および略歴

③　就任の承諾を得ていないときはその旨

④　監査等委員会設置会社である場合，会社法342条の２第４項の規定による監査等委員会の意見があるときは，その意見の内容の概要

⑤　候補者と当該株式会社との間で会社法427条１項の契約を締結しているとき，または当該契約を締結する予定があるときは，その契約の内容の概要

⑥　候補者との間で補償契約を締結済または締結予定であるときは，その契約の内容の概要

⑦　候補者を被保険者とする役員等賠償責任保険契約を締結済または締結予定であるときは，その契約の内容の概要

(2)　公開会社記載事項

公開会社について記載が必要となる事項です。

⑧　候補者が有する株式の数（種類株式発行会社にあっては，株式の種類および種類ごとの数）

⑨　候補者が当該株式会社の取締役に就任した場合において会施規121条８号に定める重要な兼職に該当する事実があることとなるときは，その事実

⑩　候補者と株式会社との間に特別の利害関係があるときは，その事実の概要

⑪　候補者が現に当該株式会社の取締役であるときは，当該株式会社における地位および担当

196

(3) 公開会社かつ他の者の子会社等である場合の記載事項

公開会社かつ親会社等に該当するオーナー（自然人），親会社がある場合に記載が必要となる事項です。

⑫　候補者が現に当該他の者（自然人であるものに限る）であるときは，その旨
⑬　候補者が現に当該他の者（当該他の者の子会社等（当該株式会社を除く。）を含む。）の業務執行者であるときは，当該他の者における地位および担当
⑭　候補者が過去10年間に当該他の者の業務執行者であったことを当該株式会社が知っているときは，当該他の者における地位および担当

(4) 候補者が社外取締役候補者である場合の記載事項

社外取締役を選任する場合に記載が必要となる事項です。

⑮　当該候補者が社外取締役候補者である旨
⑯　当該候補者を社外取締役候補者とした理由
⑰　当該候補者が社外取締役に選任された場合に果たすことが期待される役割の概要
⑱　当該候補者が現に当該株式会社の社外取締役である場合において，当該候補者が最後に選任された後，在任中に当該株式会社において法令または定款に違反する事実その他不当な業務の執行が行われた事実（重要でないものを除く）があるときは，その事実ならびに当該事実の発生の予防のために当該候補者が行った行為および当該事実の発生後の対応として行った行為の概要
⑲　当該候補者が過去５年間に他の株式会社の取締役，執行役または監査役に就任していた場合において，その在任中に当該他の株式会社において法令または定款に違反する事実その他不当な業務の執行が行われた事実があることを当該株式会社が知っているときは，その事実（重要でないものを除き，当該候補者が当該他の株式会社における社外取締役または監査役であったときは，当該事実の発生の予防のために当該候補者が行った行為および当該事実の発生後の対応として行った行為の概要を含む）
⑳　当該候補者が過去に社外取締役または社外監査役（社外役員に限る）と

なること以外の方法で会社（外国会社を含む）の経営に関与していない者であるときは，当該経営に関与したことがない候補者であっても社外取締役としての職務を適切に遂行することができるものと当該株式会社が判断した理由

㉑　当該候補者が次のいずれかに該当することを当該株式会社が知っているときは，その旨

イ．過去に当該株式会社またはその子会社の業務執行者または役員（業務執行者である者を除く。ハ，およびホ，⑵において同じ）であったことがあること

ロ．当該株式会社の親会社等（自然人であるものに限る。ロ，ホ，⑴において同じ）であり，または過去10年間に当該株式会社の親会社等であったことがあること

ハ．当該株式会社の特定関係事業者(注)の業務執行者もしくは役員であり，または過去10年間に当該株式会社の特定関係事業者（当該株式会社の子会社を除く）の業務執行者もしくは役員であったことがあること

ニ．当該株式会社または当該株式会社の特定関係事業者から多額の金銭その他の財産（これらの者の取締役，会計参与，監査役，執行役その他これらに類する者としての報酬等を除く）を受ける予定があり，または過去2年間に受けていたこと

ホ．次に掲げる者の配偶者，三親等以内の親族その他これに準ずる者であること（重要でないものを除く）

⑴　当該株式会社の親会社等

⑵　当該株式会社または当該株式会社の特定関係事業者の業務執行者または役員

ヘ．過去2年間に合併，吸収分割，新設分割または事業の譲受けにより他の株式会社がその事業に関して有する権利義務を当該株式会社が承継または譲受けをした場合において，当該合併等の直前に当該株式会社の社外取締役または監査役でなく，かつ，当該他の株式会社の業務執行者であったこと

㉒　当該候補者が現に当該株式会社の社外取締役または監査役であるときは，

　これらの役員に就任してからの年数

㉓　⑮から㉒に掲げる事項に関する記載についての当該候補者の意見がある
　ときは，その意見の内容

　(注)　特定関係事業者（会施規２条３項19号）

　　　　イ．次の(1)または(2)の区分に応じ，当該(1)または(2)に定めるもの

　　　　　(1)　当該株式会社に親会社等がある場合

　　　　　　　当該親会社等ならびに当該親会社等の子会社等（当該株式会社を
　　　　　　　除く）および関連会社（当該親会社等が会社でない場合におけるそ
　　　　　　　の関連会社に相当するものを含む）

　　　　　(2)　当該株式会社に親会社等がない場合

　　　　　　　当該株式会社の子会社および関連会社

　　　　ロ．当該株式会社の主要な取引先である者（法人以外の団体を含む）

3．議案の記載例

取締役選任議案の記載例は以下のとおりです。

第○号議案　取締役○名選任の件

　取締役全員(○名)は，本総会終結の時をもって任期満了となりますので，
取締役○名の選任をお願いいたしたいと存じます。

　取締役候補者は次のとおりであります。

候補者番号	氏　名 （生年月日）	略歴，地位，担当および重要な兼職の状況	所有する当社の普通株式数
○	＊＊＊＊＊＊＊ ○○○○ （○年○月○日生）	○年○月　　○○○○株式会社入社 ○年○月　　同社取締役○○部長 ○年○月　　同社常務取締役 ○年○月　　同社取締役常務執行役員（現任） ○年○月　　●●●●株式会社代表取締役社長（現任） ○年○月　　当社取締役（現任）	○○○株
（取締役候補者とした理由） ○○○○氏を取締役候補者とした理由は……です。			

○	＊＊＊ ＊＊ ×××× （○年○月○日生）	○年○月　弁護士登録 ○年○月　○○法律事務所代表弁護士 　　　　　（現任） ○年○月　▲▲▲▲株式会社社外取締役 ○年○月　当社監査役 ○年○月　当社取締役（現任）	○○○株
	（社外取締役候補者とした理由および期待される役割） ×××氏は，法律の専門家としての豊富な経験と高い見識を当社の経営に活かしていただくため，社外取締役として選任をお願いするものであります。選任後は弁護士としての専門的な知見を活かし，主に法的な観点から経営全般の監督機能および利益相反の監督機能の強化のため尽力いただくことを期待します。		
○ ※	＊＊＊ ＊＊ △△△△ （○年○月○日生）	○年○月　□□株式会社入社 ○年○月　同社○○部長 ○年○月　同社取締役 ○年○月　同社常務取締役 ○年○月　同社専務取締役（現任）	○○○株
	（社外取締役候補者とした理由および期待される役割） △△△△氏は，企業経営者としての豊富な経験と高い見識を当社の経営に活かしていただくため，社外取締役として選任をお願いするものであります。選任後は，経営経験者としての専門的な知識を活かし，主に経営的な目線から経営計画の策定等に関し取締役会等においてご発言をいただくとともに経営計画の進捗状況等につき監督していただくことを期待します。		

(注) 1．※は新任の取締役候補者であります。

2．各候補者と当社との間に特別の利害関係はありません。

3．××××氏および△△△△氏は社外取締役候補者であり，○○証券取引所に独立役員として届け出ております。

4．当社は○○○○株式会社の子会社であり，同社は当社の特定関係事業者（親会社）であります。○○○○氏の過去10年間および現在の同社および同社の子会社における業務執行者としての地位および担当は，「略歴，地位，担当および重要な兼職の状況」に記載のとおりであります。

5．××××氏は，法律の専門家としての豊富な経験と高い見識を当社の経営に活かしていただくため，社外取締役として選任をお願いするものであります。また，同氏は過去に社外取締役または社外監査役となること以外の方法で会社の経営に関与したことはありませんが，上記の理由から社外取締役としての職

200

務を適切に遂行できるものと判断しております。なお，同氏の社外取締役としての在任期間は，本定時株主総会の終結の時をもって○年となります。また，同氏は，○年から○年まで当社の社外監査役を務めておりました。

6．△△△△氏は，企業経営者としての豊富な経験と高い見識を当社の経営に活かしていただくため，社外取締役として選任をお願いするものであります。また，当社は□□株式会社との間に○○に関する取引がありますが，○年○月期における取引額は，両社の連結売上高のそれぞれ0.1％未満であります。

7．××××氏が▲▲▲▲株式会社社外取締役として在任中の○年○月に，補助事業等に係わる補助金の過大受給があったことが判明しました。同氏は社外取締役として取締役会を通じて事実についての社内調査および関係機関への報告等につき監督するとともに，過大受給となった額は○年○月に全額返還されたことを確認いたしました。また，再発防止策についての諸施策の策定，実施についても同様に監督を行いました。

8．当社は取締役（業務執行取締役であるものを除く）（注）が期待される役割を十分発揮できるよう，現行定款第●条において，取締役（業務執行取締役等であるものを除く）との間で任務を怠ったことによる損害賠償責任を限定する契約を締結できる旨を定め，その限度額は法令が規定する最低責任限度額であります。これにより，××××氏は，当社との間で責任限定契約を締結しており，同氏の再任が承認された場合，上記責任限定契約を継続する予定です。また，社外取締役候補者である∧∧∧∧氏の選任が承認された場合，当社との間で上記と同じ責任限定契約を締結する予定であります。

9．当社は，会社法第430条の3第1項に規定する役員等賠償責任保険契約を保険会社との間で締結し，被保険者が負担することになる……の損害を当該保険契約により填補することとしております。候補者は，当該保険契約の被保険者に含まれることとなります。

10．○○○○氏，××××氏は，当社と会社法第430条の2第1項に規定する補償契約を締結しており，同項第1号の費用および同項第2号の損失を法令の定める範囲内において当社が補償することとしております。また，当社は，△△△△氏との間で同内容の補償契約を締結する予定です。

11．社外取締役候補者××××氏に関する上記記載についての当該候補者の意見は以下のとおりであります。

　　　　　　　　　　　　　　　　　　　　　　　　　　　　　　　　　　　　

12．△△△△氏は○年○月○日開催予定の□□株式会社定時株主総会および同社取締役会の承認をもって□□株式会社取締役社長に就任する予定であります。

（注）　責任限定契約の対象範囲には業務を執行しない取締役，監査役等の非業務執行取締役等を含みます（会社法427条1項）。したがって，定款に記載されている責任限定契約の対象者と整合性を図る必要があります。

　なお，コーポレートガバナンス・コード「原則3―1情報開示の充実(v)」では，上場会社に対して「取締役・監査役候補の指名を行う際の，個々の選解任・指名についての説明」を求めています。そのため，本記載例のように，社外取締役以外の取締役候補者についても選任理由を記載することが考えられます。

$\boxed{\text{Q14-3-2}}$ 議案③-2－監査等委員である
取締役選任議案の作成

監査等委員である取締役選任議案の作成上の留意事項を
教えてください。

$\boxed{\text{A}}$ 1．監査等委員である取締役選任議案

　監査等委員会設置会社においては，監査等委員である取締役とそれ以外の取締役の選任は区別して行うこととされています（会社法329条2項）。

2．議案の記載事項

　監査等委員である取締役選任議案に記載すべき事項は，(1)一般的記載事項，(2)公開会社記載事項，(3)公開会社かつ他の者の子会社等である場合の記載事項，(4)候補者が社外取締役候補者である場合の記載事項，に区分されています（会施規74条の3）。

(1)　一般的記載事項
すべての会社において，記載が必要となります。
①　提案の理由（会施規73条1項2号）
②　候補者の氏名，生年月日および略歴
③　株式会社との間に特別の利害関係があるときは，その事実の概要
④　就任の承諾を得ていないときは，その旨
⑤　議案が会社法344条の2第2項の規定による請求により提出されたものであるときは，その旨
⑥　会社法342条の2第1項の規定による監査等委員である取締役の意見があるときは，その意見の内容の概要
⑦　候補者と当該株式会社との間で会社法427条第1項の契約を締結してい

るときまたは当該契約を締結する予定があるときは，その契約の内容の概要

⑧　候補者との間で補償契約を締結済または締結予定であるときは，その契約の内容の概要

⑨　候補者を被保険者とする役員等賠償責任保険契約を締結済または締結予定であるときは，その契約の内容の概要

(2)　公開会社記載事項

公開会社について記載が必要となる事項です。

⑩　候補者の有する当該株式会社の株式の数（種類株式発行会社にあっては，株式の種類および種類ごとの数）

⑪　候補者が当該株式会社の監査等委員である取締役に就任した場合において会施規121条8号に定める重要な兼職に該当する事実があることとなるときは，その事実

⑫　候補者が現に当該株式会社の監査等委員である取締役であるときは，当該株式会社における地位および担当

(3)　公開会社かつ他の者の子会社等である場合の記載事項

公開会社かつオーナー（自然人），親会社がある場合に記載が必要となる事項です。

Q14-3-1　議案③-1取締役選任議案の作成「公開会社かつ他の者の子会社等である場合の記載事項」と同様です（197頁参照）。

(4)　候補者が社外取締役候補者である場合の記載事項

社外取締役を選任する場合に記載が必要となる事項です。

Q14-3-1　議案③-1取締役選任議案の作成「候補者が社外取締役候補者である場合の記載事項」と同様です（197頁参照）。

監査等委員である取締役の選任議案の記載例は以下のとおりです。

第〇号議案　監査等委員である取締役1名選任の件

　監査等委員会の監査・監督体制を強化するため，新たに監査等委員であ

204

る取締役1名の増員をお願いいたしたいと存じます。

　なお，本議案に関しましてはあらかじめ監査等委員会の同意を得ております。監査等委員である取締役の候補者は，次のとおりであります。

氏　　　名 （生年月日）	略歴，地位，担当および重要な兼職の状況	所有する当社の株式数
＊＊＊＊ ◇◇◇◇ （○年○月○日）	○年○月　　　株式会社○○銀行入行 ○年○月　　　同行常務取締役 ○年○月　　　株式会社■■専務執行役員 　　　　　　　（現任） （重要な兼職の状況） 株式会社■■専務執行役員	○,○○○株
	〈社外取締役候補者とした理由および期待される役割等〉 　◇◇◇◇氏は，金融機関の役員としての豊富な経験と高い見識を当社の監査・監督に活かしていただくため，社外取締役として選任をお願いするものであります。 　また，当社は株式会社■■との間に○○に関するコンサルティング契約を締結しておりますが，○年○月期における当該契約に基づく取引額は，両社の連結売上高のそれぞれ0.1％未満であります。 　◇◇◇◇氏に期待する役割は……です。	

（注）1．◇◇◇◇氏は新任の取締役候補者であります。

　　　2．◇◇◇◇氏は社外取締役候補者であり，○○証券取引所に独立役員として届け出ております。

　　　3．◇◇◇◇氏の選任が承認された場合，当社は，当社定款に基づき，同氏との間で法令に定める額を限度として賠償責任を限定する責任限定契約を締結する予定であります。

　　　4．当社は，会社法第430条の3第1項に規定する役員等賠償責任保険契約を保険会社との間で締結し，被保険者が負担することになる……の損害を当該保険契約により填補することとしております。候補者は，当該保険契約の被保険者に含まれることとなります。

　　　5．◇◇◇◇氏は，当社と会社法第430条の2第1項に規定する補償契約を締結する予定です。当該補償契約では同項第1号の費用および同項第2号の損失を法令の定める範囲内において当社が補償することとしております。

　　　6．◇◇◇◇氏と当社の間には特別の利害関係はありません。

204

Q14－4 議案④－監査役選任議案の作成

監査役選任議案の作成上の留意点および記載例を教えてください。

 作成上の留意点および記載例は次のとおりです。

1. 監査役の選任

　株式会社では，定款で定めることにより監査役および監査役会を設置することができます（会社法326条2項）。また，取締役会設置会社（監査等委員会設置会社および指名委員会等設置会社を除く）および会計監査人設置会社では，監査役を置くこととされています（会社法327条2項・3項）。ただし，取締役会設置会社のうち公開会社でない会計参与設置会社においては，監査役の設置は不要です。

　また，大会社（公開会社でないもの，監査等委員会設置会社および指名委員会等設置会社を除く）は，監査役会および会計監査人の設置が必要です（会社法328条1項）。大会社でない場合も，上場会社については監査役会（指名委員会等設置会社および監査等委員会設置会社を除く）と会計監査人を設置しなくてはなりません（上場規程437条）。

　監査役や監査役会の設置が義務付けられる会社についても，当該機関を設置する旨の定款の定めをしなければ，当該機関を設置することはできず，その選任をすることもできないことに留意する必要があります（相澤哲ほか　『論点解説　新・会社法』（2006年）　270頁参照）。

　監査役会設置会社では，監査役は3名以上で，そのうち半数以上は，社外監査役でなければなりません（会社法335条3項）。

　監査役は株主総会で選任する必要があり，この決議は特則による普通決議となります（会社法329条，341条）。

206

　監査役の選任に関する議案の上程に際しては，監査役（監査役が２人以上ある場合には，その過半数）の同意を得る必要があります（会社法343条１項）。この同意は，監査役会がある場合には，監査役会の同意となります（会社法343条３項）。

【特則による普通決議】

> 議決権を行使することができる株主の議決権の過半数（３分の１以上の割合を定款で定めた場合にあっては，その割合以上）を有する株主が出席し，出席した当該株主の議決権の過半数（これを上回る割合を定款で定めた場合にあっては，その割合以上）をもって行わなければならない。

２．議案の記載事項

　監査役選任議案に記載すべき事項は，(1)一般的記載事項，(2)公開会社記載事項，(3)公開会社かつ他の者の子会社等である場合の記載事項，(4)候補者が社外監査役候補者である場合の記載事項，に区分されています（会施規76条）。

(1)　一般的記載事項
すべての会社において，記載が必要となる事項です。
① 　提案の理由（会施規73条１項２号）
② 　候補者の氏名，生年月日および略歴
③ 　株式会社との間に特別の利害関係があるときは，その事実の概要
④ 　就任の承諾を得ていないときは，その旨
⑤ 　議案が監査役（会）の請求による提出であるときは，その旨
⑥ 　監査役の選任に関する監査役の意見があるときは，その意見の内容の概要
⑦ 　候補者と当該株式会社との間で会社法427条１項の契約を締結しているとき，または当該契約を締結する予定があるときは，その契約の内容の概要
⑧ 　候補者との間で補償契約を締結済または締結予定であるときは，その契約の内容の概要

⑨　候補者を被保険者とする役員等賠償責任保険契約を締結済または締結予定であるときは，その契約の内容の概要

⑵　公開会社記載事項

公開会社について記載が必要となる事項です。

⑩　候補者が有する株式の数（種類株式発行会社にあっては，株式の種類および種類ごとの数）

⑪　候補者が当該株式会社の監査役に就任した場合において会施規121条8号に定める重要な兼職に該当する事実があることとなるときは，その事実

⑫　候補者が現に当該株式会社の監査役であるときは，当該株式会社における地位

⑶　公開会社かつ他の者の子会社等である場合の記載事項

公開会社かつ親会社等に該当するオーナー（自然人），親会社がある場合に記載が必要となる事項です。

⑬　候補者が現に当該他の者（自然人であるものに限る）であるときは，その旨

⑭　候補者が現に当該他の者（当該他の者の子会社等（当該株式会社を除く）を含む）の業務執行者であるときは，当該他の者における地位および担当

⑮　候補者が過去10年間に当該他の者の業務執行者であったことを当該株式会社が知っているときは，当該他の者における地位および担当

⑷　候補者が社外監査役候補者である場合の記載事項

社外監査役を選任する場合に記載が必要となる事項です。

⑯　当該候補者が社外監査役候補者である旨

⑰　当該候補者を社外監査役候補者とした理由

⑱　当該候補者が現に当該株式会社の社外監査役（社外役員に限る）である場合において，当該候補者が最後に選任された後在任中に当該株式会社において法令または定款に違反する事実その他不正な業務の執行が行われた事実（重要でないものを除く）があるときは，その事実ならびに当該事実

208

の発生の予防のために当該候補者が行った行為および当該事実の発生後の
対応として行った行為の概要

⑲　当該候補者が過去5年間に他の株式会社の取締役，執行役または監査役
　に就任していた場合において，その在任中に当該他の株式会社において法
　令または定款に違反する事実その他不正な業務の執行が行われた事実があ
　ることを当該株式会社が知っているときは，その事実（重要でないものを
　除き，当該候補者が当該他の株式会社における社外取締役（社外役員に限
　る。次号において同じ）または監査役であったときは，当該事実の発生の
　予防のために当該候補者が行った行為および当該事実の発生後の対応とし
　て行った行為の概要を含む）

⑳　当該候補者が過去に社外取締役または社外監査役（社外役員に限る）と
　なること以外の方法で会社（外国会社を含む）の経営に関与していない者
　であるときは，当該経営に関与したことがない候補者であっても社外監査
　役としての職務を適切に遂行することができるものと当該株式会社が判断
　した理由

㉑　当該候補者が次のいずれかに該当することを当該株式会社が知っている
　ときは，その旨

　イ．過去に当該株式会社またはその子会社の業務執行者または役員（業務
　　執行者であるものを除く。ハ．およびホ．(2)において同じ）であったこ
　　とがあること

　ロ．当該株式会社の親会社等（自然人であるものに限る。ロ．およびホ.
　　(1)において同じ）であり，または過去10年間に当該株式会社の親会社等
　　であったことがあること

　ハ．当該株式会社の特定関係事業者の業務執行者もしくは役員であり，ま
　　たは過去10年間に当該株式会社の特定関係事業者（当該株式会社の子会
　　社を除く）の業務執行者もしくは役員であったことがあること

　ニ．当該株式会社または当該株式会社の特定関係事業者から多額の金銭そ
　　の他の財産（これらの者の監査役としての報酬等を除く）を受ける予定
　　があり，または過去2年間に受けていたこと

　ホ．次に掲げる者の配偶者，三親等以内の親族その他これに準ずる者であ

ること（重要でないものを除く）

⑴　当該株式会社の親会社等

⑵　当該株式会社または当該株式会社の特定関係事業者の業務執行者または役員

　ヘ．過去２年間に合併等により他の株式会社がその事業に関して有する権利義務を当該株式会社が承継または譲受けをした場合において，当該合併等の直前に当該株式会社の社外監査役でなく，かつ，当該他の株式会社の業務執行者であったこと

㉒　当該候補者が現に当該株式会社の監査役であるときは，監査役に就任してからの年数

㉓　⑯から㉒に掲げる事項に関する記載についての当該候補者の意見があるときは，その意見の内容

3．議案の記載例

議案の記載例は以下のとおりです。

第○号議案　監査役○名選任の件

　監査役全員（○名）は，本総会終結の時をもって任期満了となりますので，監査役○名の選任をお願いいたしたいと存じます。

　なお，本議案に関しましては，監査役会の同意を得ております。

　監査役候補者は次のとおりであります。

候補者番号	氏　名（生年月日）	略歴，地位および重要な兼職の状況	所有する当社の普通株式数
1	＊＊＊　＊＊＊△△△△（○年○月○日生）	○年○月　当社入社 ○年○月　当社○○部長 ○年○月　当社取締役 ○年○月　当社監査役（現任）	○○○株
	（監査役候補者とした理由）△△△△氏を監査役候補者とした理由は……です。		

○ ※	＊＊＊ ＊＊＊ ○○○○ （○年○月○日生）	○年○月　○○株式会社入社 ○年○月　同社○○部長 ○年○月　同社取締役 ○年○月　同社代表取締役社長（現任）	○○○株
	（社外監査役候補者とした理由） ○○○○氏を社外監査役候補者とした理由は……です。		
○	＊＊＊ ＊＊＊ ×××× （○年○月○日生）	○年○月　弁護士登録 ○年○月　○○○○法律事務所入所（現 　　　　　在） ○年○月　当社監査役（現任）	0株
	（社外監査役候補者とした理由） ××××氏を社外監査役候補者とした理由は……です。		

(注)1．※は新任の監査役候補者であります。

　　2．各候補者と当社との間に特別の利害関係はありません。

　　3．○○○○，××××の両氏は社外監査役候補者であり，○○証券取引所に独立役員として届け出ております。

　　4．○○○○氏は，企業経営者としての豊富な経験と高い見識を当社の監査体制の強化に活かしていただくため，社外監査役として選任をお願いするものであります。また，当社は○○株式会社との間に○○に関する取引がありますが，○年○月期における取引額は，両社の連結売上高のそれぞれ0.1％未満であります。

　　5．××××は，法律の専門家としての豊富な経験と高い見識を当社の監査体制の強化に活かしていただくため，社外監査役として選任をお願いするものであります。また，同氏は過去に社外取締役または社外監査役となること以外の方法で会社の経営に関与したことはありませんが，上記の理由から社外監査役としての職務を適切に遂行できるものと判断しております。なお，同氏の社外監査役としての在任期間は，本定時株主総会の終結の時をもって○年となります。

　　6．当社は監査役（注）が期待される役割を十分発揮できるよう，現行定款第○条において，監査役（注）との間で任務を怠ったことによる損害賠償責任を限定する契約を締結できる旨を定め，その限度額は法令が規定する最低責任限度額であります。これにより，××××氏は，当社との間で責任限定契約を締結しており，同氏の再任が承認された場合，上記責任限定契約を継続する予定です。また，社外監査役候補者である○○○○氏の選任が承認された場合，当社との間で上記と同じ責任限定契約を締結する予定です。

　　7．当社は，会社法第430条の3第1項に規定する役員等賠償責任保険契約を保険会社との間で締結し，被保険者が負担することになる……の損害を当該保険契約により填補することとしております。候補者は，当該保険契約の被保険者に含まれることとなります。

8．△△△△氏，××××氏は，当社と会社法第430条の2第1項に規定する補償
　契約を締結しており，同項第1号の費用および同項第2号の損失を法令の定める
　範囲内において当社が補償することとしております。また，当社は，○○○○氏
　との間で同内容の補償契約を締結する予定です。
9．××××氏は○年○月○日開催予定の××株式会社定時株主総会の承認をもっ
　て××株式会社の社外監査役に就任する予定です。

（注）責任限定契約の対象範囲には業務を執行しない取締役，監査役等の非業務
　　執行取締役等を含みます（会社法427条1項）。したがって，定款に記載され
　　ている責任限定契約の対象者と整合性を図る必要があります。

　なお，コーポレートガバナンス・コード「原則3─1　情報開示の充実(v)」
では，上場会社に対して「取締役・監査役候補の指名を行う際の，個々の選解
任・指名についての説明」を求めています。そのため，本記載例のように，社
外監査役以外の監査役候補者についても，選任理由を記載することが考えられ
ます。

コラム③　監査役選任議案に監査役会の同意が得られない場合の対処方法

　監査役会設置会社において，監査役選任議案を株主総会に提出するには，監査役会の同意を得なければならない（会社法343条1項・3項）。監査役の選任に関する同意権であるが，監査役会は，取締役が株主総会に提出する監査役選任議案に関し拒否権を有することになる。

　監査役会として，取締役が株主総会に提出しようとする監査役選任議案に同意するか否かは，監査役会の決議事項である（日本監査役協会「監査役会規則（ひな型）」10条1号）。また，監査役会の決議は，監査役の過半数をもって行う（会社法393条1項）。したがって，監査役が3名選任されている場合は2名，監査役が4名選任されている場合には3名が賛成しないと，監査役会の同意は得られない。裏返していえば，現任の監査役が3名または4名の場合，2名の監査役が，取締役が株主総会に提出しようとする監査役選任議案に反対すると，監査役会の同意が得られず，取締役会は株主総会に監査役選任議案を提出できないことになってしまう。

　そうした状況になった場合，取締役としては，議案に反対する監査役の意見をよく聞いて，監査役会が同意する代替案を提案するなど，円満解決に向けて，協議を継続せざるをえない。では，取締役がそのような努力を続けたにもかかわらず，なお監査役会の同意が得られないとすれば，取締役にはどのような対応の選択肢が残されているのだろうか。

　過去にこのデッドロックに陥った会社がとった選択肢は，大株主による株主提案であった。株主提案であれば，監査役会の同意は不要であり，取締役会として提出しようとしたのと同じ監査役選任議案が株主総会に提出でき，取締役会も当該株主提案に賛成意見を述べて乗り切ったのである。

　他の選択肢としては，機関設計を委員会型に変更する方法も考えられなくはない。ただし，監査役との意見対立を乗り切るために，機関設計を変更してしまうのはいささか大仰すぎるであろう。

Q14-5 議案⑤－補欠監査役選任議案の作成

補欠監査役選任議案の作成上の留意点および記載例を教えてください。

 留意点および記載例については次のとおりです。

1. 補欠監査役とは

　監査役会設置会社は，監査役は3名以上でそのうち半数以上は社外監査役でなければならないと定められています（会社法335条3項）。

　監査役を3名しか置いていない会社もしくは社外監査役を監査役の半数としている会社などで，何らかの事由により欠員を生じて，法定の員数または定款に規定した員数を欠くこととなった場合には，後任の（社外）監査役を選任しなければなりません。

　この場合，臨時株主総会を開催して新たに監査役を選任するか，裁判所に請求して一時監査役の職務を行うべき者（仮監査役）を選任してもらうかということになりますが，事前の対応としては補欠役員選任の制度があります。監査役のほか監査等委員である取締役若しくはそれ以外の取締役または会計参与についても補欠の役員を選任することが可能です（会社法329条3項）。

　なお，その際の補欠監査役とは，監査役の欠員に備えて予め総会の決議で補欠の監査役として選任された者であり，選任（予選）後直ちに監査役に就任するわけではなく，欠員が生じることによりその補欠者が監査役に就任するので，必要以上に多くの監査役を選任しておかなくてよいという効果があります。

　補欠監査役の選任に関する議案の上程に際しては，監査役選任議案と同様に監査役（監査役が2人以上ある場合には，その過半数）の同意を得る必要があります（会社法343条1項）。この同意は，監査役会がある場合には，監査役会の同意となります（会社法343条3項）。

　補欠の会社役員の選任の効力については，定款で別段の定めを行わない場合は，当該決議後最初に開催する定時株主総会開始時までとなりますが（会施規96条3項），定款で別段の定めを設ければ，この有効期間を伸長することができます。ただし，定款で有効期間を伸長した場合でも，補欠監査役が監査役に就任したときの任期は，補欠として選任（予選）された日から起算されますので，選任決議の有効期間は最長でも監査役の任期4年に合わせ4年となります。この場合の定款の定めは，「選任後4年以内に終了する事業年度のうち最終のものに関する定時株主総会終結の時まで」とすることになります。なお，有効期間を伸長した場合，有効期間内に，選任（予選）を取り消すことができるようにするためには，選任を取り消すことがある旨および取り消すための手続についても決議しておくことが必要です（会施規96条2項6号）。

2．補欠役員選任議案作成上の留意点

①　補欠役員の選任に関する議案においては，役員選任議案に記載すべき事項に加えて会施規96条に定める事項についても併せて株主総会参考書類に記載しなければならない（補欠の社外監査役の候補者であれば，社外監査役の選任に関する記載事項（会施規76条4項各号）を記載しなければならない）。

②　補欠役員の候補者を1人又は2人以上の特定の会社役員の補欠の会社役員として選任するときは，その旨および当該特定の会社役員の氏名を決定する。

③　同一の会社役員（2以上の会社役員の補欠として選任した場合にあっては当該2以上の会社役員）につき2人以上の補欠の会社役員を選任するときは，当該補欠の会社役員相互間の優先順位を決定する。

④　補欠の会社役員について就任前にその選任の取消しを行う場合があるときは，その旨および取消しを行うための手続を決定する。

3．補欠監査役選任議案の例

　補欠監査役1名を複数の特定の監査役（複数の社外監査役）の補欠として選

任する場合

第○号議案　補欠監査役1名選任の件

　監査役の員数が欠けた場合においても監査業務の継続性を維持することができるよう，社外監査役A氏，B氏およびC氏の補欠の社外監査役として○○○○氏を選任することをお願いするものであります。

　なお，本決議は，○○○○氏の就任前に限り，監査役会の同意を得て行う取締役会の決議により取り消すことができるものとさせていただきます。

　また，本議案に関しましてはあらかじめ監査役会の同意を得ております。補欠の監査役候補者は次のとおりであります。

氏　名 （生年月日）	略歴，地位および重要な兼職の状況	所有する当社株式の数
＊＊　　＊＊ ○○　○○ （○年○月○日生）	○年○月　弁護士登録 ○年○月　○○○○法律事務所入所現在に至る	○株

　(注)　1．候補者と当社との間に特別の利害関係はありません。
　　　　2．○○○○氏は補欠の社外監査役候補者であり，就任した場合，○○証券取引所に独立役員として届け出る予定です。
　　　　3．○○○○氏を補欠の社外監査役候補者とした理由は，弁護士としての専門知識・経験等を当社の監査体制の強化に活かしていただきたいためであります。また，同氏は過去に社外取締役または社外監査役となること以外の方法で会社の経営に関与したことはありませんが，上記の理由から社外監査役としての職務を適切に遂行できるものと判断しております。
　　　　4．補欠監査役候補者である○○○○氏の選任が承認された場合，責任限定契約を締結する予定です。
　　　　　責任限定契約の限度額は法令が規定する最低責任限度額です。

216

5．当社は，会社法第430条の3第1項に規定する役員等賠償責任
保険契約を保険会社との間で締結し，被保険者が負担するこ
とになる……の損害を当該保険契約により填補することとし
ております。候補者は，当該保険契約の被保険者に含まれる
こととなります。
6．○○○○氏は，当社と会社法第430条の2第1項に規定する補
償契約を締結する予定です。当該補償契約では同項第1号の
費用および同項第2号の損失を法令の定める範囲内において
当社が補償することとしております。

Q14-6 議案⑥－会計監査人選任議案の作成

会計監査人選任議案の作成上の留意点および記載例を教えてください。

 A 作成上の留意点および記載例は次のとおりです。

1．会計監査人の選任

　株式会社では，定款で定めることにより会計監査人を設置することができます（会社法326条2項）。また，監査等委員会設置会社および指名委員会等設置会社では，会計監査人を置かなければなりません（会社法327条5項）。

　また，大会社（公開会社でないものを除く）では，会計監査人の設置が必要です（会社法328条）。

　会計監査人の設置が義務付けられる会社についても，会計監査人を設置する旨の定款の定めをしなければ，会計監査人を設置することはできず，その選任をすることもできないことに留意する必要があります（相澤哲ほか　『論点解説　新・会社法』（2006年）　270頁参照）。

　会計監査人は株主総会で選任する必要があり，この決議は普通決議となります（会社法309条）。

　会計監査人の選任に関する議案の内容については，監査役（監査役が2人以上ある場合には，その過半数）が決定します（会社法344条1項・2項）。監査役会がある場合には，監査役会が決定します（会社法344条3項）。

　監査等委員会設置会社，指名委員会等設置会社においては，監査等委員会，監査委員会がそれぞれ決定します（会社法399条の2第3項2号，404条2項2号）。

　会計監査人の任期は，選任後1年以内に終了する事業年度のうち最終のものに関する定時株主総会の終結の時までです（会社法338条1項）。ただし，その

定時株主総会において別段の決議がなされなかったときは，当該定時株主総会において再任されたものとみなされ（会社法338条2項），当該定時株主総会から2週間以内に重任登記を行う必要がある点には注意が必要です（会社法915条1項）。

2．議案の記載事項

会計監査人選任議案に記載すべき事項は以下のとおりです（会施規77条）。

① 提案の理由（会施規73条1項2号）

② 次のイまたはロに掲げる区分に応じ，当該イまたはロに定める事項

  イ．候補者が公認会計士である場合

    その氏名，事務所の所在場所，生年月日および略歴

  ロ．候補者が監査法人である場合

    その名称，主たる事務所の所在場所および沿革

③ 就任の承諾を得ていないときは，その旨

④ 監査役（監査役会設置会社にあっては監査役会，監査等委員会設置会社にあっては監査等委員会，指名委員会等設置会社にあっては監査委員会）が当該候補者を会計監査人の候補者とした理由

⑤ 会計監査人の選任に関する会計監査人の意見があるときは，その意見の内容の概要

⑥ 候補者と当該株式会社との間で会社法427条1項の契約を締結しているときまたは当該契約を締結する予定があるときは，その契約の内容の概要

⑦ 候補者との間で補償契約を締結済または締結予定であるときは，その契約の内容の概要

⑧ 候補者を被保険者とする役員等賠償責任保険契約を締結済または締結予定であるときは，その契約の内容の概要

⑨ 候補者が現に業務の停止の処分を受け，その停止の期間を経過しない者であるときは，当該処分に係る事項

⑩ 候補者が過去2年間に業務の停止の処分を受けた者である場合における当該処分に係る事項のうち，当該株式会社が株主総会参考書類に記載することが適切であるものと判断した事項

⑪　株式会社が公開会社である場合，候補者が次のイまたはロに掲げる場合
　の区分に応じ，当該イまたはロに定めるものから多額の金銭その他の財産
　上の利益（これらの者から受ける会計監査人（会社法以外の法令の規定に
　よるこれに相当するものを含む）としての報酬等および公認会計士法2条
　1項に規定する業務の対価を除く）を受ける予定があるとき，または過去
　2年間に受けていたときは，その内容

　イ．当該株式会社に親会社等がある場合
　　　当該株式会社，当該親会社等または当該親会社等の子会社等（当該株
　　式会社を除く）もしくは関連会社（当該親会社等が会社でない場合にお
　　けるその関連会社に相当するものを含む）
　ロ．当該株式会社に親会社等がない場合
　　　当該株式会社または当該株式会社の子会社もしくは関連会社

3．議案の記載例

議案の記載例は以下のとおりです。

第○号議案　会計監査人選任の件

　当社の会計監査人である○○監査法人は，本総会終結の時をもって辞任
により退任されますので，新たに会計監査人の選任をお願いするものであ
ります。

　なお，本議案に関しましては，監査役会の決定に基づいております。

　会計監査人候補者は，次のとおりであります。

名　称	○○有限責任監査法人
事務所	主たる事務所　東京都○○区○○○丁目○番○号 その他の事務所　東京，札幌，仙台，横浜，名古屋，京都，大阪，神戸，広島，福岡，那覇

沿革	○年○月　監査法人○○事務所設立 ○年○月　○○監査法人と合併し，○○○監査法人となる ○年○月　○○監査法人に名称を変更 ○年○月　有限責任監査法人に移行し，○○有限責任監査法人に名称を変更
概要 (○年○月○日現在)	人員　社員（公認会計士）　　○○○名 　　　職員（公認会計士）　　○○○名 　　　　　（会計士補）　　　○○○名 　　　その他の職員　　　　　○○○名 　　　　　合　計　　　　　　○○○名 関与会社数　　　　　　　　　○○○社 出資金　　　　　　　　　　　○○○百万円

（注）　○○有限責任監査法人を候補者とした理由は……であります。

Q14-7　議案⑦－報酬額改定議案の作成

報酬額改定議案の作成上の留意点および記載例を教えてください。

A　　取締役等（監査役，会計参与を含む。以下同じ）の報酬等の額については，定款に定めがないときは株主総会の決議によって定めることが必要です（会社法361条，379条，387条）。

　ここでは，取締役の報酬等の額改定議案の記載例および取締役の個人別の報酬等の内容についての決定に関する方針の変更が予定されている場合の記載例について紹介することとします。

1．取締役等の報酬規制

　会社法では，「報酬，賞与その他の職務執行の対価として株式会社から受ける財産上の利益」についてはすべて「報酬等」として整理され，通常の月額報酬のほか，賞与，退職慰労金さらにストックオプションも「報酬等」に含まれます。

　取締役の報酬等に関する議案について，株主総会参考書類に記載すべき事項は，以下のとおりです（会施規82条1項，98条の2～4）。

---

　①　報酬等の額
　　ⅰ．確定額報酬については，その額（会社法361条1項1号）
　　ⅱ．不確定額報酬については，その具体的算定方法（同条同項2号）
　　ⅲ．報酬等のうち当該株式会社の募集株式については，当該募集株式の数（種類株式発行会社にあっては，募集株式の種類および種類ごとの数）の上限その他法務省令で定める事項（同条同項3号）
　　ⅳ．報酬等のうち当該株式会社の募集新株予約権については，当該募集新株予約権の数の上限その他法務省令で定める事項（同条同項4号）

ⅴ．報酬等のうち次のイまたはロに掲げるものと引換えにする払込に充てるための金銭については，当該イまたはロに定める事項（同条同項5号）

　　イ　当該会社の募集株式　取締役が引き受ける当該募集株式の数（種類株式発行会社にあっては，募集株式の種類および種類ごとの数）の上限その他法務省令で定める事項

　　ロ　当該株式会社の募集新株予約権　取締役が引き受ける当該募集新株予約権の数の上限その他法務省令で定める事項

ⅵ．報酬等のうち金銭でないもの（当該株式会社の募集株式および募集新株予約権を除く）については，その具体的な内容（同条同項6号）

②　報酬等の額の算定の基準

③　報酬等の額を変更する場合には，変更の理由

④　取締役の員数

　令和元年改正会社法により，取締役の報酬等として株式または新株予約権を付与しようとする場合，株式報酬またはストックオプションに係る株主総会決議に際して，決議すべき事項が明確化（精緻化）されました（会社法361条1項3〜5号，会施規98条の2〜4）。改正前に株式報酬，ストックオプション枠を総会で決議している場合で，当該決議に基づき，新たな株式やストックオプションを交付する場合には，改正会社法，改正会社法施行規則の決議事項が網羅されているか確認する必要があります。決議されていない事項がある場合は，改めて決議を取り直すことになります。

　なお，改正前の会社法は，取締役の報酬等として不確定額報酬，非金銭報酬に関する議案を株主総会に付議するに際して，そのような報酬等を定めることが必要かつ合理的であるかどうかを株主が適切に判断することができるよう，当該報酬等を「相当とする理由」を説明しなければならないとしていました（会社法361条4項）。ところが，近年は，確定額，不確定額，金銭，非金銭の報酬等を様々に組み合わせて付与することが一般的となりつつあるため，株主は，確定額である金銭の報酬等に関する議案が付議された場合も，確定額である金銭の報酬等の額が必要かつ合理的であるかどうかを検討することができる

ように，改正会社法では，確定額である金銭の報酬等に関する議案を株主総会に付議するに際しても，当該報酬等を「相当とする理由」を説明することとなりました（会社法361条4項）。

　また，「相当とする理由」は株主総会参考書類の記載事項となっています（会施規73条1項2号）。

　なお，監査役および会計参与の報酬については，不確定額報酬等や非金銭報酬等のような報酬体系に関する規定はありません（会社法379条，387条）。

　このほか，公開会社の取締役の報酬議案については，上記①から④のほか，社外取締役（監査等委員であるものを除く，社外役員に限る）が対象となる場合には，上記②から④までの事項のうち社外取締役に関するものを他の取締役と区別して記載しなければならないことになっています（会施規82条3項）。

　なお，監査役の報酬等の額を変更する場合，提案の理由に加え，①報酬等の額の算定の基準，②変更の理由，③監査役の員数，④監査役の意見があるときはその意見の内容の概要を記載する必要があります（会施規84条）。社外監査役の報酬等は社外取締役と異なり法令上社外監査役以外の監査役と区分して記載することは求められていませんが参考情報として記載することも考えられます。

　また，監査等委員会設置会社においては，上記①について監査等委員である取締役とそれ以外の取締役とを区別して定めなければなりません（会社法361条2項）。加えて，監査等委員である取締役の報酬等について監査等委員である取締役の意見があるとき，または監査等委員である取締役以外の取締役の報酬等について監査等委員会の意見があるときは，その意見の概要を記載する必要があります（会施規82条1項5号，82条の2第1項5号）。

２．役員報酬等決定議案（改定議案）の記載例

　取締役の報酬等の額改定議案の記載例は以下のとおりです。

第○号議案　取締役の報酬等の額改定の件

　現在の取締役の報酬等の額は，○年○月○日開催の第○期定時株主総会

において，使用人兼務取締役の使用人分給与を除き「月額○○百万円以内」とご承認いただき，今日に至っておりますが，・・・・・・等の事情を勘案し，取締役の報酬等の額を「年額△△百万円以内」（うち社外取締役分年額△百万円以内）に改定させていただきたいと存じます。

なお，今般の報酬額の改定は，上記の事情を勘案し見直すものであり，当社報酬諮問委員会からも，当社取締役会で決議した取締役の個人別の報酬等の内容に係る決定方針（その概要は事業報告○頁に記載のとおり）にも沿うもので妥当との意見をいただいております。また，本議案をご承認いただいた場合にも，当該方針を変更する予定はございません。以上より，本議案の内容は相当であると判断しております。

また，従来どおり，この報酬等の額には使用人兼務取締役の使用人分給与は含まないものといたします。また，現在，報酬等の支給対象の取締役の員数は○名（うち社外取締役△名）でありますが，第○号議案が原案どおり承認可決されますと，対象の取締役の員数は○名（うち社外取締役△名）となります。

また，上程する議案が承認可決された後に取締役の個人別の報酬等の内容についての決定に関する方針を変更することを予定している場合，当該変更後の決定方針の内容は，株主が賛否を判断するうえで重要な情報であり，議案の内容の合理性や相当性を基礎づけるものであることから，「相当とする理由」として株主総会において説明する必要があると解されています。

全株懇でも，「取締役の個人別の報酬等の内容についての決定に関する方針の変更が予定されている場合の記載例」を公表しています。（下線は当社記載）

第○号議案　取締役の報酬額改定の件

当社の取締役の報酬額は，○年○月○日開催の第○回定時株主総会において年額○○○円以内（うち社外取締役分は○○○円以内）とご決議いただき今日に至っております。

<u>今般，・・・・・・・・・〈会社法361条4項で求められる相当とする理</u>

由を記載する〕，取締役の報酬等を年額○○○円以内（うち社外取締役分は年額○○○円以内）と改めさせていただきたいと存じます。

　本議案をご承認いただいた場合，ご承認いただいた内容とも整合するよう，本総会終結後の取締役会において，事業報告○頁に記載の取締役の報酬等の内容に係る決定方針のうち，・・・・・・・・・について・・・・・・・・に変更することを予定しております。本報酬額改定は，当該変更後の方針に沿って取締役の個人別の報酬額等の内容を定めるために必要かつ相当な内容であると判断しております。

　なお，従来どおり使用人兼務取締役の使用人分給与は含まないものといたしたいと存じます。

　現在の取締役は○名（うち社外取締役○名）でありますが，第○号議案が原案どおり承認可決されますと，取締役は○名（うち社外取締役○名）となります。

226

Q15 少数株主権等行使の留意事項

少数株主権等の行使について留意すべき事項について教えてください。

A 「少数株主権等」とは，会社法124条1項に規定する権利を除く株主の権利（振替法147条4項），すなわち「基準日において株主名簿に記録された株主に付与される権利以外の権利」をいい，株主総会議事録等の閲覧・謄写請求権や議題提案権（株主提案権）などがあります。また，少数株主権は株主権の内容によって行使に際して総株主の議決権に対する割合等保有条件があります（巻末の参考資料6「株主総会決議と株主の共益権（少数株主権，単独株主権）」をご参照ください）。

株主が少数株主権等を行使する場合，証券会社等（口座管理機関）に対して個別株主通知の申出を行い，当該通知が振替機関（証券保管振替機構）を通じて発行会社（株主名簿管理人）になされた後4週間以内に行使しなければなりません（振替法154条，振替法施行令40条）。

発行会社に対して少数株主権等が行使された場合の対応は，全国株懇連合会が制定した「少数株主権等行使対応指針」を参考にして行うことが考えられます。

当該指針によると，発行会社が行うべき事項として，①請求の方法，様式，添付書類等について定款・株式取扱規程に定めを置いている場合には，当該要件を満たしているか確認すること，②請求書および本人確認資料の提出を確認すること，③請求者が個別株主通知に記載された株主本人であることを確認すること（代理人による場合は正当な授権行為の有無，代理人の本人確認を含む），④所有株式数や保有期間等の法定要件を満たしているか確認することを挙げています。

本人確認の方法については，全国株懇連合会の「株主本人確認指針」が制定されており，個人が請求者の場合の本人確認資料として，①請求書への印鑑の

押印と当該印鑑にかかる印鑑登録証明書，②運転免許証（運転経歴証明書を含む），各種健康保険証，国民年金手帳等，個人番号カード（非対面の場合は，写しでも可），③官公庁発行書類等で氏名，住所の記載があり，顔写真が貼付されているもの，が例示されています（法人株主については別途例示されています）。

Q16 備置書類の閲覧・謄写請求

株主から法定備置書類（巻末の参考資料5ご参照）の閲覧，謄写等の請求があった場合の留意事項について教えてください。

A 　法定備置書類の閲覧，謄写請求等の少数株主権等の行使については，各社の株式取扱規程により権利行使の際の手続，必要書類等が規定されていると考えられます。また，法定備置書類の閲覧，謄写請求があった場合に備えて詳細な手続等を定めた『法定書類閲覧謄写請求規程』等の規程を制定している場合もあると思いますので，規程の内容を十分に確認する必要があります。具体的には，以下のような点に留意しながら対応を行う必要があります。

1．閲覧等の拒絶事由に該当しないか

　会社法は，株主名簿，新株予約権原簿，社債原簿，会計帳簿（以下，「株主名簿等」という）について，閲覧・謄写請求があった場合，一定の事由に該当するときは，当該閲覧・謄写請求を拒否できることを定めています。当該拒絶事由は，以下のとおりです（会社法125条3項等）。

① 　請求者（株主または債権者）がその権利の確保または行使に関する調査以外の目的で請求を行ったとき

② 　請求者が当該株式会社の業務の遂行を妨げ，または株主の共同の利益を害する目的で請求を行ったとき

③ 　請求者が株主名簿等の閲覧または謄写によって知りえた事実を利益を得て第三者に通報するため請求を行ったとき

④ 　請求者が，過去2年以内において，株主名簿等の閲覧または謄写によって知り得た事実を利益を得て第三者に通報したことがあるものであるとき

　　※社債原簿の閲覧・謄写請求拒絶事由は②を除く。

　　※会計帳簿の閲覧等の請求は，上記に加えて，請求者が当該株式会社の業

務と実質的に競争関係にある事業を営み，またはこれに従事するもので
あるときも拒絶事由となります（会社法433条2項）。

2．閲覧，謄写請求等に際して，『株式取扱規程』，『法定書類閲覧謄写請求規程』等の規程の内容に従い，所定の手続が行われているか

　全国株懇連合会の「株式取扱規程モデル」においては，閲覧，謄写請求等の
少数株主権等の権利行使に際しては，個別株主通知の申し出をしたうえで署名
または記名押印した書面により行うものとされており，あわせて株主の本人確
認資料を提出することとされています。

　自社の規程の内容を確認し，株主が所定の手続を行っているかに留意する必
要があります。

3．株主が閲覧，謄写請求等に際して個別株主通知を行っているか

　Q15「少数株主権等行使の留意事項」に記載のとおり，閲覧，謄写請求等を
行う場合，株主は証券会社等の口座管理機関に対し，個別株主通知の申し出を
行う必要があります。ただし，閲覧，謄写請求の対象のなかには，決算短信，
定款，有価証券報告書等のように会社のホームページやEDINET，証券取引
所のホームページ等で閲覧，ダウンロードが可能な書類もあるため，請求対象
書類によっては個別株主通知を求める対応を行わないことも考えられます。

　なお，閲覧，謄写請求等を行う場合に証券会社等の口座管理機関に個別株主
通知の申し出を行った場合の受付票を添付するかについて，「2023年度全株懇
調査報告書」38頁によれば，少数株主権等の行使に際して受付票の提出を株式
取扱規程（則）で義務化している会社は820社（52.2%）となっています。

4．閲覧，謄写請求等の対象になっている書類は何か

　株主であれば原則として閲覧・謄写請求に応じなければならない書類から，
裁判所の許可が前提となる書類，金融商品取引法に基づき閲覧に供している書
類，法律で閲覧，謄写請求等の対象と定められていない書類まで幅広いことか
ら，書類に応じて閲覧，謄写請求等の要件を満たしているか，個別株主通知が
必要かを判断する必要があります。

5．閲覧，謄写請求等に際して必要な要件を満たしているか

　前記３．の個別株主通知を行い，かつ会社が定める手続を遵守したうえで，さらに法令で権利行使に際して要件を追加している場合があります。例えば，取締役会議事録については，会社法371条３項で監査役設置会社，監査等委員会設置会社または指名委員会等設置会社においては閲覧，謄写にあたり裁判所の許可が必要とされていますし，株主名簿については，会社法125条２項で閲覧，謄写にあたり請求理由の明示が求められています。また，会計帳簿については，会社法433条１項で請求権者を総株主の議決権の３％以上又は発行済株式の３％以上を保有している株主に限定しています。

6．閲覧，謄写，謄抄本交付

　法定備置書類の種類により，行使できる権利の内容は異なっているため閲覧，謄写，謄抄本交付のそれぞれの内容を理解しておく必要があります。謄抄本交付請求権には送付請求権，閲覧には書面で記録された情報を見ることに加えて，「電磁的記録で記録された事項を書面または映像面に表示する方法」つまり紙に打ち出すこと（プリントアウト）やパソコンのモニター画面に表示すること等も含まれます。

　謄写は，株主自らが謄写する（書き写す）ことが原則で会社が写しを交付する義務はないため，会社が写しを作成し株主に交付する必要がある謄抄本交付請求権とは異なります。

　また，謄写または謄抄本交付に際して費用が発生する場合にその費用を株主に請求するかどうかは，原則徴収するという考え方と原則徴収しないという考え方に加えて事案に応じてケースバイケースで対応するという考え方もありえます。事案に応じた対応例としては，謄抄本交付請求に際して発生する費用については会社法に基づき株主から徴収するが，謄写等によって発生する費用は原則として会社負担とする対応やコピーの枚数が一定量を超える場合は株主から費用を徴収するといった対応等が考えられます。

7．情報提供請求の活用

　閲覧，謄写請求等は個別株主通知が会社に到達した日の翌日（初日不算入）

から4週間以内に行う必要がありますが，個別株主通知を行ってから実際の請求まで間が開くことも考えられるため，会社が情報提供請求を行い，閲覧，謄写請求等が行われた時点においても株主であるかどうかを確認することも考えられます。ただし，閲覧，謄写請求等が行使期限（個別株主通知が会社に到達した日の翌日から4週間以内）までに行われた場合は情報提供請求により要件充足の確認をとらなくても取締役が直ちに善管注意義務違反を問われることはないと考えられます。

232

Q17 シナリオの作成

シナリオ作成上の留意点について教えてください。

A シナリオ作成上の留意点は以下のとおりです。

1．シナリオ作成の必要性

株主総会を運営するうえで最も重要なことは，株主総会決議取消の訴え（会社法831条1項）の対象とならないよう適法に運営することです。そのためには，株主総会当日の運営において，①取締役等の説明義務（会社法314条）を尽くすこと，②公正な議事運営を行うことに特に留意する必要があります。

具体的には，総会当日の議事運営に関する方針の確認とそれを具体化した株主総会シナリオを事前に準備しておくことが重要です。また，通常のパターンのシナリオだけでなく，動議が提出された場合や質疑打切りを想定したシナリオの準備も重要となります。

2．シナリオの作成にあたって

適法な運営のためには十分な説明義務を果たす必要がある一方，株主総会を適正な時間内で終了するという要請もあります。そこで，シナリオは，適法な運営となるように作成すると同時に，株主にとって簡潔かつ分かりやすい説明となるよう留意が必要で，議事運営ルールの説明や議事整理文言が冗長になったり紋切り型の表現にならないように意識することも必要でしょう（236頁以降の「シナリオ作成時のチェックポイント」および巻末の参考資料4「株主総会シナリオ（例）（一括上程方式）」をご参照ください）。

3．シナリオ作成上の留意点

(1)　WEB修正

電子提供措置をとる場合，修正後の事項を株主に周知させる方法を招集通知

（アクセス通知）とあわせて通知することができます。当該方法をウェブサイトに掲載する方法と定め，招集通知（アクセス通知）とあわせて通知したときは，招集通知（アクセス通知）発送日から株主総会の日の前日までに交付書面の記載内容に修正が生じた場合であっても，修正事項をウェブサイトで周知すれば足り，書面で周知する必要はありません。なお，その重要性に応じて，修正した事項のご案内（お詫び）をシナリオに反映させ，必要に応じて，修正事項を総会当日に株主に配布したり，ビジュアル化対応をしたりすることが考えられます。「2023年度全株懇調査報告書」27頁によれば，修正事項が生じた書類を総会当日に配布した会社は112社（41.3％），特段対応をしなかった会社は121社（44.6％）でした。

(2)　電子提供制度

　従来の「お手許の招集ご通知○頁に記載のとおり……」といった表現については，発送物や当日配布資料に応じて適切な表現への変更を検討することが必要です。フルセットデリバリー以外を採用し，総会当日に資料を配布しない場合は，スクリーンで投影している内容について「前方スクリーンのとおり……」といった説明を行うことが考えられる他，従前インターネット開示事項の説明を行う際に使用していた「当社ウェブサイトに掲載のとおり……」といった表現を用いることも考えられます。また，総会会場の受付で，交付書面の残部や，補助資料としてスクリーンで投影する画面を印刷した資料を来場株主に交付することも考えられます。

　一方で，フルセットデリバリーを採用した場合や，受付でフルセットの冊子を交付した場合は，従来どおりの表現を踏襲することも可能となります。

(3)　ビジュアル化

　事業報告，（連結）計算書類の内容の報告は，近年はビジュアル化を利用した報告が普及しており，トピックス的な内容等株主の関心が高い事項をどこまで報告内容に盛り込むかはシナリオ作成にあたり重要なポイントとなります。

　また，ビジュアル化を実施する場合には，その利用範囲も検討する必要があります。例えば，ナレーター等を活用する場合で，「対処すべき課題」を議長

が説明するのであれば，事業報告に記載の順番通りに報告するのではなく，ナレーターによる報告終了後に，「対処すべき課題」を議長が説明することも考えられます。

　なお，「2023年度全株懇調査報告書」17頁によれば，静止画（パワーポイントのアニメーション類似のものを含む）のみ活用した会社は1,110社（68.5%），動画（ビデオ等）と静止画を活用した会社は313社（19.3%），動画のみを活用した会社は43社（2.7%）でした。

⑷　計算関係書類

　上場企業の多くが連結計算書類を作成しており，事業報告の「株式会社の現況に関する事項」も連結ベースで記載する会社が多いことから，連結計算書類の報告に重点をおき，計算書類において実質的に重複する部分については簡潔に報告することが考えられます。

　なお，「無配」（または剰余金の処分議案がない）の場合，事業報告の中または計算書類報告後，議案説明の前に，無配（剰余金の処分議案がない）の旨を報告することが考えられます。

⑸　出口調査

　議案の採決は従来どおり拍手等で行いつつ，総会出席株主に議案の賛否が記入できる書面を配付し総会終了後に当該書面の提出を受け総会出席株主の賛否の状況を議決権集計結果に加える運営（いわゆる出口調査）を採用する会社があります。

　出口調査を実施する場合，具体的な手続につき，株主にどのように周知するか検討が必要となります。

　手続を周知するため，当日出席株主への「チラシ」の配布，賛否を表示する確認票を案内することが考えられますが，併せて総会前および議事進行のなかで出口調査を案内することが望ましいと思われます。

シナリオ作成時のチェックポイント

① シナリオ全般について

□前回株主総会のシナリオの内容，形態を把握しているか

□読みにくい文字にふりがなをふってあるか

□招集通知の文言との整合性……事業の経過及び成果，対処すべき課題等

□招集通知記載の計数，頁数との整合性……事業の経過及び成果，計算書類等

□計算書類の計数について，前期比との増減の理由はわかりやすいか

□「対処すべき課題」における説明を工夫（充実化）する場合の留意点

　□招集通知記載事項以外について説明する場合「お手許の招集通知には記載がございませんが ……」等の表現がはいっているか

　□計算書類の説明後に「対処すべき課題」の説明をする場合等，招集通知と異なる順序で説明する場合に，「お手許の招集通知○ページに記載の「対処すべき課題」についてご説明いたします」等のように記載箇所を明示する表現がはいっているか

□株主総会参考書類

　□招集通知記載の議案名・番号と一致しているか

　□議案が昨年のままになっていないか

　□可決要件（普通決議，特別決議）は正しく記載されているか

　□個別審議方式の場合，各議案毎に発言を受け付ける箇所があるか

□「賛成」「賛同」の表現の統一がされているか

□報告事項を簡潔にする場合に，どの部分を簡潔に報告するか

　単体（連結）計算書類，事業報告（会社の現況）等

□前述のチェックポイントに関わらず，電子提供制度に対応した表現となっているか

　（フルセットデリバリー，または，来場株主全員または希望者にフルセットの資料を配布する場合を除く）

　□「お手許の招集通知○ページに記載の……」といった表現は適宜修正

　が必要

□資料を配布せず，映像・スライド等を用いた説明を行う場合は「前方
　スクリーンのとおり……」といった表現となる

□総会ビジュアル化画面を印刷した資料を配布する場合は「前方スク
　リーンまたはお手許スライド資料○ページをご参照ください。」と
　いった表現となる

② 　シナリオの体裁について

□綴じ方……報告事項と質疑応答部分を分けるか，すべて一綴じにするか

□文字の文体，大きさ

□縦書きか横書きか

□改行の位置……文や単語，数字の途中等読みにくい箇所で改行していな
　いか

□両面印刷か片面印刷か

□数字は，算用数字か，漢数字か

＊上記②シナリオの体裁については議長によって異なることも考えられます。
　社長交代等により初めて議長になるような場合，事前にシナリオの体裁等
　について確認することが考えられます。

コラム④　執行役員は株主総会で答弁可能なのか？

　株主総会での説明義務者は，会社法314条で「取締役，会計参与，監査役，執行役」と規定されている。そうすると取締役を兼務しない執行役員は，株主総会で回答（説明）することは本条との関係で問題ないのかという疑問が生ずる。

　この点については，取締役である議長が，自らの債務（説明義務）を果たすために，執行役員を履行補助者として選任し，議長の指示をうけて執行役員が回答すると考えれば，執行役員も答弁（回答）は可能と考えられる。株主総会白書〔2023年版〕によると，執行役員が「議長側に出席」と回答した会社は，852社（回答会社全体の43.1％）に上っている。

　なお，議長の責任をもって履行補助者である執行役員に回答させるため，その回答内容については，あくまで議長が責任を負うことになる。すなわち，執行役員の回答が説明義務違反とされた場合には，指名した議長が説明義務違反をしたものと法的には評価されることを意味する。議長が執行役員を指名するのは，その質問に対する回答者としてもっとも適切と考えるからであり，その点では指名された執行役員の回答が不十分というケースは考えにくいものの，必要に応じ，議長として補足などを行うことで，説明義務を尽くし，株主の満足度の向上にも繋がることが期待できる。

　以上，取締役を兼務しない執行役員を前提に述べてきたが，これに限らず，従業員や子会社役員，さらには事務局の弁護士等についても同様のことがいえる。議長が回答者としてもっともふさわしいと考える人から，議長の責任をもって答弁させることが可能ということである。

Q18 ２つの総会運営方式

個別上程個別審議方式と一括上程一括審議方式について教えてください。

Ａ 　個別上程個別審議方式と一括上程一括審議方式の留意点は以下のとおりです。

１．株主総会の進行方法

　株主総会の運営方式には，大きく分けて，個別上程個別審議方式と一括上程一括審議方式の２つの方式があります。

① 　個別上程個別審議方式とは，株主総会の目的事項ごと，すなわち，報告事項と議案ごとに上程，質疑応答，採決（決議事項のみ）を行い，これを繰り返す運営方式です。

② 　一括上程一括審議方式とは，総会の目的事項についてすべて上程したうえで，報告事項および議案について一括して質疑応答を行い，その後，各議案の採決のみを行うという運営方式です。

２．実務上の対応

　法律上，どちらかの運営方式によらなければならないということはありません。会社が運営しやすい方式を採用すればよいと思われます。

　なお，個別上程個別審議方式と一括上程一括審議方式の２つの方式の大きな違いは，報告事項および各議案の質疑応答を一括して行うか，報告事項および議案ごとに個別に行うかという点にあります。株主からの質問は，質問内容が議案ごとに整理されているとは限らず，また報告事項や複数の議案にまたがる質問も存在するため，一括上程一括審議方式を採用したほうが，株主がどのタイミングで質問をすべきかを考える必要がなく，分かり易い面があるといえます。

Q19 議案の修正，撤回等

議案の修正，撤回等を行う場合の留意点を教えてください。

A 1．議案の修正，撤回の手続

招集通知発送前に議案の修正，撤回等をすることは取締役会決議により可能です。他方，招集通知発送後の議案の修正，追加は，株主が不測の損害を被る可能性があるため，株主総会の2週間前までに招集通知を再送付しないかぎり，原則として認められないとする見解が有力です。電子提供制度の下においては，電子提供措置事項のウェブサイトへの掲載後，株主総会日の3週間前または招集通知（アクセス通知）発送前のいずれか早い日（以下「電子提供措置開始日」といいます）までであれば，議案の修正，追加を行うことが可能と考えられます。

なお，招集通知発送後（電子提供制度の下においては電子提供措置開始日後）における議題・議案の縮小的変更，撤回については，株主が不測の損害を被る可能性が低いことから，可能と考えられています。例えば，会社都合による議案の撤回や，取締役，監査役の選任議案において，候補者の急逝や辞退に際し，選任議案を縮小する場合などがあります。

招集通知発送後（電子提供制度の下においては電子提供措置開始日後），総会開催前に議案の修正，撤回を行う際の手続としては，最低限取締役会の決議は必要と考えられます。さらに，招集通知発送後の議案の修正・撤回については，株主総会の承認を得る必要があるとの見解もありますので，議案の撤回を行う場合の手続については，顧問弁護士等と対応を相談する必要があります。

2．修正内容の周知方法

電子提供制度の下では，議案の修正，撤回を行う場合，電子提供措置事項の修正として行われます。電子提供措置事項の修正が認められる範囲や周知の方法等については，Q1-16「電子提供措置事項の修正」をご参照ください。

3．総会当日の対応

議案の修正，撤回については，事前に株主への周知を行っていた場合でも，訂正文を総会会場で配布するのとあわせて，総会において，修正内容につき説明を行うのが望ましいものと思われます。

その際の説明シナリオ例としては，次のようなものが考えられます。

【議案の修正の株主総会シナリオ例】

> 本日の株主総会の目的事項のうち，第○号議案につきましては，○年○月○日に取締役候補者の○○○○氏が急逝されたことから，議案を取締役○名選任の件から取締役○名選任の件に変更し，○○○○氏は候補者から除いております。本修正の内容につきましては，○年○月○日に当社のウエブサイトに掲載させていただいておりますが，改めましてご報告申しあげます。

また，議案の修正，撤回については，株主総会の承認も得る必要があるとする考えに立てば，総会での株主への説明に加えて株主に修正，撤回の内容について諮る手続が必要になります。

4．総会後の対応

議案の修正，撤回等を行った場合，決議通知を修正する必要がありますが，配当関係書類を同封するのであれば，送付を遅らせるわけにもいきません。

このような場合には，決議通知以外の書類を当初の発送日に送付し，決議通知のみを後日送付することも考えられます。また，そもそも決議通知は任意の通知であるため，各株主への送付に代えて，会社のホームページに掲載する対応も緊急避難的な対応として考えられます。

5．通知等の記載例

【招集通知発送後に議案の修正をする通知例（取締役候補者急逝の場合)】

○年○月○日

株主各位

株式会社　○○○○

代表取締役　○○○○

「第○回定時株主総会招集ご通知」の一部修正について

拝啓　平素は格別のご高配を賜り，厚くお礼申しあげます。

さて○年○月○日付けでご送付申しあげました「第○回定時株主総会招集ご通知」の○頁，決議事項第○号議案および株主総会参考書類○頁から○頁の「取締役○名選任の件」につきまして，取締役候補者○○○○氏が急逝されましたので，議案の一部を取り下げ，候補者番号○番の○○○○氏を除く「取締役●名選任の件」として下記のとおり修正させていただきますので，何卒ご了承いただきますようお願い申しあげます。

敬具

記

修正箇所　○頁

（下線は，修正箇所を示します）

修正前	第○号議案 取締役○名選任の件	修正後	第○号議案 取締役●名選任の件

（以下，中略）

以上

Q20 動議の取扱い

総会場で動議が出された場合の対応方法を教えてください。

 株主総会における動議を実質的動議と手続的動議，必要的動議と裁量的動議に分けて考えてみます。

1. 動議の種類

　実質的動議とは，議案に対する修正提案（剰余金処分の議案における配当金の増額の提案等）のことを指します。一方，手続的動議とは，総会運営や議事進行等の手続に関する提案のことを指します。

　また，必要的動議とはその動議が出された場合，その採否を議場に必ず諮る必要があるものをいい，裁量的動議とは，動議が出された場合，議場で採否を諮るかどうか，議長の裁量に任されているものをいいます。

　必要的動議と裁量的動議の主なものは以下のとおりと考えられます。

必要的動議	裁量的動議
・議案の修正提案（修正動議）（会社法304条） ・議長不信任（※） ・総会提出資料等調査者の選任（会社法316条） ・会計監査人の出席要求（会社法398条2項） ・総会の延期，続行（会社法317条）	・休憩 ・質疑打切り ・議案の審議の方法，順序 ・採決の方法，順序 　　　　　　　　　　　　　など

（※）明文の規定なく，解釈による。

２．動議の種類に応じた対応方法

(1)　実質的動議（修正動議）への対応

　修正動議が出された場合，これをいつ採決するのか，また原案との採決の順序をどうするのかが問題となります。

　修正動議が出された場合の，実務上の運営の流れ（一例）を以下に示します。

① 　株主からの発言（修正提案）

② 　議長から，その提案が修正動議であることの確認

　　「株主様，ただいまのご発言は第○号議案に対する修正動議としてお諮りいたしましょうか。ご意見として承っておけばよろしいでしょうか。」

③ 　議長から，動議提出株主への修正提案の趣旨説明等（追加説明）の打診，動議の審議

④ 　議長から，動議の採決を原案の採決の際に行うことの議場への提案

　　「ただいま株主様から動議が提出されましたが，採決はのちほど原案の採決の際に行わせていただきたいと存じます。いかがでしょうか。」

⑤ 　採決に先立ち，原案を先に採決（修正動議を後に採決）することの議場への提案

　　「さきほど修正動議が提出されておりますが，原案を先に採決させていただきたいと存じます。いかがでしょうか。」

⑥ 　原案を採決し，承認可決。これにより修正動議は否決された旨を宣言。

　　「なお，さきほど提出されました修正動議につきましては，原案が承認可決されたことに伴い，否決されたものとしてお取扱いいたします。」

(2)　手続的動議への対応

　手続的動議が出された時は，その動議が必要的動議なのか裁量的動議なのか判別が難しいケースも考えられます。したがって，実務上は必要的動議，裁量的動議のいかんを問わず，これを議場に諮る対応が無難と考えられます。

　ただし，同じような動議を立て続けに提案する等濫用的な場合には，議場に諮ることなく，これを却下する対応も考えられます。そのような場合は事務局にいる顧問弁護士等のアドバイスを仰いで行うのが安全です。

　なお，手続的動議が出された場合で，当日出席株主の状況から，採決の帰趨が明白な場合には，あらかじめ手続的動議用のシナリオ（定型文言）を作成しておき，動議が出された場合には当該シナリオに基づき対応すれば，混乱を防げるものと考えます。

3．動議と議決権行使書の取扱い

　動議が提出されたとき，議決権行使書等による事前行使分を動議の採決にどう反映させるかが問題となります。実質的動議と手続的動議に分けて考えてみます。

⑴　実質的動議（修正動議）の場合

　実質的動議（議案の修正動議）が出された場合，当該議案において事前行使分では「賛成（みなし賛成含む。以下同様）」として集計された分は，修正動議には「反対」として取り扱うのが，合理的な意思の解釈と考えられます。

　一方，「反対もしくは棄権」の意思表示があった場合，修正動議に賛成かどうかは不明ですので，この場合は「棄権」として集計するのが一般的と考えられます。修正動議が可決されるためには，修正動議に対する賛成票が一定割合以上必要となりますので，結果的に「棄権」は「反対」と同様の効果をもつこととなります。

⑵　手続的動議の場合

　議決権行使書やインターネット行使は，あくまで総会当日出席できない株主が，書面もしくはインターネット等により議案の賛否の意思表示を行うものであり，手続的動議の採決には反映されません。

　したがって，手続的動議が出された場合，あくまで当日出席した株主の有する議決権の数に基づき採否を決することとなります。

　このように，議決権行使書等は手続的動議に何ら影響をおよぼさないため，手続的動議が提出される場合に備えて，会社に友好的な大株主に当日の出席を依頼したり，大株主から自主的に包括委任状（手続的動議への対応も含めた一切を授権した委任状）の提出を受けるなどの対応を行うことも考えられます。

Q21 受付の事前準備

株主総会当日の受付について，事前に確認・準備しておくべき事項を教えてください。

A 　株主総会の受付にあたり，事前に確認・準備しておくべき主な事項としては以下のものが考えられます。なお，電子提供制度の下における株主総会当日の留意事項については，Q1-22を参照ください。

1．事前に確認・準備しておくべき事項

(1)　会場ならびに受付場所のレイアウト，株主の動線の確認

株主総会では，多数の株主が短時間で来場することとなりますので，来場株主が滞留しないように受付レーンの数や受付レイアウト，受付後の株主の動線をどうするか，確認が必要です。

(2)　受付人員と役割分担，当日の集合場所・時間等の決定

受付人員の手配と役割分担ならびに当日の集合場所・時間等を決定します。基本的には経験者に担当してもらうのが無難ですが，経験の浅い人が多い場合は，受付事務に慣れた方と経験の浅い人でペアを組むことも考えられます。

受付の事務は日常の業務ではないため，各人の役割分担を明確にし，必要に応じて受付の役割や受付方法，留意事項等につき事前にレクチャーを行うことも有意義です。

(3)　株主への交付物の確認・決定

受付の際に株主に交付するものを準備します。議決権行使書面と引換えに出席票（ポケット差込方式やストラップ方式が多い）を交付するのが通例ですが，招集通知（交付書面）を受付で交付するのか（もしくは要望があった場合のみ交付するのか等を招集通知の送付形態も踏まえて検討します），お土産を用意

するか，お土産はいつ渡すのか等につき，前年までの対応も踏まえて，本年の対応を決定することが必要です。

⑷　イレギュラーケースへの対応方針の確認，決定

付添い者，傍聴希望者への対応，非株主である同居親族や弁護士等が代理人として入場要請した場合の対応等につき前年までの方針と本年の対応方針を確認することが必要です（具体的な方針についてはQ22「当日の対応」参照）。

⑸　出席株主の議決権数等の報告時期の確認，決定

出席株主（事前行使分を含む）の人数，議決権数の議場での報告時期ならびに集計担当者からの数字の連携時期（時間）について本年の対応を確認し，集計を担当（サポート）する代行機関の担当者などとの間で齟齬がないようにすることが必要です。

⑹　役員株主の議決権行使の取扱い

役員の方の議決権行使の方法を確認することが必要です（議決権行使書等による事前行使，委任状の提出，当日出席いずれの対応も可能と考えられますが，ことに総会当日欠席予定の役員については事前行使か委任状提出か確認することが必要です）。

⑺　包括委任状の受任者の確認

包括委任状の提出を受けている場合に，当日代理人として議決権行使する人は誰かを確認するとともに，受任承諾書の提出を受けておくことが考えられます。

⑻　議決権行使書等の集計状況の確認

集計を担当する代行機関等からのデイリー・ベースでの報告に加え，前日（最終分）の結果の報告の連携時間・連携方法を確認するとともに，会社提案議案が問題なく承認可決される状況であることを確認することが必要です（万一，賛否拮抗している場合には，総会当日の採決方法等を検討することが

必要です)。

2．当日用意すべき受付関係の用具類等

受付関係で当日用意・持込すべき書類・用具類等の例は以下のとおりです。

実務上は，用意すべき書類・用具等につき，名称に加え，用意すべき数量，使用目的，誰が用意するのかといった事項とチェック欄を設けてチェックリストを作成することが考えられます。

受付関係の書類・用具類等
① 出席票（または入場票）
② 株主総会受付整理票（⇒議決権行使書提出済株主の出席の場合等に使用）
③ 株主総会出席者名簿（⇒当日出席者を記載するリストの白紙）
④ 全株主名簿（全株主明細CD-ROMを使用する場合はパソコンの用意）
⑤ 事務用品（鉛筆・ボールペン，消しゴム，クリップ，ホチキス，ホチキス針，電卓，輪ゴム，付箋，議決権行使書用紙を運ぶトレイなど）
⑥ 招集通知・交付書面（予備）
⑦ お土産（⇒株主配付用）
⑧ 議決権行使書等集計の最終報告（議決権行使株主のリスト等を含む）
⑨ 会社案内，統合報告書等

Q22 当日の対応

株主総会当日の受付事務の留意事項を教えてください。

A 　株主総会当日の受付事務の留意事項は以下のとおりです。
　株主総会の受付事務では，株主（議決権のある株主）をスムーズに入場させることが最も重要なポイントとなります。株主をスムーズに入場させるため，実務上は会社が招集通知に同封して株主宛に送付した議決権行使書用紙を総会場の受付に提出した者を株主本人と推定して総会場への入場を認める取扱いが一般的です（議決権行使書用紙を持参しなかった株主については，株主名簿への登録を確認したうえで入場を認めることになります）。

　入場資格のある株主以外の者は原則として入場を拒むことになりますが，会社の方針によって入場を認めることもあります。例えば，お身体の不自由な株主の介添人，株主に同伴した家族，外国人株主の通訳などは議事進行の妨げにならない範囲で入場を認めることが考えられます。

　次に，株主は代理人によって議決権を行使することができます（会社法310条）が，上場会社は，通常，定款にてその代理人資格を議決権のある他の株主（1名）に制限しています。この定款規定は，株主総会が株主以外の第三者によって撹乱されることを防止し，会社の利益を保護する趣旨と認められ，合理的な理由による相当程度の制限として有効とされています（最判昭和43年1月1日民集22巻12号2402頁）。したがって，株主の代理人と称する者が総会場への入場を求める場合は，代理人本人分の議決権行使書用紙とともに代理権を証する書面（委任状）の提出を求めることになります。

　代理人を株主に限定する上記の定款規定の適用との関係で問題となるケースには，以下の場合などが考えられます。

①	地方公共団体や株式会社など法人株主の代表者が職員または従業員に議決権代理行使をさせる場合
②	株主の法定代理人が議決権代理行使をする場合
③	株主以外の弁護士に議決権代理行使をさせる場合
④	外国人株主など株主名簿上の株主（いわゆるノミニー名義）の実質株主が総会場での議決権行使を希望する場合
⑤	信託銀行名義の株式について信託の委託者や受益者が総会場での議決権行使を希望する場合

　それぞれの場合における基本的な考え方は次のとおりです（第65回全国株懇連合会第1分科会審議事項「議決権等に係る実務上の諸問題」35頁以下参照）。

(1)　法人株主の職員等

　株主である地方公共団体，株式会社がその職制上上司の命令に服する義務を負い，議決権の代理行使にあたって法人の代表者の意図に反することができないようになっている職員または従業員に議決権を代理行使させることは，代理人を株主に限定する上記定款規定に反しないとする判例（最判昭和51年12月24日民集30巻11号1076頁）があり，法人株主の職員等が来場した場合には総会場への入場を認めています。当該職員等からは，法人株主の議決権行使書用紙の提出を受けることになりますが，法人株主の代表者が作成した職務代行通知書や名刺の提出をあわせて依頼することも少なくありません。

(2)　株主の法定代理人

　未成年者の株主の親権者，成年後見人等の法定代理人については，戸籍抄本や登記事項証明書等によって代理権を有することを確認して，総会場への入場を認めることになると考えられます。株主名簿にあらかじめ登録されている法定代理人については，通常の株主と同様に，法定代理人宛に送付された議決権行使書用紙の提出を受けて入場を認めることになります。

(3)　株主以外の弁護士等

　弁護士による議決権の代理行使について，これを認めるか否かは裁判例も分

かれています（肯定したケースとして神戸地裁平成12年3月28日判決（判タ1028号288頁），否定したケースとして宮崎地裁平成14年4月25日判決（金判1159号43頁）など）。

　実務としては，株主以外の弁護士等を代理人と認める会社は極めて少ないのが実情です。

(4) 外国人株主などの実質株主

　外国人株主などの実質株主は，株主名簿上の株主でないため，原則として議決権を行使することはできません。ただし，会社が認めれば，実質株主が議決権を行使するために株主総会に出席することも可能と考えられています。また，外国人株主などの実質株主に対しては，代理人を株主に限定する上記定款規定の適用はないとする考え方も有力です。

　実務としては，2015年11月に全国株懇連合会が，株主総会基準日において株主名簿に記載されている株主（名義株主）ではないグローバルな機関投資家等（実質株主）から株主総会への出席を求められた場合の法的論点を整理するとともに，株主総会出席の円滑化の要請と株主総会運営の安定化の要請とのバランスを図る観点から，必要となると思われる手続や参考書式例等を「グローバルな機関投資家等の株主総会への出席に関するガイドライン」で示しています。

　当該ガイドラインの中でも，各社の創意等により，グローバル機関投資家等との対話を促進する前向きな工夫がさらに進展していくことを期待したい旨が示されており，各社が当該ガイドラインを基に，実質株主から総会出席の要請があった場合の対応を検討しておくことが考えられます。

(5) 投資信託の委託者

　投資信託及び投資法人に関する法律10条は，投資信託財産として保有する株式については委託者が議決権の行使について指図するものとし，かつ，会社法310条5項（代理人の数の制限）の規定は適用しないとしています。これにより，同一の信託銀行が複数の投資信託の受託者となっており，複数の投資信託委託業者が同一銘柄につきそれぞれ自己を代理人として委託することを指示したときは同一銘柄について複数の代理人が株主総会に出席することは，定款違反に

ならないと解する見解が有力と解説されています（「会社法下の株主総会における実務上の諸問題」（旬刊商事法務1807号68頁））。

252

 ## コラム⑤　事前質問状恐るるに足らず？

　株主総会の前に事前質問状が送付されてきた場合，皆様はどのようにお考えになるだろうか。たしかに，質問状なる名称で厳しい口調の質問が記載されている文書が送付されてくると憂鬱な気分になるのも無理はない。しかしながら，発想を変えれば，それほど恐れるものではなく，むしろ前向きに考えることも可能である。

　事前質問状は，会社法施行規則71条1号イに定める「総会日の相当期間前における事前の通知」に該当するものであり，「調査が必要」という理由で説明（回答）を拒絶できないという法的効果を発生させるのみである。したがって，改めて総会場で質問しない限り説明義務（回答義務）は生じないし，質問状に記載された質問が他の事由により拒絶可能であれば当日質問が出されても回答の必要はない。考えようによっては，相手が事前に手の内を明かしているものであり，質問内容を説明義務の有無に分類のうえ，想定問答を準備することが可能となる。総会当日も質問を待たずあらかじめ説明（一括回答）しておけば，その後質問がでたときも「先ほどご説明の通り……」と対応することができる。

　このように事前質問は会社にとって必ずしも不利益をもたらすものではないことから，事前に株主から質問を募る会社も一定数見られる。株主総会白書［2023年版］によると，事前質問を募集した会社は348社（回答会社全体の17.6％）であった。もちろん，いやがらせ的に多数の質問が事前に送付されてくるとその対応も負担が大きくなるため，会社の状況にもよるものの，株主との対話の充実策の一つとして検討する価値はあるように思う。

Q23 株主総会後の事後処理

株主総会後の事後処理について教えてください。

1．「決議通知」

Ⓐ 会社法上の規定はありませんが，株主総会に出席できない大多数の株主のために株主総会の決議内容を案内する「決議通知」を発送している会社が多いようです。決議通知を株主宛て送付した会社は1,021社（62.9%）となっています（2023年度全株懇調査報告書32頁）。

2．有価証券報告書の提出

株式が上場されている会社においては，事業年度終了後3カ月以内に有価証券報告書を管轄の財務局長に，電子開示システム（EDINET）により提出する必要があります（金融商品取引法24条1項等）。なお，企業内容等の開示に関する内閣府令により，有価証券報告書を定時株主総会前に提出することも可能です（開示府令17条1項1号ロ，19条2項9号の3）。

有価証券報告書が定時株主総会前に提出されれば，株主の意思決定のため有益な情報となりますが，有価証券報告書に記載された決議事項が定時株主総会で修正されたり否決された場合，臨時報告書でその内容を開示する必要があります（開示府令19条2項9号の3）。

3．配当金の支払い

配当金は債権として成立後，遅滞なく持参債務の方法により支払います（会社法457条）。具体的な配当金の支払方法については，株主に配当金領収証を送付して支払う方法や株主指定の口座に振り込む方法，証券会社を通して配当金を支払う方法（株式数比例配分方式）があります。

4．臨時報告書の提出（議決権行使結果の開示）

　株式が上場されている会社において決議事項が決議された場合には，遅滞なく臨時報告書を管轄の財務局長に，電子開示システム（EDINET）により提出する必要があります（金融商品取引法24条1項，開示府令19条2項等）。

　議決権行使結果の開示についてはQ27「議決権行使結果の開示と臨時報告書の作成」をご参照ください。

5．コーポレート・ガバナンス報告書の提出

　上場内国株券の発行者は株主総会後，コーポレート・ガバナンス体制等を記載したコーポレート・ガバナンス報告書をTDnetを通じて総会の日以後遅滞なく提出する必要があります（上場規程419条）。

　また，記載内容については，事業報告，有価証券報告書との整合性に留意する必要があります。

6．議決権行使書，委任状等の備置

　株主総会の日から3カ月間，株主から提出された議決権行使書，委任状または電子投票の電磁的記録を本店に備置し，株主からの閲覧・謄写請求に供する必要があります（会社法310条6項，311条3項，312条4項）。不統一行使の事前通知も議決権行使書と一体のものですので，セットとして備置します。なお，当日出席者が持参した議決権行使書用紙は出席票としての位置づけになり，法律上の備置の対象ではありませんが，総会当日の出席者の本人確認資料として3カ月間保存しておきます。なお，法定備置書類については，巻末の参考資料5「法定備置書類」をご参照ください。

7．株主総会議事録の作成

Q24「株主総会議事録の作成」をご参照ください。

8．取締役会議事録の作成

Q25「定時株主総会後の取締役会議事録」をご参照ください。

9．監査役会議事録の作成

Q26「定時株主総会後の監査役会議事録」をご参照ください。

10．登　記

Q28「株主総会後の登記」をご参照ください。

11．「配当金に係る税金」の納付

　配当金に係る税金は支払月の翌月10日までに納付する必要があります（所得税法181条，地方税法71条の31，復興財源確保法28条）。また，支払確定日より1カ月以内に配当金支払調書を税務署長に提出する必要があります（所得税法225条1項2号）。

　また，配当金領収証等の書式表示印紙税についても納税する必要があります（印紙税法11条）。配当金に係る税金の納付時期については，巻末の参考資料2「株主総会日程モデル」をご参照ください。

12．電子提供措置

　電子提供措置（＝ウェブサイトへの掲載）は，電子提供措置開始日から株主総会の日後3カ月を経過する日までの間（＝電子提供措置期間），継続して行わなければなりません（会社法325条の3第1項）。したがって，2024年6月27日（木）に株主総会を開催する場合，2024年6月6日（木）午前0時までに電子提供措置を開始し，2024年9月27日（金）午後12時（＝同年9月28日（土）午前0時）まで掲載する必要があります。

　電子提供措置事項に係る情報は，株主総会の決議取消の訴えに係る訴訟において，証拠等として使用される可能性があり，当該訴えの提訴期間が株主総会の決議の日から3カ月以内とされていること（会社法831条1項）との関係によるものです。

Q24 株主総会議事録の作成

株主総会議事録の記載例を教えてください。

A 会社法においては，株主総会の議事録は法務省令で定めるところにより作成しなければならないこととされ（会社法318条1項），会社法施行規則において，記載すべき内容として次の事項が定められています（会施規72条3項）。

① 開催の日時および場所

② 議事の経過の要領およびその結果

③ 株主総会において述べられた監査等委員，会計参与，監査役，会計監査人の意見または発言の内容の概要

④ 株主総会に出席した取締役，執行役，会計参与，監査役，会計監査人の氏名または名称

⑤ 議長の氏名

⑥ 議事録の作成に係る職務を行った取締役の氏名

【議事録作成上の留意点】

(1) 日時および場所については，当該場所に存しない取締役（監査等委員会設置会社にあっては，監査等委員又は監査等委員以外の取締役。上記④において同じ），執行役，会計参与，監査役，会計監査人または株主が株主総会に出席した場合における当該出席の方法を含むこととされています。これは，テレビ会議等によって出席することを想定しているものと思われます。

(2) 上記③の監査等委員，会計参与，監査役，会計監査人の意見または発言の概要とは，監査等委員については，①監査等委員の選任，解任，辞任についての意見（会社法342条の2第1項），②辞任した監査等委員の辞任した理由（同条2項），③監査等委員会が選定する監査等委員による，監査等委員以外

の取締役の選任，解任，辞任についての意見（同条4項），④監査等委員の報酬等についての意見（会社法361条5項），⑤監査等委員会が選定する監査等委員による，監査等委員以外の取締役の報酬等についての意見（同条6項）等がこれに該当します。監査役についていえば，辞任についての意見（会社法345条4項），総会提出書類調査権に基づく報告（同384条）または監査役報酬等についての意見（同387条3項）等がこれに該当します。会計監査人についていえば，選任・解任・不再任・辞任についての意見（同345条5項），会計監査報告の適法性等について監査役と意見が異なる場合の意見（同398条1項）または定時総会において出席を求められ出席して述べた意見（同398条2項）等がこれに該当します。

(3)　会社法において，株主総会の議事録には，議長および出席した取締役の署名または記名押印は必要とされていません（会社法318条）。ただし，定款において署名または記名押印を行うこととしている場合には，署名または記名押印を行うことになります。

(4)　株主総会議事録の作成は，代表取締役や執行役の業務執行権限に属するものではないと解されているため，代表取締役以外の取締役においても作成することは可能です。

　以上は一般的な株主総会（現に開催された総会）の議事録の記載内容ですが，会社法においては，株主総会の決議があったものとみなされる場合（会社法319条1項）および株主総会への報告があったものとみなされる場合（同320条）についても株主総会の議事録を作成しなければならないこととされています。この場合の議事録には次の内容を記載することとされています（会施規72条4項1号・2号）。

〈株主総会の決議があったものとみなされる場合の議事録の記載内容〉

①　決議があったものとみなされた事項の内容

②　提案者の氏名

③　決議があったものとみなされた日

④　議事録の作成に係る職務を行った取締役の氏名

〈株主総会への報告があったものとみなされる場合の議事録の記載内容〉

①　報告があったものとみなされた事項の内容
②　報告があったものとみなされた日
③　議事録の作成に係る職務を行った取締役の氏名

　以下，一般的な株主総会議事録のモデルを掲載します。
　なお，総会シナリオの組立てまたは議案その他の状況により記載方法は変わってくる部分があることにはご留意ください。また，前記の監査役等の意見または発言がない場合のモデルとしています。

＜株主総会議事録モデル＞

第○○回定時株主総会議事録

　当社の第○○回定時株主総会を以下のとおり開催した。

1　開催日時　○年○月○日　午前○○時
2　開催場所　東京都○○区○○町○丁目○番○号　当社本店会議室
3　出席状況
　(1) 議決権を行使できる株主の総数
　　　　　　　　　　　　（○年○月○日現在）　　　　○○○○名
　(2) 議決権を行使できる株主の有する議決権の総数
　　　　　　　　　　　　（○年○月○日現在）　○○○○○○○個
　(3) 本日出席の株主数　　　　　　　　　　　　　　○○○名
　(4) その議決権数　　　　　　　　　　　　　　　　○○○○個
　(5) 議決権行使書による議決権行使株主数　　　　　○○○○名
　(6) その議決権数　　　　　　　　　　　　　　　○○○○○個

(7) 電磁的方法による議決権行使株主数　　　　　○○○名

(8) その議決権数　　　　　　　　　　　　　○○○○個

(9) 合計　　　　(4)+(6)+(8)　　　　　　　○○○○○個

　　代表取締役社長○○○○は，定刻に議長席に着き，定款第○条の定め
により本総会の議長となる旨を述べ，引き続き開会を宣言し，本日の出
席株主数およびその議決権数等を報告し，本総会に上程される議案の決
議に必要な定足数を満たしている旨を述べた。

　　ついで，議長は，本日の議事の進め方について，株主の発言は監査役
の監査報告，報告事項の報告および決議事項の各議案の内容説明がすべ
て終わった後に，報告事項と決議事項を合わせた本日の付議事項全般に
ついて一括して受けることとし，その審議後は決議事項について採決の
みを行う旨を説明した。

＜報告事項の報告＞

　　議長は監査役に監査報告を求めたところ，常勤監査役○○○○が監査
役○名の意見が一致している旨を述べたうえ，別添の「連結計算書類に
係る監査報告書」および「監査役会の監査報告書」に基づき監査報告を
行った。

　　ついで，議長は別添の事業報告，連結計算書類，計算書類の内容を報
告し，その後，連結計算書類に係る会計監査人の監査報告および監査役
会の監査報告の内容および監査結果について，先に述べた監査役の監査
報告の内容を確認した。

＜決議事項の上程＞

第1号議案　剰余金の処分の件

　　議長から，本議案の上程趣旨の説明が別添の株主総会参考書類のとお
り行われ，期末配当金として，普通株式1株につき○円，総額○，○○
○，○○○円を○年○月○日にお支払いしたい旨，また剰余金の処分と
して，繰越利益剰余金○，○○○，○○○円を減少させ，同額を別途積

260

立金としたい旨の説明があった。

第2号議案　定款一部変更の件

　議長から，本議案の上程趣旨の説明が別添の株主総会参考書類のとおり行われ，事業目的を追加するため，定款一部変更したい旨の説明があった。

第3号議案　取締役○名選任の件

　議長から，本議案の上程趣旨の説明が別添の株主総会参考書類のとおり行われ，取締役○名を選任したい旨の説明があった。

　ついで，議長は報告事項および決議事項の各議案について，質問および動議を含めた一切の発言を受けた後，決議事項について採決のみを行いたい旨を述べ，これを議場に諮り，出席株主の議決権の過半数の賛成により承認された。

＜質疑応答＞(※)

　議長より発言を受ける旨述べたところ，以下の質問があり，それぞれ回答がなされた。

　　株主○○○○氏

　　　第○号議案の○○○について，○○○であるのか。

　　議長

　　　質問の件は，○○○である。

（※）質疑応答については，発言者，発言内容，回答者および回答内容を具体的かつ詳細に記載する形で作成しているが，必ずしもこれらの項目をすべて詳細に記載する必要はない。

　議長は，報告事項および決議事項に関し，十分審議を尽くしたので，質問および動議を含めた審議を終了し，各議案の採決を行いたい旨を述べ，議場に諮ったところ，出席株主の議決権の過半数の賛成を得たので，決議事項の採決に入った。

＜採決＞

第1号議案　剰余金の処分の件

　議長より賛否を議場に諮ったところ，出席した株主の議決権の過半数の賛成をもって本議案は原案どおり承認可決された。

第2号議案　定款一部変更の件

　議長より賛否を議場に諮ったところ，出席した株主の議決権の3分の2以上の賛成をもって本議案は原案どおり承認可決された。

第3号議案　取締役○名選任の件

　議長より賛否を議場に諮ったところ，出席した株主の議決権の過半数の賛成をもって，原案どおり○○○○，○○○○，・・・および○○○○の○名が取締役に選任された。なお，被選任者はそれぞれその場で就任を承諾した。

………

　以上をもって本総会の目的事項はすべて終了したので，議長は午前○○時○○分閉会を宣言した。

　以上の議事の経過およびその結果を明確にするため，代表取締役社長○○○○が本議事録を作成する。

○年○月○日

　　　　　　　　　　○○○○株式会社　第○○回定時株主総会

　　　　　　　　　　　　　　議長ならびに出席取締役

　　　　　　　　　　　　　　および監査役

　　　　　　　　　　議長　代表取締役社長　○○○○　㊞

　　　　　　　　　　　　　専務取締役　　　○○○○　㊞

　　　　　　　　　　　　　取締役　　　　　○○○○　㊞

　　　　　　　　　　　　　　　………

　　　　　　　　　　　　　監査役　　　　　○○○○　㊞

　　　　　　　　　　　　　監査役　　　　　○○○○　㊞

　　　　　　　　　　　　　　　………

　会社法では，株主総会議事録等の備置期間について，備置の始期が明確に定められていることから，当該備置開始日を起算として法定期間，各種書類を本店等に備え置くことが必要です。例えば，株主総会議事録については，「株主総会の日から10年間」（会社法318条２項）とされていることから，会社は総会終了後，遅滞なく当該議事録を作成し，本店等に備置することが必要となります。総会議事録の作成を完了した時期につきましては，「株主総会白書2023年版」（149頁）によりますと，「総会当日」が476社（24.1%）で最も多く，次いで「翌日」が432社（21.8%），「３日目」が311社（15.7%）の順になっています。

Q25	定時株主総会後の取締役会議事録
	定時株主総会後の取締役会議事録の記載例を教えてください。

A 　定時株主総会後の取締役会において付議すべき事項として，代表取締役の選定，業務執行取締役，役付取締役の決定，執行役員，使用人職務の委嘱，取締役の報酬等の決定などが考えられます。取締役会議事録の記載事項については，会施規101条3項に定められています。

　具体的な記載例は以下のとおりです（取締役の任期は1年としています）。

〈定時株主総会後の取締役会議事録記載例〉

取締役会議事録

1　開催日時　　○年○月○日　午前○時○分
2　開催場所　　当社役員会議室
3　出席取締役　○名(取締役総数　○名)
　　出席監査役　○名(監査役総数　○名)

　上記のとおり出席があり，出席取締役の互選により取締役社長○○○○は議長となり，開会を宣言して議事に入った。

1　代表取締役選定の件

　　議長は，第○回定時株主総会において，取締役○名が選任されたため，定款第○条の規定に基づき，代表取締役の選定を行いたい旨述べ，以下

　のとおり諮ったところ，出席取締役全員が異議なく原案どおり承認可決された。

　　　　代表取締役会長　　○○○○
　　　　代表取締役社長　　○○○○

2　役付取締役選定の件

　　議長は，以下のとおり役付取締役の選定を議場に諮ったところ，出席取締役全員が異議なく原案どおり承認可決された。

　　　　専務取締役　　○○○○
　　　　常務取締役　　○○○○

3　株主総会および取締役会の代行者の順位

　　議長は，定款第○条○項に定める株主総会の招集権者および議長および定款第○条○項に定める取締役会の招集権者および議長の代行者について以下のとおり諮ったところ，出席取締役全員が異議なく原案どおり承認可決された。

　　　　第1順位　専務取締役　　○○○○
　　　　第2順位　常務取締役　　○○○○

4　業務執行取締役の選定の件

　　議長は，各部門の業務執行者を以下のとおり選定したい旨諮ったところ，出席取締役全員が異議なく原案どおり承認可決された。

　　　　専務取締役　　○○○○　　○○部門担当
　　　　常務取締役　　○○○○　　○○部門担当

5　執行役員選任，使用人職務の委嘱の件

　　議長は，以下のとおり執行役員を選任することおよび取締役に使用人としての職務を委嘱したい旨，諮ったところ，出席取締役全員が異議なく原案どおり承認可決された。

　　　　取締役　　　　○○○○　　○○部長

取締役	○○○○	○○支店長
常務執行役員	○○○○	○○部門担当
執行役員	○○○○	○○工場長

6　取締役の報酬等の件

　　議長は，取締役の報酬について第○回定時株主総会において承認され
ている年額○○百万円以内の範囲で，各取締役に対する支給額を代表取
締役である○○○○に一任したい旨，諮ったところ，出席取締役全員が
異議なく原案どおり承認可決された。

　　なお，議長より使用人兼務取締役の使用人分の給与は含まれない旨の
説明があった。

7　第○期有価証券報告書および内部統制報告書提出の件

　　議長より，第○期有価証券報告書および内部統制報告書を別添の内容
で関東財務局へ提出したい旨諮ったところ，出席取締役全員が異議なく
原案どおり承認可決された。

8　監査役会の報告事項

　　○○常勤監査役より，定時株主総会終了後に開催された監査役会で常
勤監査役として○○○○が選定された旨および監査役の協議により各監
査役の受けるべき報酬等の額が別添(略)のとおり決定した旨の報告があ
った。

　　以上をもって議事が終了したので，議長は午前○時○分に閉会を宣言し
た。

　　上記の議事の経過およびその結果を明確にするため，本議事録を作成し，
出席取締役および監査役が次に記名押印する。

　　○年○月○日
　　　東京都○○区○丁目○番○号
　　　　　○○○○株式会社　　取締役会

議長　代表取締役社長　○○○○　㊞

専務取締役　○○○○　㊞

取締役　○○○○　㊞

・・・・・・・・・・

常勤監査役　○○○○　㊞

監査役　○○○○　㊞

・・・・・・・・・・

Q26 定時株主総会後の監査役会議事録

定時株主総会後の監査役会議事録の記載例を教えてください。

A 　任期満了に伴う監査役の改選により，監査役会の構成メンバーが代わった場合定時株主総会後の監査役会において，常勤監査役の選定，監査の方針等に関する事項，監査役の報酬等の決定をすることなどが考えられます。監査役会議事録の記載事項については，会社法施行規則109条3項に定められています。

　具体的な記載例は以下のとおりです。

〈定時株主総会後の監査役会議事録記載例〉

監査役会議事録

1　開催日時　○年○月○日　午前○時○分
2　開催場所　当社監査役室
3　出席監査役　○名（監査役総数　○名）

　上記のとおり出席があり，出席監査役の互選により○○監査役が議長となり，○○監査役が開会を宣言して議事に入った。

1　常勤監査役選定の件
　議長より，○○監査役，○○監査役を常勤監査役に選定したい旨諮ったところ，出席監査役全員が異議なく原案どおり承認可決された。

268

なお，○○監査役，○○監査役は常勤の監査役への就任を承諾した。

2　監査方針等決定の件
　　議長より，別添の「○年度監査方針」(略)について説明のうえ，原案のとおり実施したい旨諮ったところ，出席監査役全員が異議なく原案どおり承認可決された。

3　監査役の職務分担の件
　　議長より，別添の「職務分担表」(略)について説明のうえ，原案のとおり分担したい旨諮ったところ，出席監査役全員が異議なく原案どおり承認可決された。

4　監査役の報酬等の決定の件
　　議長より，別添の資料(略)に基づき各監査役の受けるべき報酬等の額について協議したい旨諮ったところ異議もなく，協議した結果，原案どおり全員一致で決定した。

以上をもって議事が終了したので，議長は午前○時○分に閉会を宣言した。上記の議事の経過およびその結果を明確にするため，本議事録を作成し，出席監査役が次に記名押印する。

○年○月○日
　　東京都○○区○丁目○番○号
　　　○○○○株式会社　　監査役会
　　　　　　議長　常勤監査役　　　○○○○　㊞
　　　　　　　　　常勤監査役　　　○○○○　㊞
　　　　　　　　　社外監査役　　　○○○○　㊞
　　　　　　　　　社外監査役　　　○○○○　㊞
　　　　　　　　　社外監査役　　　○○○○　㊞

Q27 議決権行使結果の開示と臨時報告書の作成

議決権行使結果の開示と臨時報告書の作成について教えてください。

A

1．議決権行使結果に関する臨時報告書での開示

　金融商品取引法24条の5第4項の規定および開示府令19条2項9号の2の定めにより，上場会社は，臨時報告書による議決権行使結果の開示が義務づけられています。

2．臨時報告書への記載事項

　開示府令の定めによると，上場会社の株主総会で決議事項が決議された場合，以下の事項を臨時報告書で開示することとされています。

- ① 当該株主総会が開催された年月日
- ② 当該決議事項の内容
- ③ 当該決議事項（役員の選任または解任に関する決議事項である場合は，当該選任または解任の対象とする者ごとの決議事項）に対する賛成，反対および棄権の意思の表示に係る議決権の数，当該決議事項が可決されるための要件ならびに当該決議の結果（※）
  - （※）「当該決議の結果」として，「決議事項が可決されたか否か，及びその根拠となる賛成又は反対の意思の表示に係る議決権数の割合」を記載することが必要
- ④ ③の議決権の数に株主総会に出席した議決権の数（代理人による行使分，書面投票分，電子行使分により算入する議決権の数を含む）の一部を加算しなかった場合には，その理由

　上記④の理由としては，例えば，「事前行使分および当日出席の一部の株主

から各議案の賛否に関して確認できたものの集計により各決議事項が可決されるための要件を満たし，会社法に則って決議が成立したため当日出席の株主の議決権の数の一部を加算しておりません。」などが考えられます。

また，株主総会で決議事項が決議された場合に臨時報告書の提出が必要となりますので，報告事項のみの総会の場合には，臨時報告書の提出は不要です。

3．議決権行使結果開示に際しての検討事項
(1) 賛否の集計対象の検討

臨時報告書作成にあたり，まず検討すべき事項は，賛否の集計対象をどうするかであるといえます。

開示府令では，決議事項に対する賛成等の議決権の数の記載にあたり，株主総会当日出席者全員の分まで議場投票等により集計することは要求されていません。また，「株主総会に出席した株主の議決権の数の一部を加算しなかった場合には，その理由」（開示府令19条2項9号の2ニ）を記載することとされていることからも，議案の可否が判明することを前提に一部集計をしないことを想定しているといえます。

そこで，賛否の集計対象としては，実務上①「事前行使分のみ集計」，②「事前行使分＋当日出席株主の一部を集計」，③「事前行使分＋当日出席全株主の分を集計」の3つの対応が想定されますが，「2023年度全株懇調査報告書」8頁によると，「事前行使分＋当日出席株主の一部」を対象としたとの回答が，74.7％となっています。これは，一定の賛成比率を確保しつつ，集計作業で実務上の負担が大きくならないようにしたいというニーズのもと折衷的な対応をとった会社が多かったためと思われます。

なお，賛否の集計対象を「事前行使分＋当日出席株主の一部」とする場合，集計対象とする当日出席株主の範囲をどうするかも検討が必要です。もし，賛成比率が相対的に低く，その原因が集計対象外の株主の議決権比率が相当程度あることによるのであれば，集計対象の当日出席株主の範囲を拡大することも検討すべきでしょう。

(2)　当日出席役員・大株主の賛否確認方法と証跡について

　賛否の集計対象として，当日出席の役員と大株主を含める場合，議案に対する賛否の確認をどうするかが問題となります。臨時報告書という法定書類での開示ということを勘案し，賛否の数字の根拠となる意思表示の証跡を残す場合，どのような方法によるべきか検討が必要となります。

　なお，賛否の意思確認の証跡が必要となるのは，臨時報告書の記載数値に誤りがあることを指摘されたような場合であり，現実的にはほとんど想定されません。

　また，会社提案に賛成した証として，任意に賛否が記載された書類の提出を受けたとしても，議決権行使書や委任状と異なり，備置義務はないとされています（旬刊商事法務1898号19頁）。

4．臨時報告書作成における実務上の留意事項

(1)　記載事項としての「当該決議事項の内容」の意味

　「決議事項の内容」については，開示府令で明確に定義されていませんが，金融庁の見解（2009年3月31日付金融庁パブリックコメント結果項番16）では，「基本的には議題を記載することとなると考えられますが，議題の記載だけでは，他の議題と区別がつかなくなる場合には当該他の議題と明確に区別できる記載が必要」とされています（例えば，剰余金処分の件として，会社提案と株主提案がある場合，いずれかが明確になるよう記載することが必要と考えられます）。

　また，取締役選任議案ならびに監査役選任議案等で候補者が複数の場合は，候補者ごとの賛否等の個数の開示が必要となるため，決議事項の内容として候補者名も記載するべきものと考えられます。

(2)　決議事項が可決されるための要件について

　可決要件として記載する内容は，議案の成立要件と併せて定足数も記載が必要です。なお，金融庁の見解（上記パブリックコメント項番17）では，「『当該決議事項が可決されるための要件』として，定足数及び議案の成立に必要な賛成数に関する要件を記載する必要があると考えられます」としています。した

272

がって，可決するために必要な議決権の個数を記載するのではなく，法の定めや定款の規定のように，例えば，定足数のない普通決議であれば，「出席株主の有する議決権の過半数の賛成」と記載し，特別決議（定足数は定款で要件緩和）であれば，「議決権を行使することができる株主の議決権の3分の1以上を有する株主が出席し，出席した株主の議決権の3分の2以上の賛成」といった記載をすることが考えられます。

(3) 決議の結果としての記載事項について

「決議の結果」としては，「議案の可決，否決」に加え，「その根拠となる賛成または反対の意思表示に係る議決権の割合」の記載が必要です（企業内容等の開示に関する留意事項について（企業内容等開示ガイドライン）「基本ガイドライン」24-5-30）。ここで，各議案の賛成または反対の比率を算定するにあたっての分母は，出席株主（事前行使株主と当日出席株主）の議決権の合計数とするのが適切です。なぜなら，議案の成立要件としては，出席株主の議決権の数の過半数（普通決議）や3分の2以上（特別決議）と定められているため，出席株主の議決権の数を分母とすることにより成立要件を充足しているかどうかが明確となるからです。

(4) 議案を事前に撤回した場合の取扱いについて

議題・議案が撤回された場合には，決議事項ではなくなりますので，決議事項としての記載や賛否の個数等の記載は不要となります。ただし，この場合，議案の撤回を行った旨ならびに賛否等の議決権数の集計は行っていない旨を注記することが考えられます。

(5) 動議の取扱いについて

議案に関する修正動議が提出された場合，原案先議方式を採用し，原案の承認可決をもって動議は採決せず否決されたものと取り扱うケースが多いと思われます。

したがって，原案先議方式を採用した場合は，臨時報告書の記載にあたり，原案が会社法上適法に成立した旨および「修正動議は成立の余地がなくなった

ため，議決権数を集計していない」旨を注記すれば足りると考えられます。

　一方，動議先議方式を採用した場合，動議の採決結果につき，賛否の個数を含めて記載することが必要となります。事前行使分は反対（原案に賛成の場合）もしくは棄権（原案に反対もしくは棄権の場合）に算入し，当日出席の役員や大株主分についてはその意思にもとづき算入することになります。

　動議に「反対」の者に挙手等させることにより採択するのであれば，反対比率を示すことも考えられます。

　なお，臨時報告書に記載すべき動議は，決議事項の修正動議に限られ，議長不信任動議等いわゆる手続的動議は「決議」に含まれないとの見解が示されています（前記金融庁パブリックコメント結果項番28）。

(6)　臨時報告書の提出時期

　臨時報告書の提出は「遅滞なく」行うことが必要です。「遅滞なく」の意味するところは，金融庁から「臨時報告書作成に要する実務的に合理的な時間内に提出されれば」足りるとの見解が示されています（前記金融庁パブリックコメント結果項番15）。

　なお，臨時報告書を有価証券報告書より前もしくは同日に提出する場合，有価証券報告書に臨時報告書を提出している旨その他の記載が必要となるため注意が必要です（開示府令，第三号様式の記載上の注意（58）ａ，ｂ参照）。

5．臨時報告書以外での議決権行使結果の開示

　議決権行使結果は臨時報告書で遅滞なく開示することが必要ですが，参考情報として併せて自社のHPでも開示することが考えられます。

Q28 株主総会後の登記

株主総会後に登記すべき事項にはどのようなものがあり
ますか。

1．登記事項

会社法における株式会社の主な登記事項は下記のとおりです（会社法
911条 3 項）。株主総会で役員や会計監査人の選任議案が決議された場合には，
選任に係る登記が必要となる他，定款変更議案が決議された場合は，新設・変
更・削除等された事項が登記事項に該当するかどうか確認が必要です。

登記事項に変更があった場合には，原則として本店の所在地において 2 週間
以内に変更の登記をしなければなりません（会社法915条 1 項）。なお，2022年
9 月 1 日の令和元年改正会社法施行によって，支店登記に係る制度は廃止とな
りました。本店所在地における支店の設置，移転または廃止等の登記は引き続
き必要な点は注意が必要です。

（株式会社の主な登記事項）

適用対象	登記事項
すべての株式会社	① 目的 ② 商号 ③ 本店および支店の所在場所 ④ 株式会社の存続期間または解散の事由についての定款の定めがあるときは，その定め ⑤ 資本金の額 ⑥ 発行可能株式総数 ⑦ 発行する株式の内容 　（種類株式発行会社においては，発行可能種類株式総数および発行する各種類の株式の内容） ⑧ 発行済株式の総数ならびにその種類および種類ごとの数 ⑨ 取締役（監査等委員会設置会社の取締役を除く）の氏名 ⑩ 代表取締役の氏名および住所 　（指名委員会等設置会社である場合を除く）
単元株制度採用会社	単元株式数

株券発行会社	株券発行会社である旨
株主名簿管理人設置会社	株主名簿管理人の氏名または名称および住所ならびに営業所
新株予約権発行会社	① 新株予約権の数 ② 会社法236条1項1号から4号まで（③に規定する場合にあっては，2号を除く）に掲げる事項 ③ 会社法236条3項各号に掲げる事項を定めたときは，その定め ④ ②，③に掲げる事項のほか，新株予約権の行使の条件を定めたときは，その条件 ⑤ 会社法236条1項7号および238条1項2号に掲げる事項 ⑥ 会社法238条1項3号に掲げる事項を定めたときは，募集新株予約権の払込金額（同号に掲げる事項として募集新株予約権の払込金額の算定方法を定めた場合において，登記の申請の時までに募集新株予約権の払込金額が確定していないときは，当該算定方法）
取締役会設置会社	取締役会設置会社である旨
会計参与設置会社	会計参与設置会社である旨ならびに会計参与の氏名または名称および会社法378条1項の場所
監査役設置会社 （監査範囲を会計監査に限定している会社を含む）	① 監査役設置会社である旨および監査役の氏名 ② 監査の範囲を「会計に関するものに限定する」旨を定款に定めている株式会社については，その旨
監査役会設置会社	監査役会設置会社である旨および社外監査役については社外監査役である旨
会計監査人設置会社	会計監査人設置会社である旨および会計監査人の氏名または名称（一時会計監査人を置いたときは，その氏名または名称）
特別取締役制度採用会社	① 会社法373条1項の規定による議決の定めがある旨 ② 特別取締役の氏名 ③ 社外取締役については，社外取締役である旨
監査等委員会設置会社	監査等委員会設置会社である旨および次に掲げる事項 ① 監査等委員である取締役とそれ以外の取締役の氏名 ② 取締役のうち社外取締役であるものについて，社外取締役である旨 ③ 会社法399条の13第6項の規定による重要な業務執行の決定の取締役への委任に関する定款の定めがあるときは，その旨
指名委員会等設置会社	① 指名委員会等設置会社である旨 ② 社外取締役については，社外取締役である旨 ③ 各委員会の委員および執行役の氏名 ④ 代表執行役の氏名および住所
定款に役員等の責任軽減規定のある会社	役員等の責任免除に関する定款規定

定款に非業務執行取締役等の責任限定契約に関する規定のある会社	非業務執行取締役等の責任限定契約に関する定款規定
決算公告IT化採用会社	URL（決算公告を行うホームページアドレス）
官報公告（採用）会社	官報に掲載する方法を公告方法とする旨 （定款に公告方法の定めがない場合は，会社法939条4項の規定により官報に掲載する方法を公告方法とする旨）
日刊新聞紙による公告採用会社	日刊新聞紙に掲載する方法を公告方法とする旨
電子公告採用会社	① 電子公告を公告方法とする旨 ② URL（電子公告を行うホームページアドレス） ③ 事故その他やむを得ない事由によって電子公告による公告をすることができない場合の公告方法を定款に定めた場合はその定款規定
株主総会資料の電子提供制度	電子提供措置をとる旨の定款の定めがあるときは，その定め

2．留意すべき事項

(1) 社外取締役の登記

以下の場合には社外取締役についてはその旨の登記が必要です。

① 特別取締役による決議の定めのある会社

② 指名委員会等設置会社

③ 監査等委員会設置会社

(2) 取締役・代表取締役

① 100％子会社等において，総株主の同意により株主総会決議の省略（書面決議）を行う場合，総会が開催されていないため，総会の場で就任承諾の意思表示はできません。したがって，書面決議の場合には別途就任承諾書が必要となります。

② 会社法370条の規定に基づき取締役会決議を省略して代表取締役を選定する場合，取締役会議事録もしくは同意書に取締役全員が記名押印することが必要であり，取締役会議事録に前任代表取締役が登記所届出印を押印する場合以外は，取締役全員が行う押印は実印（印鑑証明書付き）とすることが必要です。

(3)　会計監査人

会計監査人は，任期満了の際の定時株主総会で別段の決議がされなかったときは，当該定時株主総会において再任されたものとみなされます（会社法338条2項）。

したがって，自動再任の場合は毎年重任登記が必要となります。登記添付書類としては，以下のものがあります。

① 　当該定時株主総会議事録

会計監査人の選任議案がなくても，総会の日時や会計監査人不再任の決議，他の会計監査人選任議案がないことの確認のために必要。

② 　会計監査人の資格証明書

法人の場合には，登記事項証明書。個人の場合には，公認会計士であることを証明する書面。

(4)　監査役の監査範囲

監査役の監査範囲を「会計に関するものに限定する」旨を定めている株式会社について，その旨が登記事項になります（会社法911条3項17号イ）。

なお，監査役の権限を会計監査のみに限定できるのは，非公開会社であり，監査役会・会計監査人を設置していない会社で，その旨を定款に定めていることが必要です（会社法389条1項）。

(5)　社外役員要件

会社法に照らし社外役員に該当しなくなる場合には社外取締役である旨または社外監査役である旨の登記を抹消することになります。

(6)　責任限定契約

非業務執行取締役等であれば，社外取締役でなくても責任限定契約を締結することが可能です（会社法427条1項）。

なお，非業務執行取締役等と責任限定契約を締結するためには，責任限定契約の内容の登記について，変更登記を行う必要があります（会社法911条3項25号）。

278

(7)　役員の変更の登記

会社法では，公開会社でない株式会社（監査等委員会設置会社および指名委員会等設置会社は除きます）の取締役及び監査役の任期は，定款で定めることにより，最長で選任後10年以内に終了する事業年度のうち最終のものに関する定時株主総会の終結の時まで伸長することができるとされています（会社法332条2項，336条2項）。

したがって，取締役及び監査役の任期を伸長している株式会社については，任期が満了する時期を再度確認いただき，任期が満了する場合には，定時株主総会における選任，取締役会における代表取締役の選定を行った上，その旨の変更の登記を申請する必要があります。

(8)　電子提供制度の登記

2022年9月1日に電子提供制度がスタートしていますが，電子提供制度をとる旨の定款の定めは登記事項とされています（会社法911条3項12号の2）。上場会社は電子提供制度が義務付けられていますが，公開会社，非公開会社等の別にかかわらず，定款で定めることによって採用することが可能ですので，電子提供制度に関する定款変更を行った場合，登記を申請する必要があります。

3．商業登記規則

(1)　役員の就任・辞任登記についての本人確認

取締役，監査役等の就任（再任を除く）の登記申請について，当該登記の申請書に印鑑証明書を添付することとなる場合を除き，本人確認資料として住民票等の添付を求めるとともに，印鑑の提出をしている代表取締役又は代表執行役の辞任の登記申請について，辞任届に押印した印鑑に係る印鑑証明書の提出又は辞任届に登記所届出印での押印が求められます（商業登記規則61条）。

(2)　婚姻前の姓の記録

設立の登記，役員等の就任による変更の登記，氏の変更による登記等の申請と同時に登記申請人が申し出ることにより，婚姻により氏を改めた役員等につき，現在の氏のほか，婚姻前の氏をも登記簿に記録することができます（商業

登記規則81条の２）。

(3)　**株主リスト**

　①登記すべき事項につき株主総会の決議（種類株主総会の決議）を要する場合，②登記すべき事項につき株主全員の同意（種類株主全員の同意）を要する場合は，登記の添付書類として「株主リスト」の提出が必要です。

　上記①の場合，「株主リスト」には，議決権数上位10名の株主もしくは議決権割合が２／３に達するまでの株主のいずれか少ないほうの株主について，次の事項を記載し，代表者が証明の上，提出します（商業登記規則61条３項）。

　１．株主の氏名又は名称
　２．住所
　３．株式数（種類株式発行会社は，種類株式の種類及び数）
　４．議決権数
　５．議決権数割合

　上記②の場合は，株主全員について次の事項を記載し，代表者が証明の上，提出します。

　１．株主の氏名又は名称
　２．住所
　３．株式数（種類株式発行会社は，種類株式の種類及び数）
　４．議決権数

　「株主リスト」の書式等については，法務省HPに掲載がありますので，登記申請時の提出にあたっては，この書式を基に「株主リスト」を作成することが考えられます。

参考資料 —————————————————————

■その他株主総会の参考資料について，以下，中央経済社ウェブサイトから参照できますので，ご活用ください。

https://www.biz-book.jp/collections/link_file/998

282

1．2023年株主総会の状況

　本項における文中の諸計数は特段の記載がないものは「資料版商事法務」または「株主総会白書」によるものです。なお，「資料版商事法務」および「株主総会白書」については，2022年より，全上場会社を調査対象としています（2021年までは，新興市場を除く上場会社が対象）。

(1)　総会の概況

①　総会開催日の分散状況

	集中日	集中率
2021年6月総会	6月29日（火）	26.5%
2022年6月総会	6月29日（水）	26.2%
2023年6月総会	6月29日（木）	26.3%

②　総会の所要時間

	1時間以上社数（比率）	平均所要時間
2021年6月総会	226社（13.0%）	37分
2022年6月総会	361社（18.8%）	42分
2023年6月総会	463社（24.4%）	47分

③　出席株主数，発言あり社数，発言者数，発言内容

【出席株主数，発言あり社数，発言者数】

	出席株主数（単純平均）[注1]	発言あり社数	発言者数
2021年6月総会	27名	1,002社[注2]	2,946名
2022年6月総会	36名	1,202社[注2]	4,268名
2023年6月総会	59名	1,352社[注2]	5,521名

（注1）　バーチャル総会におけるオンライン出席を含む出席者数
（注2）　出席型バーチャル総会実施会社はリアル株主総会と集計が重複するため会社数には含めていない。
　　　　　ただし，オンラインで質問あり・リアル会場で質問なしの場合は会社数の合計に含めている。

【発言内容】

発言内容	社数（%）
配当政策・株主還元	534社 (35.9%)
株価動向	367社 (25.3%)
財務状況	299社 (20.1%)
女性の活躍等の人材の多様性向上	289社 (19.4%)
資本コストや株価を意識した経営の実現に向けた対応	265社 (17.8%)
賃上げ，従業員の健康・労働環境への配慮や公正・適切な処遇	153社 (10.3%)
親子上場以外の子会社・関連会社関係	148社 (9.9%)
クレーム・事件・事故	141社 (9.5%)
設備投資	135社 (9.1%)
役員の構成関係（スキル・マトリックスを含む）	130社 (8.7%)

④ 総会のビジュアル化，株主懇談会

	ビジュアル化実施	株主懇談会あり
2021年	85.7%	1.3%
2022年	86.4%	2.5%
2023年	88.5%	6.7%

(2)　トピックス

① 議案の否決，撤回等の状況

	会社提案議案の否決	会社都合による議案の変更・取下げ（撤回）	議案に関する動議
2021年6月総会	4社	4社	17社
2022年6月総会	5社	12社	18社
2023年6月総会	5社	10社	16社

② 株主提案の状況

	株主提案社数	うち投資ファンド等（アクティビスト）からの株主提案とみられる社数
2021年6月総会	48社	17社（もしくは18社）
2022年6月総会	76社	38社
2023年6月総会	90社	43社

③ 株主総会のデジタル化

【電子投票制度】

	採用社数（％）	うちスマートフォン用議決権行使ウェブサイト参加の状況（％）
2021年	1,195社（72.1％）	980社（82.0％）
2022年	1,298社（81.4％）	1,072社（82.6％）
2023年	1,398社（86.2％）	1,112社（79.5％）

（出所）　全国株懇連合会「2021年度全株懇調査報告書」8，9頁，「2022年度全株懇調査報告書」8，9頁，「2023年度全株懇調査報告書」7頁

【バーチャル総会】

	リアル株主総会を開催する ハイブリット出席型 バーチャル総会導入社数(%)	リアル株主総会を開催しない バーチャルオンリー総会 導入社数（%）
2021年	45社（2.7%）	6社（0.4%）
2022年	63社（3.9%）	7社（0.4%）
2023年	78社（4.8%）	20社（1.2%）

（出所）　全国株懇連合会「2021年度全株懇調査報告書」35，36頁，「2022年度全株懇調査報告書」36頁，「2023年度全株懇調査報告書」30頁

２．株主総会日程モデル【上場会社】

上場会社（大会社）は，監査役会設置会社とします。

月・日・（曜日）	主 要 項 目	関 係 法 令
1・10・（水）	招集通知等印刷全体の打合せ	
2・9・（金）	決算（連結を含む）日程打合せ・定時総会会場借用再確認	
同日	取締役会（定時総会日確定）	
同日	総会議決権等基準日公告発注	
3・8・（金）	総会議決権等基準日公告（定款の公告方法による）	会124条3項
3・28・（木）	配当落ち（当日の取引以降は当期の配当受領権はない）	業務規程25条施行規則18条
3・31・（日）	事業年度末日（議決権および配当基準日）書面交付請求期限	会124条1項会325条の5第1項・第2項
4・3・（水）	総株主通知の機構からの受理	振替151条，保振業務規程149条，保振規則182条，186条
4・12・（金）	期末株主確定，株主統計等を代行機関から受領	

（総会日を2024年6月27日に想定したケース）

法律等の定め方	留 意 事 項
	書面交付請求のない株主に対して，招集通知（アクセス通知）以外の書面（いわゆるフルセットデリバリーや電子提供措置事項を記載した書面のサマリー版）を送付するのか等を，印刷会社，株主名簿管理人とも協議のうえ，決定
	事業年度末より逆算して50日前あたりから総会準備に着手する会社が多い
	定時総会の総合日程案の説明および主要事項の確定
	定款に基準日の定めがある場合は不要。電子公告を採用している場合は公告の発注は不要。ただし，公告掲載の1週間前くらいまでに電子公告データの作成と調査機関への調査申込みを済ませておく
基準日の2週間前までに公告 基準日で確定しようとする株主の権利は，定時総会議決権と期末配当受領権（定款）である	定款に基準日の定めがある場合は不要。公告紙を官報と定めている場合は，行政機関の休日は休刊となることに注意すること
権利落日は権利確定日の1取引日前（確定日不算入）の日	東証以外の取引所も原則として同じ
議決権および配当基準日 会社は，基準日までに書面交付請求をした株主に対し，「電子提供措置事項を記載した書面（以下，「交付書面」という）を交付しなければならない	基準日後発行の新株に対する定時総会の議決権を株式発行時の最初の株主に与えることも可能（会124条4項） 書面交付請求は，議決権と密接に関連する権利であるから，少数株主権等には該当せず，権利行使に際して個別株主通知は不要
株主確定日の翌営業日から起算して3営業日目に会社（代行機関）へ提出	株主情報と株数情報に分けて通知される
	発行会社と代行機関との打合せにより決定

288

4・17・（水）	書面交付請求株主数の確定	
4・19・（金）	取締役が計算書類，その附属明細書を作成し，監査役，会計監査人に提出	会435条2項，436条2項1号，会社計規125条
4・25・（木）	定時総会会場最終確認（会場内レイアウト内定）	
同日	取締役が事業報告，その附属明細書を作成し，監査役に提出	会435条2項，436条2項2号，会施規129条
同日	取締役が連結計算書類を作成し，監査役，会計監査人に提出	会444条3項・4項会社計規125条
5・1・（水）	株主提案権の行使期限	会303条，305条
5・10・（金）	会計監査人から会計監査報告（連結分を含む）の内容を特定監査役・特定取締役へ通知（計算書類につき通知期限は5月18日，連結計算書類につき5月24日）	会社計規130条
同日	特定監査役から監査役会の監査報告（連結分を含む）の内容を特定取締役・会計監査人へ通知（計算書類につき通知期限は5月18日，事業報告につき5月24日）	会社計規127条，128条，132条，会施規132条
5・13・（月）	決算取締役会（計算書類，事業報告，附属明細書，連結計算書類の承認，定時株主総会招集事項および総会付議議案決定） 株主提案に対する取締役会の意見を決定	会298条，436条3項，444条5項，会施規63条，66条，93条

	確定した書面交付請求株主数をもとに交付書面の印刷部数を決定
各事業年度に係る計算書類（貸借対照表，損益計算書，株主資本等変動計算書，個別注記表）ならびにその附属明細書を作成し，監査役および会計監査人に提出しなければならない	附属明細書は，計算書類と同時に作成することが多い 会計監査人設置会社では，監査役（会）および会計監査人の監査が必要 提出に際して任意に取締役会の決議を経ることも考えられる
各事業年度に係る事業報告ならびにその附属明細書を作成し，監査役に提出しなければならない	会計監査人設置会社でも，会計監査人の監査は不要 提出に際して任意に取締役会の決議を経ることも考えられる
各事業年度に係る連結計算書類を作成し，監査役および会計監査人の監査を受けなければならない	連結計算書類とは連結貸借対照表，連結損益計算書，連結株主資本等変動計算書，連結注記表をいう 提出に際して任意に取締役会の決議を経ることも考えられる
総会日の8週間前までに請求。提案できる株主資格＝6カ月前から引き続き総株主の議決権の100分の1以上，または300個（単元株の場合は300単元）以上の議決権を有する株主	
各監査役の作成した監査報告に基づき監査役会の監査報告を作成する	
株主総会を開催する場合，取締役会は，株主総会の日時および場所等を定めなければならない 監査後の計算書類・事業報告・附属明細書・連結計算書類は取締役会の承認を受けなければならない	会計監査人および監査役会における全員の意見が適法・適正意見であるときは，計算書類はこの段階で確定 計算書類は定時総会に報告事項または決議事項として提出する 株主提案があった場合にこれに対する取締役会意見を決定し，参考書類に記載 役付取締役等の重要人事を内定することも多い

5・13・(月)	決算発表	証券取引所より上場会社への要請（東証は有価証券上場規程404条）
5・27・(月)	招集通知書等の最終確定・印刷開始（終了5月29日）	
同日	議決権行使書用紙の株主氏名・議決権数等の印字開始（終了5月29日）	会298条2項，会施規66条（東証は有価証券上場規程435条）
同日	株券等の分布状況表を提出（Targetにより上場証券取引所に提出）	証券取引所の上場規則（東証は有価証券上場規程施行規則423条）
5・31・(金)	電子提供措置の開始	会325条の3
同日	取引所における電子提供措置事項の公表（取引所における電子提供措置の開始）	証券取引所の上場規則（東証は有価証券上場規程446条，有価証券上場規程施行規則420条，437条）

	剰余金の配当等を取締役会で決定できる旨の定款の定めがある場合は，剰余金の配当を決定することができる。この場合，招集通知に配当金関係書類を同封して早期支払可能
決算短信は所定の様式	取締役会決議後直ちに提出（可能な限り当日）
株主は議決権行使書により議決権を行使できる 議決権行使書は議決権を有する株主数が1,000名以上の会社に適用（上場会社は全株主に委任状勧誘を行う場合を除き，議決権行使書の採用義務づけ）	議決権行使書は代行機関で作成。議決権行使書は総会の付議議案に対する賛否（棄権を含む）の指示に従うため総会における手続的動議等に対応できないので，大株主から包括委任状の提出を受けることが多い
所定の様式により事業年度経過後2カ月以内で分布状況の判明後遅滞なく提出	
電子提供措置は，株主総会日の3週間前の日または招集通知（アクセス通知）の発出日のいずれか早い日（電子提供措置開始日）までに行わなければならない（電子提供措置開始期限6月6日午前0時）	電子提供措置開始日の午前0時までにウェブサイトに掲載される必要があるため，ウェブサイトへの掲載手続等は前日までに済ませる必要がある 議決権行使書面を交付するときは議決権行使書面について電子提供措置は不要
株主に対して招集通知および株主総会資料を発送または電磁的な方法で提供する場合には，提供する資料をその発送日または提供日までに取引所へ提出 提出は電磁的記録によるものとし，当取引所が公衆の縦覧に供することに同意するものとする（東証） 上場会社は，会社法298条第1項各号に掲げる事項，株主総会参考書類，株主提案があった場合の議案の要領，計算書類・連結計算書類および事業報告等を，株主総会の日の3週間前の日よりも早期に，電磁的方法により提供するように努めるものとする	公表日前日午後11時29分までにTDnetへの登録作業を完了しなければならない。また，東証のウェブサイトに掲載されるタイミングは，公表日の午前1時頃となる

5・31・（金）	独立役員届出書（記載内容に変更が生ずる場合）を上場証券取引所へ通知	証券取引所の上場規則（東証は有価証券上場規程施行規則436条の2）企業行動規範（独立役員の確保に係る実務上の留意事項）
6・6・（木）	招集通知（アクセス通知）発送（議決権行使書面を同封。書面交付請求株主には交付書面も同封）	会299条，325条の4，325条の5 会施規63条，95条の3，95条の4 証券取引所の上場規則（東証は有価証券上場規程446条，有価証券上場規程施行規則437条）コーポレートガバナンス・コード（補充原則1－2②）
同日	招集通知（アクセス通知）を取引所へ提出（一体型アクセス通知を用いる場合は，提出不要）	証券取引所の上場規則（東証は有価証券上場規程施行規則420条）
同日	退職慰労金内規の備置き等の適切な措置	会施規82条2項
6・12・（水）	計算書類・事業報告・附属明細書・監査役会および各監査役の監査報告ならびに会計監査人の会計監査報告（原本・写し）を本・支店に備置き	会442条
6・14・（金）	配当金総括表受領	
6・18・（火）	決議通知・配当金関係書類・報告書印刷開始（終了6月20日）	
同日	配当金振込ファイルを全銀協に提出	株式配当金支払事務取扱要領（全銀協）
6・20・（木）	株主総会リハーサル	

電子提供措置をとる株主総会資料の電子ファイルをTDnetを通じて取引所に提出する際や，招集通知の株主への発送に先立ってTDnetを通じて招集通知の電子ファイルを提出する場合はその際に独立役員届出書も併せて提出	原則として，変更が生じる日の2週間前までに変更内容を反映した「独立役員届出書」を提出しなければならない。変更された独立役員届出書を当取引所が公衆の縦覧に供することに同意するものとする（東証）
定時総会日の2週間前までに発送（議決権を有する株主にのみ発送）（発送期限6月14日） ただし，議決権行使期限として特定の時を定めた場合は，その時の属する日と発送日の間に2週間あることを要する（会施規63条3号ロ，ハのカッコ書） 株主総会の日の2週間前よりも早期に発送するよう努めなければないない	ウェブサイトに電子提供措置事項が掲載されていることをなるべく早く株主に案内するのが望ましい
株主に対して招集通知および株主総会資料を発送または電磁的な方法で提供する場合には，提供する資料をその発送日または提供日までに取引所へ提出 提出は電磁的記録によるものとし，当取引所が公衆の縦覧に供することに同意するものとする（東証）	一体型アクセス通知を用いる場合，電子提供措置事項を6月2日に提出済であることから，改めて提出する必要はない 招集通知（アクセス通知）以外の書面（いわゆるフルセットデリバリーや電子提供措置事項を記載した書面のサマリー版）については，提出は任意
参考書類には退任役員の略歴を記載（会施規82条1項4号）	退職慰労金の具体的金額または支給基準を参考書類に記載すれば各株主が当該基準を知ることができるようにするための適切な措置を講じる必要はない
定時総会日の2週間前の日より備置き	原本を5年間本店に，写しを3年間支店に備置き 連結計算書類の備置きは不要
支払開始日の5営業日前までに新ファイル転送にて全銀協へ送信	

294

6・25・（火）	質問書整理（到着分のみ）説明準備	会314条，会施規71条
6・26・（水）	質問書の最終整理，説明要領調整	会314条，会施規71条
同日	議決権行使書等事前行使分の最終集計	会311条，312条，会施規69条，70条
6・27・（木）	定時株主総会 連結計算書類の内容および監査の結果は報告事項となる	会124条，296条，309条，438条，439条，444条，454条
同日	取締役会	会362条
同日	監査役会（各監査役の役割分担，監査方法等決議，報酬配分の協議）	会335条，387条，390条，393条
同日	決議通知・報告書・配当金関係書類の発送（総会終了後）	
同日	有価証券報告書を提出（電子開示システム（EDINET）により財務局長に提出）	金商24条1項，27条の30の2以下，193条の2 開示府令15条以下
6・28・（金）	配当金支払開始	会457条
同日	臨時報告書を提出（電子開示システム（EDINET）により財務局長に提出）	金商24条の5第4項，24条1項1号，27条の30の2以下，開示

質問書の提出があったときは，調査を要することを理由に説明を拒否できない	質問書のうち説明を要する事項のピックアップ，質問事項を整理し，一括回答することは可。また質問株主の氏名を明示することは必要でない
	定時総会日の相当期間前に到着分を整理
議決権行使書は定時総会の直前の営業時間終了時までに会社に提出することが必要。また，特定の時を定めることも可能（会施規63条3号ロ，ハ，69条，70条）	ネット行使についても同様
毎年1回事業年度末より3カ月以内に開催。決議は総株主の議決権の過半数を有する株主が出席し，その議決権の過半数を有する株主が賛成すると成立（原則）する。ただし定款をもって定足数の緩和を定めたり，逆に決議要件を加重することも認められる	事業報告および適法監査意見の付された計算書類は報告事項。総会付議議案が承認可決されると，原則として決議の効力発生。よって剰余金の配当議案が承認可決されれば配当金債権が具体化（効力発生日は議案に記載された日）
取締役会の決議で代表取締役を選定する	代表取締役や役付取締役等の変更ある場合は後任者選定。株主総会からの委任事項の決定
監査役は社外監査役の要件を充たす者（半数以上）を含めて3人以上であることを要し，監査役会の決議で常勤となる監査役を定める。監査役は全員で監査役会を組織する。監査役会の決議は原則として監査役の過半数をもって行うただし監査役の基本的な権限行使は妨げられない	
	全株主に発送
事業年度経過後3カ月以内に提出	有価証券報告書提出会社は決算公告不要
効力発生日以降，株主の住所または通知した場所において支払い（持参債務）	配当金の除斥期間として，支払開始日から3年または5年で消滅する旨定款で定めることが通例
決議事項の決議後，議決権行使結果を臨時報告書で遅滞なく提出	臨時報告書を有価証券報告書提出日までの間において提出した場合には，有価証券報告書の〔提出会社の参考情報〕2〔そ

296

		府令19条2項9号の2
6・28・(金)	コーポレート・ガバナンス報告書を提出（TDnetにより上場証券取引所に提出）	取引所の上場規則（東証は有価証券上場規程419条，有価証券上場規程施行規則415条）
同日	委任状・議決権行使書の備置き（期限9月27日）	会311条等
7・1・(月)	定時総会の議事録作成完了・備置き	会318条，会施規72条
同日	取締役会の議事録作成完了・備置き	会369条，371条，会施規101条
同日	監査役会の議事録作成完了・備置き	会393条，394条，会施規109条
7・8・(月)	変更登記（期限7月11日）	会915条
7・10・(水)	配当金源泉税徴収分（第1回）の納付	所税181条，地税71条の31，復興財源確保法28条
7・19・(金)	配当金支払調書の提出	所税225条1項2号，所規83条
7・31・(水)	配当金支払期間終了	
9・27・(金)	決議取消の訴え提起期限	会831条
同日	電子提供措置期間の満了日	会325条の3第1項

＜法令名等略称一覧＞
会：会社法
会施規：会社法施行規則
会社計規：会社計算規則
振替：社債，株式等の振替に関する法律
金商：金融商品取引法
開示府令：企業内容等の開示に関する内閣府令
所税：所得税法

	の他の参考情報〕にその書類名および提出年月日等を記載
コーポレート・ガバナンス報告書は所定の様式	独立役員届出書，有価証券報告書の記載内容の整合性に留意
定時総会終了後本店に３カ月間備置き	
議事の経過の要領およびその結果等を記載する	原本を10年間本店に，写しを５年間支店に備置き
議事の経過の要領およびその結果等を記載し，出席取締役および監査役が署名（記名押印）	10年間本店に備置き。議事録の閲覧謄写については裁判所の許可が必要
議事の経過の要領およびその結果等を記載し，出席した監査役が署名（記名押印）	10年間本店に備置き。議事録の閲覧謄写については裁判所の許可が必要
定時総会の決議（変更が生じたとき）後，２週間以内	登記事項に変更があった場合に必要
支払月の翌月10日までに納付	税率原則20.315%（所得税15.315%，地方税５％）区分納付
支払確定日より１カ月以内に税務署長に提出	支払調書に共通番号を記載
決議取消の訴えは決議の日より３カ月以内に提起することができる	複数の訴えが同時に係属する場合には併合審理される
電子提供措置開始日から，株主総会の日後３カ月を経過する日までの間，継続して電子提供措置事項のウェブサイト等への掲載要	

所規：所得税法施行規則

地税：地方税法

復興財源確保法：東日本大震災からの復興のための施策を実施するために必要な財源の確保に関する特別措置法

業務規程：業務規程（東京証券取引所）

施行規則：業務規程施行規則（東京証券取引所）

保振業務規程：株式等の振替に関する業務規程（証券保管振替機構）

保振規則：株式等の振替に関する業務規程施行規則（証券保管振替機構）

3．監査役，会計監査人に対する確認書面（交付書面への記載省略）

○年○月○日

（監査役用）

○○　○○　様

○○○○株式会社

総務担当取締役　○○○○

第○期定時株主総会の招集に関する確認事項ご回答のお願い

拝啓　平素は格別のご高配を賜り，厚く御礼申しあげます。

　さて，別にご案内のとおり，当社第○期定時株主総会を下記のとおり開催いたしますが，株主総会の招集にあたり別紙のとおりと致したく，お手数をおかけいたしますが，下記記載要領に基づき別紙にご回答賜りますようお願い申しあげます。

敬　具

記

1．第○期定時株主総会開催日時および場所

　　日時：○年○月○日（○曜日）午前10時

　　場所：○○市○○町○丁目○番○号　当社本社　○階○○会議室

2．記載要領

　「第○期定時株主総会の招集に関する確認事項」（別紙）につき，あてはまるものに丸印をご記入くださいますようお願いいたします。

3．提出期限

　○年○月○日（○）

4．提出先

　〒○○○－○○○○　東京都○○区○○○丁目○番○号

　　　　　　　　　　○○○○株式会社○○部○○担当

　（同封の返信用封筒によりご返送願います。）

5．本件に関するご照会先

　TEL　○○－○○○○－○○○○　○○部○○グループ　○○，○○

以　上

（別紙）

第○期定時株主総会の招集に関する確認事項

○○○○株式会社　御中

（ご署名）＿＿＿＿＿＿＿＿＿＿

　法令及び当社定款第○条の規定に基づき，書面交付請求をされた株主に対し交付する書面において，下記の書類については省略することといたします。

【交付書面への記載を省略する事項】

> ①　株主総会参考書類に係る記載事項のうち交付書面への記載を省略する事項
> 　ア　○○○○
> 　イ　○○○○
> ②　事業報告に係る記載事項のうち交付書面への記載を省略する事項
> 　ア　○○○○
> 　イ　○○○○
> ③　計算書類に係る記載事項のうち交付書面への記載を省略する事項
> 　ア　○○○○
> 　イ　○○○○
> ④　連結計算書類に係る記載事項のうち交付書面への記載を省略する事項
> 　ア　○○○○
> 　イ　○○○○

以下１および２につき，あてはまる方に丸印をご記入ください。

１．上記①②の事項を交付書面から省略することについて

　　　（　　　　　）異議はありません。

　　　（　　　　　）異議を申し述べます。

２．上記②③④の事項を交付書面から省略することに伴い，

　　現に株主に対して提供された書類が，監査報告を作成するに際して監査をしたものの一部であることを株主に対して通知することについて

　　　（　　　　　）請求しません。

　　　（　　　　　）請求します。

300

○年○月○日

（会計監査人用）

○○　○○　監査法人　御中

○○○○株式会社

○○部長　○○○○

第○期定時株主総会の招集に関する確認事項ご回答のお願い

拝啓　平素は格別のご高配を賜り，厚く御礼申しあげます。

　さて，別にご案内のとおり，当社第○期定時株主総会を下記のとおり開催いたしますが，株主総会の招集にあたり別紙のとおりと致したく，お手数をおかけいたしますが，下記記載要領に基づき別紙にご回答賜りますようお願い申しあげます。

敬　具

記

1．第○期定時株主総会開催日時および場所

　　日時：○年○月○日（○曜日）午前10時

　　場所：○○市○○町○丁目○番○号　当社本社　○階○○会議室

2．記載要領

　「第○期定時株主総会の招集に関する確認事項」（別紙）につき，あてはまるものに丸印をご記入くださいますようお願いいたします。

3．提出期限

　○年○月○日（○）

4．提出先

　〒○○○－○○○○　東京都○○区○○○丁目○番○号

　　　　　　　　　　○○○○株式会社○○部○○担当

　（同封の返信用封筒によりご返送願います。）

5．本件に関するご照会先

　TEL　○○－○○○○－○○○○　○○部○○グループ　○○，○○

以　上

（別紙）

第○期定時株主総会の招集に関する確認事項

○○○○株式会社　御中

（ご署名）　　　　　　　　　　　　

　法令及び当社定款第○条の規定に基づき，書面交付請求をされた株主に対し交付する書面において，下記の書類については省略することといたします。

【交付書面への記載を省略する事項】

---

① 　計算書類に係る記載事項のうち交付書面への記載を省略する事項
　　ア　○○○○
　　イ　○○○○
② 　連結計算書類に係る記載事項のうち交付書面への記載を省略する事項
　　ア　○○○○
　　イ　○○○○

あてはまる方に丸印をご記入ください。

　　上記①および②の事項を交付書面から省略することに伴い，現に株主に対して提供された書類が，会計監査報告を作成するに際して監査をしたものの一部であることを株主に対して通知することについて

　　　　（　　　　　）請求しません。

　　　　（　　　　　）請求します。

302

４．株主総会シナリオ（例）（一括上程方式）
（新型コロナウイルス感染症対応は考慮していません）

シナリオ（例）

〔定刻１分前に取締役，監査役は入場開始。株主席に一礼後着席〕

１．挨　拶
事務局：　定刻となりました。社長お願いいたします。

社　長：〔社長，自席より立って，議長席に進み，株主席に一礼〕
皆様，おはようございます。

（株　主：　おはようございます。）

社　長：　私は，社長の○○○○でございます。
本日は，ご多用中のところ多数ご出席くださいましてありがとうございます。

２．議長就任宣言
社　長：　当社定款第○○条の定めにより，私が議長を務めさせていただきますのでよろしくお願い申しあげます。

３．開会宣言
議　長：　それでは，ただいまより，○○○○株式会社 第○○期定時株主総会を開会いたします。

４．議事進行上のルール説明
議　長：　本総会の議事進行，整理につきましては，議長である私の指示に従っていただきますよう，皆様のご理解とご協力のほどよろしくお願いいたします。また，株主様から

<table>
<tr><td align="center">留意事項</td></tr>
</table>

　開会前のアナウンスや議長による議事運営に関する説明において，電子提供制度により送付資料が変更となったことや，当日の配布資料，スマートフォンやタブレット端末の取扱い等を案内することも考えられます。

【一括上程方式】

・決議事項（議案）を一括して上程し，質疑応答をすべての報告事項・議案について一括して行う運営方式（株主は議長に指定された質疑応答の時間に，報告事項であれ議案の内容であれ，どの事項についても質問ができる）

【個別上程方式】

・議案ごとに上程・質疑応答・採決を行う運営方式

【議長の話すスピード（フルセットデリバリーの場合）】

・招集通知に記載のあるもの　・・・やや早口でも可

・招集通知の記載のないもの　・・・ゆっくり

【挨拶】新規上場，市場変更等がある場合

社長：「開会に先立ちまして一言お礼のご挨拶を申しあげます。当社は○年○月○日付で○○市場に上場いたしました。これもひとえに株主の皆様のご支援の賜物であり，役員一同厚くお礼申しあげます。」

【役員の紹介】（上場後初めての株主総会を行う会社等）

議長：当社は，株式上場後，初の株主総会となりますので，株主の皆様に当社役員をご紹介させていただきます。

【欠席役員の報告】

議長：なお，本総会には，取締役の○○○○は，やむを得ず，欠席しておりますが，何とぞご理解くださいますようお願い申しあげます。

【ビデオ撮影】

議長：本日の定時株主総会の模様は，ビデオ撮影を行っておりますが，これは議事の記録のために，当社のみで利用するものであります。株主の

のご発言につきましては，報告事項および決議事項のご
説明（ならびに書面質問に対する回答）がすべて終わり
ました後に一括してお受けいたしたいと存じますので，
何とぞよろしくお願いいたします。(※)

＜ WEB 修正がある場合＞

議　長：　なお，（①お手許の資料○ページに記載しております②
前方スクリーンのとおり③お手許の招集ご通知○ページ
に記載しております④当社ウェブサイト掲載のとおり）
（注1）○○○に関する事項において，○○○は○○と
ありますが，実際は○○の誤りでございます。誠に申し
訳ございません。修正事項につきましては，○年○月○
日に，当社のウェブサイトおよび東証のウェブサイトに
掲載させていただいております。

5．出席株主数・議決権数の報告についての説明

議　長：　それでは，本総会の議決権につきましてご報告申しあげ
ます。本総会において議決権を行使することができる株
主数は○○名，総株主の議決権の数は○○個でありま
す。
本日ご出席の株主様は，議決権行使書をご提出くださ
いました（書面またはインターネットによって議決権を行
使いただいた）株主様を含め，○○名，その議決権の数

　　　皆様のプライバシーを侵害するものではございませんので，ご理解く
　　　ださいますようお願い申しあげます。

【個別上程方式の場合】（下線部は一括上程方式との相違点）
　4．議事進行上のルール説明
議長：本総会の議事の進行，整理につきましては，議長である私の指示に
　　　従っていただきますよう，皆様のご理解とご協力のほどよろしくお願
　　　いいたします。また，株主様からのご発言につきましては，報告事項
　　　のご説明（および書面質問に対する回答）が終わりました後にお受
　　　けいたしたいと存じますので，ご発言を希望される株主様は出席票
　　　の番号とお名前をおっしゃっていただいたうえで，ご発言をいただき
　　　ますようお願いいたしたいと存じます。（※）
（※）【出口調査のシナリオ例】（議事進行のルール説明後）
　　なお，議案についての採決は，質疑応答が終わったあと，従来どおり拍手
によって行いたいと存じますが，併せて本日ご出席いただいている株主の皆
様の各議案に対する賛否のご意思を本日受付でお渡ししました出席票裏面
の「確認票」にてご確認させていただきたいと存じます。
　　具体的な方法につきましては，後ほどご説明申しあげますのでよろしくお
願い申しあげます。
【招集通知の誤植の報告とお詫び】
　　開会前に司会等から WEB 修正について説明することも考えられる。

（注1）
　発送物や当日配布資料に応じて①〜④の記載を検討する必要がある。
①は補助資料としてスクリーンで投影する画面を印刷した資料を来
場株主に交付した場合，②は総会当日に資料を配布せずスクリーン
で投影している内容を基に説明する場合，③はフルセットデリバリー
を採用した場合や，受付でフルセットの冊子を交付した場合，④は
特段その場では資料の配布やスクリーンへの投影を行わない場合で
ある。

は○○個であります。したがいまして，本日の全ての議案について，ご審議願える定足数を満たしておりますことをご報告申しあげます。

6．監査役の監査報告の指示

議　長：　報告および議案の審議に先立ちまして，監査役より監査報告をさせていただきます。○○監査役，お願いします。

7．監査役の監査報告

監査役：　常勤監査役の○○○○でございます。

各監査役の監査報告に基づいて，監査役会において協議いたしました結果につきまして，私からご報告申しあげます。

私ども監査役および監査役会は，第○○期事業年度における取締役の職務執行全般について監査を行ってまいりました。

第○○期事業年度に関する監査役会の監査結果につきましては，（①お手許の資料○ページの②前方スクリーンの③お手許の招集ご通知○ページの④当社ウェブサイト掲載の）（注1）監査役会の監査報告書の謄本のとおりでございます。

事業報告およびその附属明細書は，法令・定款に適合いたしており，会社の状況を正しく示していると認められ，取締役の職務の執行に関する不正の行為または法令もしくは定款に反する重要な事実は認められませんでした。あわせて，内部統制システムに関する取締役の職務の執行についても，指摘すべき事項は認められませんでした。

次に，連結計算書類および計算書類等については，（①お

【報告者とタイミング】

・議長または事務局が集計結果を発表。近年，議長の負担を減らすため，報告者を事務局とする会社が増加

・事業報告および計算書類の報告の後に報告することも考えられる

【監査役　全員起立，礼】

【監査報告の様式】

・単体/連結別の監査報告と単体/連結包括の監査報告あり

手許の資料○ページおよび○ページの②前方スクリーン
の③お手許の招集ご通知○ページおよび○ページの④当
社ウェブサイト掲載の）（注1）会計監査人 の監査報告
書の謄本のとおり，報告および説明を受け，監査を行
いました。

その結果，○○監査法人の監査の方法と結果は相当
であり，指摘すべき事項はございません。

なお，本総会に提出されております議案および書類に
関しましても，法令および定款に適合しており，指摘す
るべき事実は認められませんでした。

以上ご報告申しあげます。

8．報告事項

議　長：　それではまず，報告事項であります，第○○期事業報告，
連結計算書類ならびに計算書類の内容についてご報告
申しあげます。

（①お手許の資料に記載②前方スクリーンに掲載③お手
許の招集ご通知に記載④当社ウェブサイトに掲載）（注
1）いたしておりますので，すでにご高覧いただいてい
るかと存じますが，ここでその概要につきまして，ご説
明させていただきます（②は下線部分への言及は不要）。

まず，企業集団の現況に関する事項でございますが，当
連結会計年度における・・・

「会社の株式に関する事項」等につきましては，（①お手
許の資料○ページから○ページに記載②前方スクリーン
③お手許の招集ご通知○ページから○ページに記載④当
社ウェブサイト掲載）（注1）のとおりでございます。

・総会に提出した議案等にも言及する例が近年増加

　※ただし，監査の範囲は会社提出議案に限られ，株主提案は含まれないことに注意

【監査役全員礼，着席】

【報告内容】

・連結/単体すべての計算書類の内容を逐一報告すると長時間となる

・単体の説明は短縮し連結のみ概要を説明するケースもある

【説明者】

・説明者は議長のほか，担当役員やナレーターが行うことが考えられる。

・近年，プロジェクター等を活用して報告内容をビジュアル化する会社が増加

　※但し，ビジュアル化する範囲については要検討。例えば，対処すべき課題等は議長からの説明が望ましいとする考えもある

【担当役員から説明を行う場合】

議長：事業報告につきましては，（①お手許の資料〇ページから〇ページに記載②前方スクリーン③お手許の招集ご通知〇ページから〇ページに記載④当社ウェブサイト掲載）（注１）のとおりでございますが，その概略につきまして〇〇取締役よりご報告申しあげます。

取締役：取締役の〇〇でございます。議長の指名によりご報告申しあげます。・・・

【ナレーションを活用する場合】（下線部のとおり変更）

議長：（①お手許の資料に記載③お手許の招集ご通知に記載④当社ウェブサイトに掲載）（注１）いたしておりますので，すでにご高覧いただ

310

次に，（①お手許の資料〇ページに記載②前方スクリーン③お手許の招集ご通知〇ページに記載④当社ウェブサイト掲載）（注1）の連結貸借対照表につきまして，その概要をご説明申しあげます。

$$\vdots$$

次に，（①お手許の資料〇ページに記載②前方スクリーン③お手許の招集ご通知〇ページに記載④当社ウェブサイト掲載）（注1）の連結損益計算書につきまして，その概要をご説明申しあげます。

$$\vdots$$

引き続き，「連結株主資本等変動計算書」につきまして，（①お手許の資料〇ページに記載②前方スクリーン③お手許の招集ご通知〇ページに記載④当社ウェブサイト掲載）（注1）のとおりですがその概要をご説明申しあげます。当連結会計年度中の主な変動は，利益剰余金が剰余金の配当による〇百万円の減少，当期純利益〇〇百万円の増加となっております。

また，連結注記表につきましては，（①お手許の資料〇ページに記載②前方スクリーン③お手許の招集ご通知〇ページに記載④当社ウェブサイト掲載）（注1）のとおりであります。

引き続きまして，（①お手許の資料〇ページに記載②前方スクリーン③お手許の招集ご通知〇ページに記載④当社ウェブサイト掲載）（注1）の貸借対照表につきまして，その概要をご説明申しあげます。

いているかと存じますが，映像とナレーションにより，これらの概要をご説明申しあげます。前方のスクリーンをご覧下さい。

・（連結）株主資本等変動計算書は，（連結）貸借対照表の純資産の部の説明内容と一部重複する部分があり，例えば（連結注記表とあわせて）（①お手許の資料〇ページから〇ページに記載②前方スクリーン③お手許の招集ご通知〇ページから〇ページに記載④当社ウェブサイト掲載）（注１）のとおりです」のように，簡潔に報告（説明）することも考えられる。

【（単独）計算書類の報告（説明）を簡潔にする場合】

「当社の貸借対照表，損益計算書ならびに株主資本等変動計算書につきましては（①お手許の資料〇ページから〇ページ②前方スクリーン③招集ご通知〇ページから〇ページ④当社ウェブサイト）（注１）に，個別注記表につきましては（①お手許の資料〇ページから〇ページに記載②前方スクリーン③招集ご通知〇ページから〇ページに記載④当社ウェブサイト掲載）（注１）のとおりです」

⋮

次に，（①お手許の資料○ページに記載②前方スクリーン③お手許の招集ご通知○ページに記載④当社ウェブサイト掲載）（注１）の損益計算書につきまして，その概要をご説明申しあげます。

⋮

＜無配の場合＞　なお，第○○期の期末配当金につきましては，～のため，大変申し訳ございませんが，無配とさせていただきたいと存じます。

以上，第○○期事業報告，連結計算書類および計算書類についてご報告を終わらせていただきます。

また，連結計算書類に関する会計監査人および監査役会の監査結果は，さきほどの監査役の監査報告のとおりであります。

9．議案の説明①

　　議　長　：それではここで，（①お手許の資料○ページから○ページに記載②前方スクリーン③お手許の招集ご通知○ページから○ページに記載④当社ウェブサイト掲載）（注１）の決議事項の議案の内容をご説明申しあげます。

第１号議案『剰余金の処分の件（剰余金の配当の件）』ですが，本議案の内容につきましては，（①お手許の資料○ページから○ページに記載②前方スクリーンに掲載③お手許の招集ご通知○ページから○ページに記載④当社

【対処すべき課題】

・説明のタイミングは以下の2つ

　①報告事項の最後に説明

　②事業報告の記載の順番通りに説明

・特にナレーター等を活用する場合で，対処すべき課題を議長が説明する
　ときは，①を選択する

ウェブサイトに掲載）（注1）いたしておりますとおり，期末配当金につきましては，当社普通株式1株につき金○○円，総額○○,○○○,○○○円を○年○月○○日にお支払いさせていただきたいと存じます。

10. 議案の説明②

議　長　：　次に第2号議案『定款一部変更の件』ですが，本議案につきましては，（①お手許の資料○ページから○ページに記載②前方スクリーンに掲載③お手許の招集ご通知○ページから○ページに記載④当社ウェブサイトに掲載）（注1）いたしておりますとおり・・・・・・・・・・・・・・現行定款の一部を変更することをお諮りするものであります。

11. 議案の説明③

議　長　：　続いて第3号議案『取締役○名選任の件』ですが，本議案は，当社取締役○名が本総会の終結の時をもって任期満了となりますので，改めて取締役○名の選任をお願いするものであります。取締役候補者は，（①お手許の資料○ページから○ページに記載②前方スクリーン③お手許の招集ご通知○ページから○ページに記載④当社ウェブサイト掲載）（注1）のとおりでございます。

12. 議案の説明④

議　長　：　最後に，第4号議案「取締役の報酬等の額改定の件」ですが，本議案につきましては，（①お手許の資料○ページから○ページに記載②前方スクリーンに掲載③お手許の招集ご通知○ページから○ページに記載④当社ウェブサイトに掲載）（注1）いたしておりますとおり，・・・・・・・・等の事情を勘案し，取締役の報酬

等の額を「年額△△百万円以内」（うち社外取締役分年
額△百万円以内）に改定させていただきたいと存じま
す。なお，今般の報酬額の改定は，上記の事情を勘案
し見直すものであり，当社報酬諮問委員会からも，当
社取締役会で決議した取締役の個人別の報酬等の内容
に係る決定方針にも沿うもので妥当との意見をいただ
いております。また，本議案をご承認いただいた場合
にも，当該方針を変更する予定はございません。以上
より，本議案の内容は相当であると判断しております。

13. 口頭質疑・審議方法の採決（一括審議）

議　長：　それではこの後の進行方法についてお諮りしたいと存じ
ます。まず，すでに提出してあります報告事項ならびに
ただいまご説明しました全ての決議事項について，株主
の皆様からご意見，動議を含めた審議に関する一切のご
質問，ご発言をお受けいたします。その終了後は決議事
項につき採決のみをさせていただきたいと存じますが，
この方法についてご賛同いただける株主様は拍手をお
願いいたします。

株　主：　〔拍手〕

議　長：　ありがとうございます。過半数のご賛同を得ましたの
で，この方法で進めさせていただきます。

14. 発言の際のお願い事項

議　長：　それでは，これより株主の皆様からのご発言をお受けい
たします。なお，ご発言にあたっては私の指名を受けて
いただいたのち，お手許の出席票に記載された番号とお
名前をおっしゃっていただき，簡潔に要点のみをご発

【事前の書面質問に関する回答】
・質疑応答に入る前に回答を行う
【発言の受け方】
・発言希望が多いときは1人1〜2問に制限するなどルール化するケース
　もある（参考資料7「株主総会に関する判例の要旨」をご参照ください）。
【質問者が出席票番号，名前を名乗らない・起立を求めたのに起立しない場合】
　議長が出席票の番号・名前を述べること・起立を促すなど，議長は毅然と
した態度で議事進行

318

言ください。

15. 口頭質疑の開始

　議　長　： それでは，ご発言をお受けいたします。ご発言を希望される株主様は，挙手をお願いいたします。

　　　　　　（発言株主の人数，着席場所などを確認・議場の整理）

　　　　　　せっかくの機会でございますから，どなたかご発言はございませんか。

　　　　　　　　　　　～　質疑応答　～

16. 質疑・審議の打ち切り

　議　長　： 報告事項および決議事項に関し，十分審議をつくしましたので，これをもって全ての審議を終了し，議案の採決に移らせていただきたいと存じますが，ご賛同いただける株主様は拍手をお願いいたします。

　株　主　： 〔拍手〕

　議　長　： ありがとうございます。過半数のご賛同を得ましたので，議案の採決に移らせていただきます。

17. 議案の採決①

　議　長　： それでは第1号議案『剰余金の処分の件（剰余金の配当の件)』の採決をいたします。原案にご賛成いただける株主様は拍手をお願いいたします。

　株　主　： 〔拍手〕

　議　長　： ありがとうございます。議決権行使書をご提出いただい

【質問の確認】

　質問内容を復唱し，自分なりに咀嚼し，整理する。説明義務の対象を明確化するとともに，回答の準備の時間を確保する。

・「～についての質問ということですね。」

・「～についてのご意見として承りました。」

【回答者】

・議長が回答する場合

　「ただいまのご質問は私から回答させていただきます。」

・担当取締役から回答する場合（株主が回答者を指定しても，議長判断に従う）

　「○○を担当いたします○○でございます。」

・回答の後は「以上，ご回答申しあげました。」で終える

【動議の処理】

・採決を求めるのが動議，意見陳述だけで採決を求めないのが意見

・動議の処理は事務局と相談して確認しながら進めることで可

・議場に諮るべき動議を議場に諮らなかった場合，決議取消の違法事由となる可能性があるので留意する

＜議場に諮るべき動議＞

　①議案の修正動議

　②調査者選任動議

　③会計監査人出席要求動議

　④延期・続行の動議

　⑤議長不信任動議

・①については，イ）「原案先議方式」・②～⑤については，ロ）「方針明示方式」により処理する場合

　イ）「本議案につきましては，先ほど修正案が提出されましたが会社提案の原案から先に採決してよろしいですか。」

　ロ）「ただいま議長不信任の動議が提出されましたが，私は公正に議事を進行していると考えますので，私が議長を続けてよろしいですか。」

320

た方を含め（書面またはインターネットによる行使分を
含め）過半数のご賛成を得ましたので，本議案は原案ど
おり承認可決されました。

　株　主　：　〔拍手〕　　（役員一同，自席にて一礼）

18. 議案の採決②
　議　長　：　それでは第2号議案『定款一部変更の件』の採決をい
たします。原案にご賛成いただける株主様は拍手をお願
いいたします。

　株　主　：　〔拍手〕

　議　長　：　ありがとうございます。議決権行使書をご提出いただい
た方を含め（書面またはインターネットによる行使分を
含め）3分の2以上のご賛成を得ましたので，本議案は
原案どおり承認可決されました。

　株　主　：　〔拍手〕　　（役員一同，自席にて一礼）

19. 議案の採決③
　議　長　：　それでは第3号議案『取締役○名選任の件』の採決を
いたします。なお，採決につきましては一括してご選任
いただきたいと存じますがいかがでしょうか。

　株　主　：　〔拍手〕

　議　長　：　それでは，原案にご賛成いただける株主様は拍手をお願
いいたします。

322

株　主：　〔拍手〕

議　長：　ありがとうございます。議決権行使書をご提出いただい
　　　　　た方を含め（書面またはインターネットによる行使分を
　　　　　含め）過半数のご賛成を得ましたので，○○○○，○○
　　　　　○○，○○○○，…の○名が取締役に選任されました。

株　主：　〔拍手〕　（役員一同，自席にて一礼）

20.　議案の採決④

議　長：　それでは第4号議案『取締役の報酬等の額改定の件』の
　　　　　採決をいたします。原案にご賛成いただける株主様は
　　　　　拍手をお願いいたします。

株　主：　〔拍手〕

議　長：　ありがとうございます。議決権行使書をご提出いただい
　　　　　た方を含め（書面またはインターネットによる行使分を
　　　　　含め）過半数のご賛成を得ましたので，本議案は原案ど
　　　　　おり承認可決されました。

株　主：　〔拍手〕　（役員一同，自席にて一礼）（※）

21.　審議終了・閉会宣言

議　長：　以上を持ちまして，本日の目的事項は全て終了いたしま
　　　　　したので，本総会は閉会といたします。
　　　　　（閉会宣言後は，株主からの質問は一切受け付けない）

22.　取締役の紹介

社　長：　それではここで，さきほど選任されました取締役の紹介
　　　　　をさせていただきます。

（※）【出口調査のシナリオ例】（議案の採決後に説明する）

　なお，冒頭ご案内いたしましたとおり，本日ご出席いただいている株主の皆様の各議案に対する賛否を「確認票」で承りたいと存じます。

　ご入場の際にお渡しいたしました出席票の裏面が「確認票」となっております。各議案ごとに賛否をご記入いただき，お帰りの際に「回収箱」にお入れいただければと存じます。（もしくは，「お土産とお引き換えいただければと存じます」）

　また，全議案に賛成の場合は，ご記入は不要ですのでそのまま回収箱に「確認票」をご投函（もしくは「お土産とお引換え」）いただければと存じます。

　なお，ご提出いただいた「確認票」の結果は，前日までにご提出いただいた議決権行使書などと合算のうえ，後日，臨時報告書で開示させていただく予定です。

324

　　　　　　　　まず，私，○○○○でございます。（一礼）
　　　　　　　　よろしくお願いいたします。

　　　　　　　　（取締役は社長の指名により起立）
　　社　　長：　○○○○です。

　　取締役：　よろしくお願いいたします。（一礼）
　　　　　　　　　　　　　⋮

　　社　　長：　以上選任されました取締役○名のご紹介をさせていた
　　　　　　　　だきました。

23. 挨　拶
　　社　　長：　株主の皆様のご協力により，滞りなくご審議いただきま
　　　　　　　　したことを厚くお礼申しあげますとともに，引き続き変
　　　　　　　　わらぬご支援を賜わりますよう，よろしくお願い申しあ
　　　　　　　　げます。
　　　　　　　　　　　　（全役員は起立）
　　　　　　　　本日は，ご多用のところご出席いただきましてまことに
　　　　　　　　ありがとうございました。

　　株　　主：　〔拍手〕　（全役員一礼）

24. 退　出
　　　　　　　　〔株主・役員退場〕

「起立」のタイミングに留意する

「一礼」のタイミングに留意する

5．法定備置書類

会社法に定める備置書類については，次のとおりです。

書類名	備置場所	備置期間	請求権者	閲覧等の別	関係条文	備考	閲覧等への個別株主通知の要否
株主総会議事録 (注1)(注2)	本店	10年	株主・債権者	閲覧・謄写	会社法318, 会施規72 会社法319		必要
	支店(写し)	5年					
取締役会議事録(注2)	本店	10年	株主・債権者	閲覧・謄写	会社法371	裁判所の許可が必要	必要
監査役会議事録(注2)	本店	10年	株主・債権者	閲覧・謄写	会社法394	裁判所の許可が必要	必要
監査等委員会議事録(注2)	本店	10年	株主・債権者	閲覧・謄写	会社法399の11	裁判所の許可が必要	必要
監査委員会議事録(注2)	本店	10年	株主・債権者	閲覧・謄写	会社法413	裁判所の許可が必要	必要
報酬委員会議事録(注2)	本店	10年	株主・債権者	閲覧・謄写	会社法413	裁判所の許可が必要	必要
指名委員会議事録(注2)	本店	10年	株主・債権者	閲覧・謄写	会社法413	裁判所の許可が必要	必要
株主名簿 (注2)	株主名簿管理人の営業所 (または本店)	常時	株主・債権者	閲覧・謄写	会社法125 会施規35	請求理由の明示が必要	必要
株券喪失登録簿	株主名簿管理人の営業所 (または本店)	常時	制限なし ただし，利害関係のある部分のみ	閲覧・謄写	会社法231	請求理由の明示が必要	不要
新株予約権原簿(注2)	株主名簿管理人の営業所 (または本店)	常時	株主・債権者	閲覧・謄写	会社法252	請求理由の明示が必要	必要
社債原簿 (注2)	社債原簿管理人の営業所 (または本店)	常時	社債権者・社債発行会社の債権者，株主および社員	閲覧・謄写	会社法684, 会施規167	請求理由の明示が必要	必要
定款 (注1)(注2)	本店	常時	株主・債権者	閲覧・謄抄本の交付	会社法31, 189, 会施規35	謄抄本の交付費用は株主負担	原則として必要であるが公開情報でもあるため不要とすることも考えられる
	支店						

書類名	備置場所	備置期間	請求権者	閲覧等の別	関係条文	備考	閲覧等への個別株主通知の要否
株式取扱規程（注1）（注2）	本店	常時	株主・債権者	閲覧・謄抄本の交付	会社法31,189準拠、会施規35準拠	謄抄本の交付費用は株主負担	（注3）
	支店						
計算書類 事業報告 附属明細書 監査報告または会計監査報告（注1）（注2）	本店	総会の2週間前の日から5年	株主・債権者	閲覧・謄抄本の交付	会社法442	謄抄本の交付費用は株主負担	原則として必要であるが公開情報でもあるため不要とすることも考えられる
	支店	同3年					
臨時計算書類（注1）（注2）	本店	作成の日から5年					原則として必要であるが公開情報でもあるため不要とすることも考えられる
	支店	同3年					
会計帳簿（注2）	―	会計帳簿の閉鎖の時から10年	総株主の議決権の3％以上または発行済株式の3％以上保有の株主	閲覧・謄写	会社法432 会社法433	請求理由の明示が必要	必要
代理権を証明する書面(委任状)	本店	総会の日から3カ月	株主	閲覧・謄写	会社法310	請求理由の明示が必要	必要
議決権行使書面	本店	総会の日から3カ月	株主	閲覧・謄写	会社法311	請求理由の明示が必要	必要
電子投票の電磁的記録	本店	総会の日から3カ月	株主	閲覧・謄写	会社法312	請求理由の明示が必要	必要
退職慰労金支給基準	本店	招集通知発送後から総会終結の時まで	株主	閲覧のみ	会施規82・82の2・83・84	株主総会参考書類に記載の場合備置不要	不要
会社再編に関する開示書類	本店	備置開始日から効力発生日後6カ月	株主・債権者	閲覧・謄抄本の交付	会社法782他	謄抄本の交付費用は株主負担	原則として必要であるが公開情報でもあるため不要とすることも考えられる

書類名	備置場所	備置期間	請求権者	閲覧等の別	関係条文	備考	閲覧等への個別株主通知の要否
株式併合に関する開示書類	本店	総会の日から2週間前の日，または株式併合に係る公告の日（効力発生日の20日前までの日）のいずれか早い日から効力発生日後6カ月を経過するまでの間	株主	閲覧・謄抄本の交付	会社法182の2，会施規33の9他	謄抄本の交付費用は株主負担	原則として必要であるが公開情報であるため不要とすることも考えられる

（注1）会社法施行規則227条所定の方法（電気通信回線を通じて会社の本支店で使用される電子計算機に備えられたファイルに当該情報を記録する方法）を採る場合は，支店の備置は不要。

（注2）親会社社員（株主等）は，裁判所の許可を得て閲覧，謄写が可能。

（注3）定款に基づいて作成される株式取扱規程は，会社法に明文の規定はないが，定款に準じた扱いをすべきとする意見がある　方，株式取扱規程などの法律に基づかない任意の開示書類の閲覧等は少数株主権等には該当しないとする意見もある（後者の意見につき，浜口厚子「少数株主権等の行使に関する振替法上の諸問題」（旬刊商事法務1897号）36頁）。

書類名	備置場所	期間	請求権者	閲覧	根拠条文	備考
有価証券報告書	本店 主要支店 （注4）	受理した日から5年を経過する日まで	公衆	縦覧	金商法25Ⅰ④，開示府令21	財務局等，金融商品取引所，認可金融商品取引業協会においても縦覧
有価証券報告書の記載内容に係る確認書	本店 主要支店 （注4）	受理した日から5年を経過する日まで	公衆	縦覧	金商法25Ⅰ⑤，開示府令21	財務局等，金融商品取引所，認可金融商品取引業協会においても縦覧
四半期報告書	本店 主要支店 （注4）	受理した日から3年を経過する日まで	公衆	縦覧	金商法25Ⅰ⑦，開示府令21	財務局等，金融商品取引所，認可金融商品取引業協会においても縦覧
半期報告書	本店 主要支店 （注4）	受理した日から3年を経過する日まで	公衆	縦覧	金商法25Ⅰ⑧，開示府令21	財務局等，金融商品取引所，認可金融商品取引業協会においても縦覧
臨時報告書	本店 主要支店 （注4）	受理した日から1年を経過する日まで	公衆	縦覧	金商法25Ⅰ⑩，開示府令21	財務局等，金融商品取引所，認可金融商品取引業協会においても縦覧

（注4）提出会社の最近事業年度の末日においてその所在する都道府県に居住する当該提出会社の株主の総数が当該提出会社の株主の総数の100分の5を超える場合における支店（支店登記されているものに限る）（開示府令22Ⅱ）。

6．株主総会決議と株主の共益権（少数株主権，単独株主権）

1．株主総会決議要件

決議方法	定足数および決議要件	決議事項	会社法規定
普通決議 （309Ⅰ）	議決権を行使することができる株主の議決権の過半数を有する株主が出席し，出席株主の議決権の過半数の賛成を要する（会社法309条1項）。 ※定款の定めにより定足数を排除することが可能。	総会に提出された資料を調査する者の選任	316
		総会の延期・続行	317
		会計監査人の選任・解任及び不再任	329，339
		役員の報酬等	361,379,387
		計算書類の承認＊	438
		剰余金の配当（金銭分配請求権を与えない，現物配当を除く）	454
		合意による自己株式の取得（合意による特定の株主からの取得を除く）	156
		定時株主総会において欠損の額を超えない範囲で決定する資本金の額の減少	447
		準備金の額の減少	448
		剰余金の額の減少による資本金・準備金の額の増加	450，451
		剰余金についてのその他の処分	452
特則普通決議 （341）	議決権を行使することができる株主の議決権の過半数（3分の1以上の割合を定款で定めた場合にあっては，その割合以上）を有する株主が出席し，出席株主の議決権の過半数（これを上回る割合を定款で定めた場合にあっては，その割合以上）の賛成を要する。	役員（取締役，会計参与および監査役）の選任	341
		役員（取締役（監査等委員である取締役を除く），会計参与）の解任	341，309Ⅱ⑦
特別決議 （309Ⅱ）	議決権を行使することができる株主の議決権の過半数（3分の1以上の割合を定款で定めた場合にあっては，その割合以上）を有する株主が出席し，出席した当該株主の議決権の3分の2（これを上回る割合を定款で定めた場合にあっては，その割合）以上に当たる多数の賛成を要する。この要件に加えて，一定の数以上の株主の賛成を要する旨その他の要件を定款で定めることを妨げない。	譲渡等承認請求に対する株式会社による買取りの決定及び取締役会非設置会社における指定買取人の指定	140
		合意による特定の株主からの自己株取得	156，160
		全部取得条項付種類株式の取得	171
		相続人等に対する売渡請求	175
		株式の併合	180
		募集株式の発行等における募集事項の決定，割当等	199，200，202，204，205
		新株予約権の募集事項の決定，割当等	238，239，241，243，244
		取締役（累積投票により選任された者に限る），監査等委員である取締役及び監査役の解任	339
		役員等の損害賠償責任の株主総会による一部免除	425
		資本金の額の減少（定時株主総会において欠損の額を超えない範囲で決定する場合を除く）	447
		金銭分配請求権を与えない現物配当	454
		定款変更	466
		事業譲渡，子会社の株式または持分等	467

		解散	471
		合併・会社分割・株式交換・株式移転	783, 795, 804 等
特殊決議 (309Ⅲ)	議決権を行使することができる株主の半数以上(これを上回る割合を定款で定めた場合にあっては,その割合)であって,当該株主の議決権の3分の2(これを上回る割合を定款で定めた場合にあってはその割合)以上にあたる多数の賛成を要する。	発行する全部の株式に譲渡制限を付するための定款変更	309Ⅲ①
		合併により消滅する株式会社・株式交換をする株式会社が公開会社で,対価の全部又は一部が譲渡制限株式等である場合における当該会社の吸収合併契約・株式交換契約の承認	783
		合併又は株式移転をする株式会社が公開会社で,対価の全部又は一部が譲渡制限株式等である場合における当該会社の新設合併契約・株式移転計画の承認	804
特別特殊決議 (309Ⅳ)	総株主の半数以上(これを上回る割合を定款で定めた場合にあっては,その割合以上)であって,総株主の議決権の4分の3(これを上回る割合を定款で定めた場合にあっては,その割合)以上に当たる多数の賛成を要する。	譲渡制限会社における株主ごとに異なる取扱いを行う旨の定款の定めについての定款変更(当該定款の定めを廃止するものを除く)	109
総株主の同意		株主総会の招集手続の省略	300
		株主総会の決議の省略	319
		株主総会の報告の省略	320
		取締役・監査役等の任務懈怠による損害賠償責任の免除	424
		組織変更等	776, 783, 804

＊会計監査人設置会社の場合,会計監査報告に無限定適正意見が記載される等の要件を満たせば,定時総会の承認を要せず,事業報告と併せて報告事項となる(会社法439条)。

332

2．株主の共益権（少数株主権，単独株主権）

株主権の種類	総株主の議決権に対する割合等保有条件	株主権の内容	会社法規定
少数株主権	10%以上 または発行済株式総数10%以上	解散の訴え	833
	3％以上 または発行済株式総数の3％以上	会計帳簿・資料の閲覧	433
		業務・財産の調査のための検査役選任請求	358
	3％以上	定款規定に基づく取締役会決議による責任免除の拒否	426
	3％以上 または発行済株式総数の3％以上 6カ月継続保有	取締役・監査役の解任の訴え	854
		清算人の解任請求	479
		調査命令の申立て	522
	3％以上 6カ月継続保有	株主総会・種類株主総会の招集請求および招集	297，325
	1％以上 6カ月継続保有	総会検査役の選任請求	306
	1％以上または発行済株式総数の1％以上 6カ月継続保有	最終完全親会社等の株主による特定責任追及の訴え	847の3
	1％以上または300個以上 6カ月継続保有	総会の議題の提案権	303
		総会の議案の要領の通知請求	305
単独株主権	1株（ただし，単元株制度採用会社で，定款により単元未満株主の権利を制限している場合は，共益権の行使が原則として認められない（学説が分かれるものもある）。）	総会等の決議取消しの訴え	831
		累積投票の請求	342
		書類の閲覧・謄写	31，125，252，442
		議事録の閲覧・謄写	318，371，394，399の11，413
		会社解散命令の申立て	824
		特別清算開始の申立て	511
		新株発行・自己株式処分・新株予約権発行の差止請求	210，247
		会社の組織に関する行為の無効の訴え	828
		略式組織再編行為の差止請求	784の2，796の2，805の2
		売渡株式等の取得の無効の訴え	846の2
	1株（同上） 6カ月継続保有	株主代表訴訟の提起	847
		旧株主による責任追及等の訴え	847の2
		取締役等の違法行為差止請求	360，422

※非公開会社では保有期間の制限なし
※定款により，行使条件を引き下げることも可能

7. 株主総会に関する判例の要旨

項目	要旨	判決
招集の日付	【招集の通知】 ○ 招集の通知は会日の前日より，さかのぼって2週間の期間の満了する日の前日以前に発することを要する。	大審院判昭10.7.15 民集14巻1401
	【1人株主】 ○ いわゆる1人会社においては，その1人の株主が出席すれば招集手続がなくても総会は成立する。	最判昭46.6.24 民集25巻596
	【集中日の総会招集】 ○ 被告の同業者とともに同一日，同一時刻に総会を招集しているが，決算期の関係で他の会社と重なることもあり得るわけで，本件開催日時が著しく不合理であるとは到底いえない。	大阪地判平9.3.26
	【集中日の総会招集】 ○ 総会をいつ，どこで開催するかは，商法の規定する範囲内で，会社が裁量によって定め得る。したがって，判断に際し，ある特定の会社と意を通じ，あるいは特定の株主を排除する目的で特定日に総会を開催しない限り，単に他の会社と一致してもその判断は適法である。	神戸地判平12.3.28
	【招集の日時，場所の変更】 （代表取締役が取締役会決議を経ずに，当初決議されていた株主総会の日時場所を変更した事案において，変更には取締役会決議の要否が争われた事例） ○ 会社法上，株主総会を招集するに当たり，取締役会で定めた会社法298条1項所定の事項を変更しようとする場合の要件や手続については明文化されておらず，変更するに当たっては，当該定時総会招集決定の合理的解釈によって画定されるものというべきである。 ○ 招集通知には「本定時株主総会の運営に変更が生じた場合は，以下の当社ウェブサイトに掲載いたしますので，ご出席の際はご確認ください」という一文が記載されていたことから新型コロナウイルス感染症の動向によっては変更があり得ることが前提としていたことは明らかであり，当初予定していた会場が使用不可能となったことに伴い，隣接ビルに会場を変更し，開始時間を30分繰り下げた対応は，本件定時株主総会招集決議の執行の域を逸脱するものではない。	大阪地決令2.4.22

総会の受付	【議決権行使書による株主の確認】 ○　会社は総会に入場しようとする株主について，議決権行使書の提出を求め，これをもとに株主の個別チェックをすることができる。他人の議決権行使書の呈示は「代理権を証する書面」の提出にあたらない。	福岡地判平3．5．14
	【入場する株主の所持品に対する検査】 ○　入場する株主の所持品を預かったり所持品をチェックすることは，平穏な総会を運営するうえで必要な範囲の措置である。	福岡地判平3．5．14
	【入場する株主の所持品に対する検査】 ○　多数の株主が出席し，また他の電力会社の株主総会で議事妨害の事例を聞いたので，株主を円満に入場させるために相当数の人員を配置したが，株主を威迫するような過剰な警備とは認められず，全株主に協力を求める形で手荷物検査をし，荷物を一時預かることは会社の議事運営権の裁量の範囲内。	仙台地判平5．3．24
	【委任状の取扱い】 ○　押印はないが，署名はある委任状を無効とすることは違法。 ○　委任状の証明資料の添付について，広く経済界において承認されている全国株懇連合会が策定したモデルに依拠して取締役会が定めた株式取扱規程に従って，議決権行使用紙又はこれに匹敵する代理権授与の証明資料のない委任状を無効としたことに違法性はない。	東京高判平??．11.24
	【定款による代理人資格の制限】 ○　定款の規定により，代理人を株主に限定することは，株主総会が株主以外の第三者によって攪乱されることを防止し，会社の利益を保護する趣旨にでたものと認められ，合理的な理由による相当程度の制限といえる。	最判昭43.11．1 民集22巻12号2402
	【定款による代理人資格の制限】 ○　定款の規定により，代理人を株主に限定した場合でも，株主である県，市，株式会社が，その職員又は従業員を代理人として株主総会に出席させ議決権を行使させても，定款には違反しない。	最判昭51.12.24 民集30巻11号1076
	【代理人を株主に限る定款の定めと具体的適用】 ○　株主総会出席の代理人の資格を定款で制限することは合理的範囲であれば許されるが，総会を混乱させるおそれがないのに予め通知された弁護士の代理人出席を拒否することは違法である。	神戸地尼崎支部判 平12．3．28

総会の受付	【代理人の資格】 ○　弁護士は議事をかく乱させるおそれは少ないといえるが，総会かく乱の可能性を職種により判断するとなると，明確な基準もなく判断が困難である上，恣意的差別的な判断によって株主が害される恐れがあり，株主でない代理人の入場を一律に拒否することも違法ではない。	宮崎地判 平14. 4 .25
	【代理人の資格】 ○　議決権行使の代理人資格を定款で株主に限定することは，一定の合理性を有するものであり，株主による議決権行使の態様を何ら不当ないし不公正に制限するものでない。そして，このような考慮は，会社にとって身元の明らかな弁護士が，議事をかく乱しない旨の誓約書を提出している場合であっても，なお当てはまるといえ，議決権行使の代理人資格を株主に限定することは適法。	東京高判平22.11.24
	【カメラ等の持ち込み禁止の仮処分】（仮処分認容） ○　株主の議決権やその前提としての質疑討論の機会がいかに重要であるとしても，これらの権利等の行使は無制限に許されるものではなく，その内容が株主平等原則に違反したり，その態様が他の株主による質疑討論の機会を奪うものであってはならない。 ○　一部の株主が株主総会において自ら準備したマイクやスピーカーを自らの判断で使用し，またビデオカメラやカメラで総会の議事の状況を撮影する行為は，株主が有する議決権やその前提となる質疑討論を行う機会を保障するものとして必要不可欠なものでないばかりか，かえって他の株主の有する同様の権利等を侵害するものであるとして，当該株主がマイク等を持ち込むことを禁じる仮処分が認められた。	東京地決平20. 6 .25
	【武器類の持ち込み禁止の仮処分】（仮処分認容） ○　株式会社は，特定の株主が株主総会を混乱させ，出席者の生命身体に危害を加えるおそれがあると予測される場合には，株主総会開催前においても，株主総会秩序維持権に基づき，妨害予防請求権を行使することができる。 ○　株主Yが武器類を所持して株主総会に出席した場合を仮定すると，X社の警備体制によっても，総会出席者に対する危害を未然に防止することは事実上困難であり出席させるべきではないとして，武器類を所持しないことを証明しない限り，株主総会への出席を禁じる仮処分が認められた。	岡山地決平20. 6 .10

総会の受付	【事前登録制】 ○　新型コロナウイルス感染症の感染拡大防止という公益目的のために出席株主数を一定数に限定し，かつ，株主間の公平性を担保するために，事前登録の希望者が会場に設置する座席数を超える場合には事前登録者から抽選により出席者を選定するという事前登録制を採用することは，やむを得ないものであり，事前登録制の採用自体が合理性を欠くものであるとは認められない。	静岡地沼津支決令4.6.27
会場の運営	【会社による会場のビデオ撮影】 ○　株主総会の議場における会社側のビデオ撮影は，相当な範囲の行為である。	大阪地判平2.12.17
	【従業員株主の優先的入場】 ○　株主総会の議事進行の妨害等の事態が発生するおそれのあることをもって，従業員株主らを他の株主より先に入場させて株主席の前方に着席させる措置をとることの合理的な理由に当たらない。しかし，これにより被告は希望する席に座ることはできなかったとはいえ，会場中央部に着席，現に議長の指名を受けて動議を提出しているのであって，具体的な株主の権利を侵害されたとはいえない。	最判平8.11.12
	【第二会場に着席した株主の差別等】 ○　総会会場が第一会場と第二会場に分かれても，両会場間の連絡，誘導等が適切であり，いずれの会場においても質問の機会が充分にあれば，質問権の侵害には当たらない。	大阪高判平10.11.10
	【リハーサルの行き過ぎ等】 ○　社員株主による総会リハーサルを行い，総会において議長の報告や付議に対して間髪を入れず「賛成」「異議なし」等の声をあげて議事進行に協力しても，一般株主に質問の機会が与えられていれば，決議の方法が著しく不公正とはいえない。ただし，株主総会招集者が，みずから意図する決議を成立させるために，従業員株主に命じて，役員の発言に呼応して賛成の大声をあげたり，速やかな議事進行を促し，あるいは拍手するなどして，他の一般株主の発言を封殺したり，質問する機会を奪うなど，一般株主の株主権行使を不当に阻害する行為を行わせた場合は，取締役ないし取締役会に認められた業務執行権の範囲を超え，法令に違反しまたは決議方法が著しく不公正な場合に該当する。	大阪高判平10.11.10

事前質問と一括回答	【一括回答の適法性】 ○ あらかじめ質問状の提出があったものについて,総会で質問を待つことなく説明することは,総会の運営方法として会社に委ねられている。(一括回答の是認)	東京高判昭61.2.19 同最判61.9.25
	【多岐にわたる株主質問への一括回答の適法性】 ○ 会社に対して多数の質問が事前に提出されている場合に,総会の運営を円滑・効率的に行うため,あらかじめ会社側において質問事項を分類し,類似の質問に対しては一括して説明(回答)することは極めて合理的な方法である。	名古屋地判 平5.9.30
	【事前質問書の性格】 ○ 質問状を提出した株主であっても,総会において株主本人または代理人が改めて質問をしない限り,取締役の説明義務は生じない。	東京地判平1.9.29 同最判平2.10.29
説明義務	【抽象的な質問と説明義務】 ○ 役員の説明義務は,株主の質問が真の質問といえるものであり,かつその質問が明瞭である場合にのみ生じ,抽象的であり,明確性を欠くものについて説明義務を生じない。	東京地判昭62.1.13
	【総会の長時間化と説明義務】 ○ 内規を閲覧すれば知り得ることであっても,質問があれば説明する義務があるし,総会が長時間に及んでいても,説明義務を否定する根拠にはならない。	東京地判昭63.1.28
	【メーカーでの製品原価と説明義務】 ○ 製品の具体的な生産コストの説明はいわゆる企業秘密に属するから,これに係る質問は拒否できる。	大阪地判平1.10.4
	【退職慰労金議案と説明義務】 ○ 役員退職慰労金の議題につき,退職取締役に功績があったと認められる旨の一般的な説明をしたほか,内規の定める役員退職慰労金の算定方法について説明をすれば,退任取締役の報酬月額について回答拒否しても附属明細書に報酬月額の最高限度に関する記載があるから,これをもって説明義務違反とまでいうことはできない。	東京地判平2.3.6
	【報告事項の説明義務違反の効果】 ○ 仮に報告義務について取締役等の説明義務違反があっても…説明義務違反という瑕疵がない別の議案についてまで,これを理由に取り消すことはできない。	東京地判平4.12.24

	【説明義務の内容：抽象的な概念】 ○ 取締役等の説明義務は，株主総会における決議事項につき，株主が賛否を決するために合理的判断をなすために必要な資料を提供するところにある…合理的な平均的株主が，株主総会の目的事項を理解し決議事項に附いて賛否を決して議決権を行使するにあたり合理的な判断をするに客観的に必要な範囲で足りる。	福岡地判平３．５．14
	【説明義務の内容：具体的な概念】 ○ 説明義務の範囲は，商法が一般的に開示を要求している事項を一応の基準と考えることができ，商法及び計算書類規則に基づき作成される貸借対照表，損益計算書，営業報告書，及び附属明細書の記載事項や参考書類規則により大会社の招集通知に添付すべき参考書類の記載事項が一般的な開示事項に当たるものと解することができる。	広島高裁松江判 平８．９．27
	【説明義務の特例】 ○ 計算書類承認決議には，株主による取締役の監督という側面もあり，会社の個々の財産につき，取締役の違法行為の存在が疑われるべき相当な事情がある場合には，右範囲を越えた説明を必要とする場合がある。	広島高裁松江判 平８．９．27
説明義務	【現預金の預入先と説明義務】 ○ 現金預金の預け先は基本的に執行機関の経営判断に委ねられる事項と考えられ，特別の事情がない限り回答する義務はない。	札幌高判平９．１．28
	【使途不明金と説明義務】 ○ 税務処理に関する質問は本件総会の議案と何ら関係がないから取締役に説明義務は生じないし取締役の「使途不明金はない」との回答も商法の計算書類上「使途不明金」という概念がないことからすれば適切な回答であって，虚偽説明には当たらない。	大阪地判平９．３．26
	【退職慰労金議案と説明義務】 ○ 説明を求められた取締役は，①会社に現実に一定の確定された基準が存在すること，②その基準は株主に公開されており周知のものであるか，または株主が容易に知りうること，③その内容が前記のとおり支給額を一義的に算出できるものであること等について，説明すべき義務を負うと解するのが相当である。	奈良地判平12．３．29
	【退職慰労金議案と説明義務②】 ○ 株主から退職慰労金の具体的な金額の説明を求められたにもかかわらず，取締役が金額を示すでも	奈良地判平12．３．29

	なく，また支給基準によって支給金額を一義的に算出し得るような説明も行わないのでは，退職慰労金の贈呈に関して議決するには不十分であり，説明義務に違反しているものといわねばならない。	
説明義務	【説明義務の判断】 ○　平均的な株主が決議事項に関して合理的な理解および判断を行いうる程度の説明がなされたかどうかの判断にあたっては，質問株主がすでに保有する知識ないしは判断資料の有無，内容等をも総合的に考慮して，審議全体の経過に照らし，平均的な株主が議決権行使の前提としての合理的な理解および判断を行いうる状態に達しているかいないかが検討されるべきである。	東京地判平16.5.13
	【質疑打ち切りの効果】 ○　議長が一括説明のあと質疑応答を行った上で質問が打ち切られた以降においては，本件決議事項の合理的な判断のための株主からの質問の提出は見込まれなかったと解するのが相当である。	東京地判平4.12.24
	【説明に対する株主の納得の要否】 ○　株主が納得していないからといって同じ質疑を徒に繰り返す必要もなく，社会通念に従って相当とみることができる時に質疑を打ち切ることも何ら差し支えない。	名古屋地判 平9.6.12
	【取締役・監査役選任議案と説明義務】 ○　取締役・監査役選任議案については，適格性についての質問には商法施行規則の参考事項を敷衍して，その者の業績，従来の職務状況など必要な事項を付加的に説明しなければならず，取締役としての監視義務の履行状況を質問されたときは，監視状況を説明する義務がある。	東京地判平16.5.13
議事整理・ 運営	【入場株主に求められる服装】 ○　入場株主がゼッケンを着用することは，その株主が常時意見の表明を行うもので，これをはずさせることは，平穏かつ秩序ある会議を維持するうえで適切な処置である。	福岡地判平3.5.14
	【会場内での写真撮影，カメラの持ち込み】 ○　会場内で勝手に写真を撮ることは，株主相互に不快感を与えたり，あつれきの原因ともなって，会議の平穏が保たれないことになり，カメラの使用，持込を禁止しても株主に特段の不利益は生じない。	福岡地判平3.5.14

340

議事整理・運営	【議長の議事整理権と質疑打ち切り】 ○　総会が一つの会議体として議長が株主発言の整理，議案等の提出などを行い，合理的な時間内に会議の目的事項のすべてを審議終了しようとすることは，議長の議事整理権であって，その過程で株主の質問を打ち切るようなことも差し支えない。	福岡地判平３.５.14
	【議長の議事整理権と質疑打ち切り】 ○　議長は議事整理権を有するのであるから，全く発言を認めないなどの著しく不公正な方法であれば格別，動議の提出を含めて株主の発言をどの段階で認めるかは，議長の右権限の範囲に含まれる。	福岡地判平３.５.14
	【質疑打ち切りの妥当性】 ○　数名の株主がまだ質問が残っていると発言する中，議長が質疑応答を終えて採決を行なったとしても，質疑応答に２時間４分が費やされており，会議体としても平均的な株主が会議の目的たる事項を合理的に判断するのに必要な範囲の説明がなされたと考えることが許される状況下で採決へ移行したのであれば，株主の質問権を不当に制限したとはいえず，適法。	東京地平22.9.26
	【議長による株主の質問時間制限】 ○　質疑打切りの動議が可決されたときは出席者の多数がこれ以上質問を受付けても議題の審議に有益な質問が出るとは考えていなかったことが推認できる。この場合議長が質問を打ち切り，改めて質問をする機会を与えなかったからといって説明義務に違反するものではない。	東京地判平４.12.24
	【原案先議の適法性】 ○　原案先議の動議が可決されたときは原案を先に採決することは適法である。	仙台地判平５.３.24
	【議長による株主の質問時間，質問数の制限】 ○　株主総会は一つの会議体であって，議長は商法237条ノ４第２項（会社法315条１項）に定める議事整理権に基づき，他の株主に質問の機会を与えることができるよう，また，合理的な時間内に会議を終結できるよう，各株主の質問時間や質問数を制限することができると解される。	福岡地判平３.５.14
	【一括上程一括審議方式の適法性】 ○　議長は審議の目的事項や質疑内容等を考慮して，その裁量により，合理的と思われる審議方式を採用	名古屋地判平５.９.30

	することができるので一括審議方式自体を不公正な審議方法ということはできない。	
	【動議を採り上げない会議の続行：議事運営関係動議】 ○　議事運営に関する株主の動議は，議長が議事整理権に基いて取り上げない場合でも，直ちに不公正な運営にはならない。	東京地判平 4 .12.24
	【動議採決の方法：議長不信任動議】 ○　議長不信任の動議を議長を交替せずに採決する行為は，出席株主の意見を問う単純な行為にすぎないから，議長自身が採決にかけても公正さが失われるとは解しない。	東京地判平 4 .12.24
議事整理・運営	【動議を採り上げない会議の続行：議長不信任動議】 ○　議長不信任の動議を取り上げなかったことについて，当該動議が権利の濫用に当たるなどの合理性を欠いたものであることが一見して明白なものであるときでも，一度は当該動議を議場に諮ることが望ましいといえるが，議長がそれ故に当該動議を議場に諮らないとしても，裁量権の逸脱，濫用に当たらないと解すべき。	東京高判平22.11.24
	【議長としての権限行使】 (株主総会の議長としての取締役の権限行使が，会社法360条に基づく違法行為差止請求権の対象になるかが争われた事例) ○　定款の定めに基づき取締役が株主総会の議長に就任する場合には，当該取締役は，取締役としての善管注意義務として，議長としての権限を適切に行使し，株主総会を適正かつ公平に運営すべき義務を負うと解すべき。 ○　違法行為差止請求権の対象である取締役の法令違反には，取締役としての善管注意義務違反の行為も含まれると解されるところ，取締役が議長の権限を行使にするに当たり，裁量権を逸脱濫用して法令違反等の行為を行い，またはその恐れがあることが疎明された場合には，違法行為差止請求権の対象になるというべき。	東京地決令3.2.17
	【従業員株主によるヤラセ質問等】 ○　上場会社の株主総会において，会社が従業員に対し，会社が自ら準備した質問をするよう促し，実際に従業員株主が自らの意思と無関係に当該質問をして会社が応答した場合には，相応の時間を費やすことになり，その分，一般株主の質疑応答に充てられる時間が減少し，質問や意見を述べることができ	東京地判平28.12.15

342

	なくなるおそれがある。 ○　このような事態が生じることは，従業員株主も株主であることを考慮しても，多数の一般株主を有する上場会社における適切な株主総会の議事運営と言い難く，株主総会の議事運営の在り方として疑義がないとはいえない。	
議決権の行使	【株主間における議決権拘束契約に基づく議決権行使差止請求】（本件は差止請求却下） ○　当事者間の合意が認められ，債務者が，同合意に基づいて，本件議決権を行使してはならない不作為義務を負うといえる場合でも，原則として，議決権行使の差止請求は認められない。 ○　ただし，①株主全員が当事者である議決権行使契約であること，②契約内容が明確に本件議決権を行使しないことを求めるものといえること，の2つの要件を充たす場合には例外的に差止請求が認められる余地があるというべきである。	名古屋地決 平19.11.12
	【事前の議決権行使と傍聴者としての入場】 ○　議場に入場した法人株主の担当者が，当該株主から議決権行使の権限を授与されておらず，発行会社としてもこの点を認識していた場合は，職務代行者による出席ではなく，傍聴者による入場として，事前に送付されていた議決権行使のほうが有効となる。	東京高判令1.10.17
	【投票用紙以外の事情】 ○　投票のルールの周知や説明がされておらず，そのために株主がこれを誤認したことがやむを得ないと認められる場合であって，投票用紙以外の事情をも考慮することにより，その誤認のために投票に込められた投票時の株主の意思が投票用紙と異なっていたことが明確に認められ，恣意的な取扱いとなるおそれがない場合には，株主総会の審議を適法かつ公正に行う職責を有するといえる議長において，これら投票用紙以外の事情をも考慮して認められるところにより，株主の投票内容を把握することも許容されると解するのが相当である。	大阪高決令3.12.7
採決	【賛否個数の厳密な計算】 ○　株主総会における議案の採決は議案に対する賛成あるいは反対が所定の数に達することが出席者に明らかであれば賛否の数を厳密に計算する必要はない。	札幌地判平5.2.22
	【採決の方法】 ○　株主総会においては，議案に対する賛成の議決権数が決議に必要な数に達したときに表決が成立す	最判昭42.7.25 民集21巻6号

	るのであり，出席株主数が明認しうる方法により表決されれば，必ずしも挙手，起立，投票等は要しない。	福岡地判平3．5．14
	【発声による採決】 ○　発声による表決はその正確性において問題なしとしないが，出席者の意思を算定しうる方法であれば差し支えない。	札幌高判平9．1．28
	【異なる採決方法の採用】 ○　議長が各議案によって異なる表決方法を採用したことをもって違法ということはできない。	札幌高判平9．1．28
採決	【動議の順番】 ○　動議は先議するのが原則とされている。もっとも，総会においては，議決権行使により原案可決の可能性が高い場合は，総会に諮って原案先議とすることは差し支えない。	仙台地判平5．3．24
	【動議採決の方法】 ○　議長が動議採決にあたり，動議に賛成・反対の順で挙手を求め，反対多数であることを確認したうえで，反対多数で否決されたことを宣したような場合，賛否数の確認の方法がとられていないから議事運営に不公正があったとする主張は理由がない。	福岡地判平3．5．14
	【動議への対応】 ○　議長は，修正動議の処理の提案につき過半数の賛成を得たものとして取り扱うこと，議長不信任動議を否決されたものと取り扱うことについて，出席株主の総議決権数の過半数の賛成を確認したものといえ，「議長が出席株主の総議決権数の過半数の賛成を確認していない」という原告の主張は採用できない。	東京地判平28.12.15
	【株主提案議案と採決】 ○　議長が株主提案の議案につき，議案に賛成の株主の挙手を求める表決の方法を採用した場合，議案について積極的に挙手（賛成）をした株主の数（議決権数）が問題になるのであって，挙手しなかった株主の意思を確認しなかったからといって違法ということはできない。	札幌高判平9．1．28
	【議長の選択した表決方法と異なる方法による表決】 ○　議長が投票という表決方法を選択した以上，投票によって意思を表明しない者の議決権をその者の内心を推測して当該議案に賛成する旨を投票したものとして扱うことは許されないと解するのが相当である。	大阪地判平16．2．4

株主提案権の行使，議決権行使書，委任状勧誘	【株主総会参考書類上の会社提案としての表示】 ○　株主の提案権行使があった場合，参考書類上に取締役会提案を「会社提案」として表示（記載）することは，疑問のあるところ（第一審）ではあるが，この用語例が一般化し，また議長がこれを取締役（会）提案であることを説明している以上，決議取消原因となる瑕疵にはあたらない。	札幌高判平9．1．28
	【議決権行使の方法が出席株主と書面による場合との相違】 ○　取締役選任議案について，いわゆる書面投票の場合には候補者別に賛・否の記載ができるのに対し，総会の選任決議においては候補者を一括（株主提案と会社提案とは区別）して賛・否を問うような相違があっても，これが株主平等の原則に反し違法のものとはならない。	名古屋高判 平12．1．19
	【賛否の表示のない行使書の取扱い】 ○　賛否の表示のない議決権行使書（行使書）について，「会社提案に対しては賛成，株主提案に対しては反対」と記載して，提案ごとに異なる取扱いをすることは許される。	札幌高判平9．1．28
	【議決権行使書の到達期限】 ○　総会において行使できる行使書は，総会日の前日までに会社に到着したものであるところ，行使書に「6月28日（前日）12時―18時」のスタンプがあるだけでは，前日に会社へ配達（到達）があったと推認することはできない。また，会社は郵便局へ受領に行く義務もない。	札幌高判平9．1．28
	【否決された株主提案の決議取消しの扱い】 ○　会社法831条による株主総会決議取消しの訴えの対象となる総会決議とは，「成立した決議」というべきであるから，議案が否決されたということは，決議が成立しなかったということであって，取消しの訴えの対象とはならない。	東京地判平23．4．14
	【株主の権利行使に関する利益供与】 ○　議決権行使株主に対するQuoカード送付は，会社提案議案に賛成する議決権行使の獲得をも目的としたものであって，株主の権利行使に影響を及ぼすおそれのない正当な目的によるものということはできない。議決権行使株主に1人あたり500円分のQuoカードを贈呈することは会社法の禁止する利益供与に該当する。	東京地判平19.12.6

株主提案権の行使，議決権行使書，委任状勧誘	【役員選任議案における出席議決権数の計算方法】 ○　会社提案に係る採決に際して，会社提案に賛成しない趣旨で議決権行使の代理権の授与を行った委任状に係る議決権数は出席議決権に算入しかつ会社提案に対し反対の議決権行使があったものと取り扱うべきであった。それにもかかわらず，議長は会社提案が可決承認された旨宣言したものであるから，決議方法は法令に違反したものとして決議取消事由を有する。	東京地判平19.12.6
総会決議の瑕疵	【総会決議の瑕疵とこれを治癒する再決議】 ○　株主総会における役員の退職慰労金支給議案の審議に関し，取締役等の説明義務違反があったとして決議取消の判決があった場合において，これが控訴中に会社が総会を招集し，退職慰労金の金額を明示して支給の再決議をしたときは，株主らによる訴の利益は消滅する。	東京地判昭63.1.28
株主名簿の閲覧謄写請求	【実質的競争関係にある者による株主名簿閲覧謄写請求】 ○　株主名簿の閲覧謄写請求者が，実質的に競争関係にある事業を営む者であっても，当該請求者が株主として，専らその権利の確保又は行使に関する調査の目的で請求を行なったことを立証した場合は，株主名簿の閲覧・謄写を許容しなければならない。 ○　謄写請求権とは，あくまでも株主が自ら書き写すことを認めただけで，会社に対して書き写してくれとか，会社にコピーを使わせてくれと請求することはできないし，会社も全く応じる必要はなく，謄写交付請求権とは質的に異なる。	東京高決平20.6.12 札幌地判平9.2.4 宮崎地判平14.4.25

8．期間計算の考え方

　会社法においては，株主総会の準備実務だけにとどまらず，企業再編等の実務についても定められた期間内に一定の行為を行うとする規定や一定の行為を定められた期間中継続して行うとする規定が存在し，期間の計算を正確に行うことが求められる場面があります。

　期間の計算にあたっては，一般法である民法の規定が適用されますが，いくつかの原則を理解して，その原則を組み合わせれば期間の計算を正確に行うことができます。

原則①	日，週，月または年によって期間を定めたときは，期間の初日は算入しない。 （例外）当該期間が午前零時から始まるときは，期間の初日を算入する。	根拠条文：民法140条
原則②	日，週，月または年によって期間を定めたときは，期間はその末日の終了をもって満了する。	根拠条文：民法141条
原則③	期間の末日が日曜日，祝日等に当たるときは，期間はその翌日に満了する（日曜日，祝日等に取引をしない慣習がある場合に限る）	根拠条文：民法142条
原則④	期間は最後の週，月または年において起算日に応当する日の前日に満了する（週，月または年の初めから期間を起算しないとき）。但し，月または年によって期間を定めた場合で最後の月に応当する日がないときは，その月の末日に満了する。	根拠条文：民法143条

例．1　会計監査人が会計監査報告の内容を特定取締役及び特定監査役に通知する場合，原則として計算書類受領後4週間を経過した日までに通知しなければならない（会計規130条）。

　　　⇒会計監査人が4月19日㈮に計算書類を受領した場合，原則①により計算書類受領日の4月19日㈮は算入されず，4月20日㈯を起算日として4週間後の応当日の前日である5月17日㈮が4週間目の日となります（原則④）。さらにこの例では，『経過した日まで』とあるので4週間目の日の翌日である5月18日㈯中に会計監査人は通知をしなければならないことになりますが，土曜日が定休日である場合は原則③により，次の営業日（20日㈪が次の営業日である場合は20日㈪））が通知期限になると考えられます。

例．2　電子提供措置をとる旨の定款の定めがある株式会社の取締役は，株主総
　　　会の日の3週間前の日または同条第1項の通知を発した日のいずれか早い
　　　日から株主総会の日後3カ月を経過する日までの間，次に掲げる事項に係
　　　る情報について継続して電子提供措置をとらなければならない（会社法
　　　325条の3）。
　　　　⇒定時株主総会の日が6月27日㈭とすると，原則①により定時株主総会当
　　　　　日の6月27日㈭は含めない（期間の初日は算入しない）ことになるため，
　　　　　定時株主総会の日の3週間前の日は6月26日㈬から起算した3週間前の
　　　　　日，つまり6月6日㈭となるため，当該日の午前0時までに電子提供措
　　　　　置事項のウェブサイトへの掲載を開始する必要があります。また，招集
　　　　　通知を定時株主総会の日の3週間前の日よりも早く発送する場合には，
　　　　　招集通知発送日の午前0時までに電子提供措置事項のウェブサイトへの
　　　　　掲載を開始する必要があります。
　　　　　また，株主総会の日後3カ月を経過する日は，同じく定時株主総会の日
　　　　　が6月27日㈭とすると，原則④により9月27日㈮となるため，当該日の
　　　　　24時をもって電子提供措置期間が満了することになります。
例．3　株主総会を招集するには，取締役は，株主総会の日の2週間前までに，
　　　株主に対してその通知を発しなければならない（会社法299条1項）。
　　　　⇒定時株主総会の日が6月27日㈭とすると，原則①により定時株主総会当
　　　　　日の6月27日㈭は含めない（期間の初日は算入しない）ことになるため，
　　　　　定時株主総会の日の2週間前の日は6月26日㈬から起算した2週間前の
　　　　　日，つまり6月12日㈬となるため，当該日までに招集通知を発送する必
　　　　　要があります。
例．4　株式会社は，計算書類等を定時株主総会の日の2週間前の日から5年間，
　　　その本店に備え置かなければならない（会社法442条1項）。
　　　　⇒定時株主総会の日が6月27日㈭とすると，原則①により定時株主総会当
　　　　　日の6月27日㈭は含めない（期間の初日は算入しない）ことになるため，
　　　　　定時株主総会の日の2週間前の日は6月26日㈬から起算した2週間前の
　　　　　日，つまり6月13日㈭となるため，当該日の午前0時までに計算書類等
　　　　　が本店に備え置きされている必要があることから，6月12日㈬中には備

置を開始しておかなければなりません。

また，備え置きの最終日は，開始日である6月13日㈭から起算して5年間となりますが，当該期間は，原則②および④により5年後の応当日である6月13日の前日の満了，すなわち6月12日24時をもって満了するため，実務上は6月13日（原則③により6月13日が休日であれば，翌営業日）の営業時間開始以降に備え置きを取り止めることとなります。

■編者紹介

三菱 UFJ 信託銀行株式会社　法人コンサルティング部
会社法務・コーポレートガバナンスコンサルティング室

法人コンサルティング部は，会社法務，SR／IR，コーポレートガバナンス・コード対応支援等のコンサルテーションに高い専門性を有する。

著書：『新会社法の定款モデル』(中央経済社，平成18年 1 月)，『2024年株主総会の準備実務・想定問答』(中央経済社，令和 6 年 2 月)他

牧野達也

三菱UFJ信託銀行法人コンサルティング部 フェロー
1987年東洋信託銀行(現三菱UFJ信託銀行)入社。社内留学制度により1991年慶應義塾大学法学研究科修了。1991年より証券代行業務に従事。

中川雅博

三菱UFJ信託銀行法人コンサルティング部 部付部長
1990年東洋信託銀行(現三菱UFJ信託銀行)入社。社外派遣制度により1996年大阪大学大学院法学研究科(修士課程)修了。1996年より証券代行業務に従事。

梅澤典男

三菱UFJ信託銀行法人コンサルティング部 グループマネージャー
1998年東洋信託銀行(現三菱UFJ信託銀行)入社。社内留学制度により2007年早稲田大学大学院法学研究科修了。2007年より証券代行業務に従事。

野村剛宏

三菱UFJ信託銀行法人コンサルティング部 上級調査役
事業会社における10年間の企業法務経験を経て，2020年 1 月三菱UFJ信託銀行法人コンサルティング部入社。

林　良樹

三菱UFJ信託銀行法人コンサルティング部 調査役
証券代行専業会社を経て，2010年三菱UFJ信託銀行入社。継続して証券代行業務に従事。

丸谷国央

三菱UFJ信託銀行法人コンサルティング部 調査役・弁護士
2012年早稲田大学法科大学院修了。同年司法試験合格。2013年弁護士登録。法律事務所勤務を経て，2021年 4 月三菱UFJ信託銀行法人コンサルティング部入社。

白木絵利加

三菱UFJ信託銀行法人コンサルティング部　調査役
2011年三菱UFJ信託銀行入社。2019年より証券代行業務に従事。

椎名洋平

三菱UFJ信託銀行法人コンサルティング部　調査役
行政書士事務所，事業会社の企業法務・経営企画等を経て，2023年10月三菱UFJ信託銀行法人コンサルティング部入社。

青木伴弥

2018年法政大学経営学部卒業。同年三菱UFJ信託銀行入社。2020年4月より法人コンサルティング部。

山部　侑

三菱UFJ信託銀行法人コンサルティング部
2019年三菱UFJ信託銀行入社。2023年より証券代行業務に従事

帯津竜汰

三菱UFJ信託銀行法人コンサルティング部
2023年三菱UFJ信託銀行入社。

2024年版
株主総会の手引き なるほど Q&A

2002年5月30日	第1版 第1刷 発 行	2014年3月30日	平成26年版第1刷発行
2003年3月31日	平成15年版第1刷発行	2015年3月30日	平成27年版第1刷発行
2004年4月20日	平成16年版第1刷発行	2016年3月30日	平成28年版第1刷発行
2005年4月20日	平成17年版第1刷発行	2017年3月30日	平成29年版第1刷発行
2006年6月20日	新 版 第1刷 発 行	2018年3月30日	平成30年版第1刷発行
2007年3月30日	平成19年版第1刷発行	2019年3月30日	2019年版 第1刷発行
2008年3月30日	平成20年版第1刷発行	2020年3月30日	2020年版 第1刷発行
2009年3月30日	平成21年版第1刷発行	2021年3月30日	2021年版 第1刷 発 行
2010年3月30日	平成22年版第1刷発行	2022年3月30日	2022年版 第1刷 発 行
2011年3月30日	平成23年版第1刷発行	2022年7月15日	2022年版 第2刷 発 行
2012年3月30日	平成24年版第1刷発行	2023年3月30日	2023年(改題)版第1刷発行
2013年3月30日	平成25年版第1刷発行	2024年3月30日	2024年版 第1刷 発 行

編 者　三菱 UFJ 信託銀行
　　　　法人コンサルティング部

発行者　山 本　　継

発行所　㈱中央経済社

発売元　㈱中央経済グループ
　　　　パブリッシング

〒101-0051 東京都千代田区神田神保町1-35
電話 03 (3293) 3371 (編集代表)
　　 03 (3293) 3381 (営業代表)
https://www.chuokeizai.co.jp

印刷／昭和情報プロセス㈱
製本／誠 製 本 ㈱

© 2024
Printed in Japan

※頁の「欠落」や「順序違い」などがありましたらお取り替えいた
しますので発売元までご送付ください。(送料小社負担)
ISBN978-4-502-49791-9 C3032